Von der Fehldiagnose bis zur Therapie: Wie man trotz Rückenschmerzen das Lachen nicht verlernt!

»Hat der Orthopäde keine Zeit, geh ich zum Urologen. Oder Proktologen. Egal, helfen tut eh nix und niemand, am Ende gewinnt immer die Bandscheibe.« Jetzt kann John Doyle endlich mitreden, wenn es um körperliche Beschwerden geht. Denn er hat jetzt auch »Rücken«, genauer: »Bandscheibe«.

In »Die Welt ist eine Bandscheibe« erzählt er mit viel (Galgen-)Humor von seinem Leidensweg, den er mit Millionen von Deutschen teilt: Von der Fehldiagnose (»Was? Das ist ein Tumor?«) über Akupunktursitzungen bis hin zum Handauflegen. John Doyle will seine Bandscheibenprobleme endlich wieder loswerden – koste es, was es wolle!

John Doyle, geboren 1963 in New Jersey/USA, tourt mit seinen Bühnenshows seit Jahren erfolgreich durch Deutschland (www.johndoyle.de). Doyle ist u.a. häufiger Gast bei »Nightwash«, »TV Total« und »Quatsch Comedy Club«. Die mehrteilige TV-Sendung »I love Deutschland«, die der WDR 2006 ausstrahlte, zeigt Doyles Spurensuche nach dem »echten Deutschen«. Sein erstes Buch »Don't worry, be German« erschien 2010. Er lebt mit seiner Familie in Köln.

Weitere Informationen, auch zu E-Book-Ausgaben, finden Sie bei www.fischerverlage.de

John Doyle
mit Heiko Schäfer

DIE WELT IST EINE BANDSCHEIBE

FISCHER Taschenbuch

MIX
Papier aus verantwortungsvollen Quellen
FSC® C083411

2. Auflage: November 2013

Erschienen bei FISCHER Taschenbuch,
Frankfurt am Main, November 2013

Satz: Pinkuin Satz und Datentechnik, Berlin
Druck und Bindung: CPI books GmbH, Leck
Printed in Germany
ISBN 978-3-596-19646-3

Inhalt

Die Welt ist eine Scheibe

Klar weiß ich, dass die Welt keine Scheibe ist. Die Welt, also unsere Erde, ist eine Kugel, eine wahnsinnig träge Kugel. Sie braucht einen ganzen Tag, um sich einmal um sich selbst zu drehen. Selbst mit kaputter Bandscheibe und einem Dutzend anderer Beeinträchtigungen bin ich schneller.

Also, die Welt ist eine Kugel. Keine Scheibe.

Aber es gibt nicht nur diese eine Welt. Es gibt auch meine Welt, die John-Doyle-Welt. Und die ist eine Scheibe, eine platte Scheibe. Eine Bandscheibe eben. Dabei wusste ich vor drei Jahren noch nicht einmal, dass ich so etwas besitze, geschweige denn, dass sie Schmerzen verursachen darf. Heute ist meine Bandscheibe und alles, was sich sonst in meinem Körper an Beschwerden versteckt – und bei mir ist verdammt viel Platz, um etwas zu verstecken –, meine Welt geworden.

Meine Bandscheibe und ihre knochigen, nervigen und muskulären Freunde haben mich zum professionellen Patienten gemacht. Inzwischen weiß ich, dass es nicht nur Allgemeinmediziner und Zahnärzte gibt, nein, es gibt unfassbar viele verschiedene Ärzte – für jede Körperregion einen. So wie es nicht nur den 911er und den Carrera gibt, nein, Porsche stellt Dutzende verschiedene Modelle her, bis hin zum Viertürer für meinen Orthopäden. Abgesehen von meinem ganz jungen Knochendoktor. Der fährt Boxter, aber er steht ja auch erst am Anfang seiner Karriere.

Aber das ist nur ein Aspekt der neuen John-Doyle-Welt. Seit ich in so engem Kontakt mit meiner Bandscheibe stehe, hat sich mein Leben in jeder Hinsicht verändert. Zum Beispiel habe ich jetzt viel mehr deutsche Freunde. In der Vor-Bandscheiben-Zeit wurde ich immer nur als Ami wahrgenommen:

1. »Also, John, durch das G8er-Abitur ist meine Tochter nur noch gestresst. Was sagst du als Amerikaner dazu?«
2. »Die Griechen machen den Euro kaputt. Was sagst du als Amerikaner dazu?«
3. »John, der Liter Sprit wird von Tag zu Tag teurer. Was sagst du als Amerikaner dazu?«

Ja, was sage *ich* dazu? Ich weiß genau, was ich als John ohne nationalen Bezug dazu sagen würde:

1. »Scheiße!«
2. »Scheiße!«
3. »Scheiße!«

Aber von mir – als Amerikaner – erwartet man andere Antworten. Man erwartet eine amerikanische Sicht auf die Dinge. Sozusagen die Welt aus der Sicht eines waffentragenden und burgermampfenden Geographie-Legasthenikers:

1. »Hä? Schule?«
2. »Einmarschieren!«
3. »Wir haben keine Liter, wir haben Gallonen!«

Jetzt aber, mit Bandscheiben- und verwandten Schmerzen, habe ich ein Thema, bei dem ich endlich mitreden kann. Denn Schmerzen sind etwas Globales; da fallen alle nationalen Schranken. Gegen die Bandscheibe hilft kein Einmarschieren, kein Handelsembargo und auch keine Predator-Drohne; der Bandscheibe ist es nämlich egal, ob sie über einem deutschen, amerikanischen oder kanadischen Arsch sitzt (Obwohl? Beim kanadischen bin ich mir nicht so sicher …). Wie gesagt, jetzt red ich mit.

»Hi, John, wie geht's dir?«

»Nicht so gut, meine Bandscheibe … und der Schmerz strahlt voll in den Nacken!«

»Wem sagst du das? Heute Morgen bin ich kaum aus dem Bett gekommen … Kennst du das? Das Gefühl, als ob dir einer mit einer Nadel voll in den zweiten Lendenwirbel sticht?«

»Aua, ja, das kenn ich, das kenn ich gut! Gestern ist mir der zweite Wirbel glatt rausgesprungen. Musste sofort zum Chiropraktiker.«

»Oh! Echt? Zu welchem kriechst du denn?«

»Gestern war ich in einer Praxis am Rhein. Heute weiß ich noch nicht. Mal schauen, was weh tut.«

Ja, ich bin perfekt im Schmerzenhaben. Deshalb suchen meine neuen deutschen Freunde stets meine Nähe. Ich kenne jeden Schmerz. Ich will hier ja nicht angeben, aber tatsächlich bin ich der König der Schmerzen, der Meister aller altersbedingten Verfallserscheinungen! Ich bin John Doyle, *der PATIENT unter den Patienten!* Selbst meine Bandscheibe redet mit mir.

»Hallo, John, schon wach? Wie wäre es mit einem kleinen Spielchen? Du versuchst aufzustehen, und ich hau dir voll eine rein!«

Das tut sie dann auch, die Bandscheibe. Und meine Frau sagt: »Steh endlich auf, John, stell dich nicht so an!«

Und ich sage: »Ich kann nicht, es tut so höllisch weh!«

Und die Arzthelferin am Telefon sagt: »Wenn es sehr weh tut, dann kommen Sie in *drei* Wochen vorbei.«

Und mein Sohn sagt: »Ich krieg noch Taschengeld!«

Und dann gehe ich zum Arzt. Aber weil der Orthopäde keine Zeit hat, gehe ich zum Urologen. Oder zum Proktologen. Oder zum Gefäßchirurgen. Egal, helfen tut eh nichts. Am Ende gewinnt immer die Bandscheibe.

Denn die ist die Welt.

Am Anfang war ... das Leiden

Bandscheibe – Musik von Band?

Als ich das erste Mal mit dem Begriff »Bandscheibe« konfrontiert wurde, dachte ich das, was Amerikaner in solchen Situationen immer zuerst denken: What the fuck is a ›Bandscheibe‹? Ich weiß, was eine »Band« (Lautschrift: BÄND) ist, und ich kenne »Scheiben«. Aber was ist eine »Bändscheibe«?

Anfangs dachte ich, das hätte was mit Musik zu tun. Band gleich Musikgruppe, Scheibe gleich Platte oder CD. Und offensichtlich hatten die Deutschen eine Kombination aus beidem erfunden. Die ›Bändscheibe‹ – ein spezieller Tonträger nur für Musikgruppen.

Aber nein, Bandscheibe ist etwas im Körper, auch in meinem amerikanischen Body.

Die Deutschen kennen sich natürlich mit so etwas aus, so wie meine Comedy-Kollegen etwa: »Weißt du, was eine Bandscheibe ist?«, frage ich, und alle antworten: »Ja klar, wer nicht?«

Dann traue ich mich nicht weiterzufragen. Wenn ich mich mit Taxifahrern unterhalte, wissen auch sie Bescheid. Oder ich frage einen dreijährigen Jungen auf dem Spielplatz:

»Na, Kleiner, magst du Schokolade?«

Nein, das frage ich natürlich nicht, vielmehr frage ich: »Na, junger Mann, weißt du denn schon, was eine Bandscheibe ist?«, und er antwortet wie aus der ›Bushmaster‹ geschossen: »Ja, klar, du nicht, Onkel?«

Und dann erklärt mir der Zwerg, dass der Mensch 23 Bandscheiben hat, als Scharnier für die 24 Wirbel ...

Es würde mich nicht überraschen, wenn das Wort »Bandscheibe« das erste Wort wäre, das deutsche Kleinkinder vor sich hinplappern. Nicht »Mama«, nicht »Papa« oder »Klimakatastrophe«, sondern »Bandscheibe«.

»Hör mal, Schatz! Ich glaube, unser kleiner Hendrik-Markus hat gerade etwas gesagt. Wahnsinn! Sein erstes Wort. Aber ich habe es nicht genau verstanden. Verstehst du, was er da sagt?«

»Ich glaube, er hat ›Bandscheibe‹ gesagt.«

»*Bandscheibe?* Wie toll!«

Dicke Ami-Kids sagen so etwas nicht. Ihr erstes Wort ist nicht Bandscheibe, sie sagen ganz normale Sachen. So etwas wie »Mom«, »Dad«, »Wii« oder »X-Box«.

Es gibt mindestens zwei Gründe, warum viele Deutsche so ein riesiges Allgemeinwissen haben, warum sie immer auf dem neuesten Wissensstand sind:

1. Sie schauen »Die Sendung mit der Maus«.

2. Menschen wie Dr. med. Eckart von Hirschhausen, die die Nagetiersendungen ins Abendprogramm transferieren.

So etwas gibt es in Amerika nicht. Da gibt es »SpongeBob« und die »Oprah Winfrey Show«. Ami-Kids und das, was aus ihnen später mal wird, kennen sich mit der Unterwasserwelt minderbemittelter Schwämme aus und wissen – Oprah sei Dank –, wer in Amerika arm ist, wer unschuldig angeschossen wurde und deshalb bald ein neues Haus bekommen wird. Während das durchschnittliche amerikanische Kind bei »SpongeBob« sieht, wie ein Schwamm und eine Garnele

Fastfood fressen, erklärt »Die Sendung mit der Maus« dem deutschen Kind, wie ein Kühlschrank mittels FCKW gesundes Essen frisch hält. Oder eben auch, wie eine Bandscheibe funktioniert. Sollte das deutsche Kind es über die Jahre vergessen haben, dann kommt eben 30 Jahre später Dr. Eckart und erklärt es noch einmal. Und alle freuen sich, dass sie ihr Wissen über die Funktion der Bandscheibe wieder auffrischen können.

Jedes Mal, wenn ich die »Sendung mit der Maus« sehe – und das tue ich zur Förderung meiner Integration ständig –, denke ich: ›Mensch, John, wie hilfreich wäre es gewesen, wenn du das gewusst hättest, als die Schmerzen anfingen.‹

Die Sendung mit der Maus hätte mir alles genau erklärt:

»Das ist der John. Der John hat Bandscheiben. Dazu hat er auch noch Wirbel. Lenden-, Brust- und Halswirbel. Die Bandscheiben sitzen zwischen den Wirbeln, damit die nicht aneinanderreiben und dann dem John schrecklich weh tun. Aber Johns Bandscheiben sind nicht in Ordnung. Sie drücken gegen die Nerven, die auch im Rücken sind, und deshalb hat John Rückenschmerzen, und dann macht er ein dummes Gesicht. Der John ist nicht glücklich.«

Tatsächlich habe ich sogar einmal von der »Sendung mit der Maus« geträumt und dass meine Rückenprobleme in der Sendung besprochen wurden. Ein Albtraum mit Maus und Elefant: Im Traum sitze ich vor dem Fernseher mit einer kleinen Tüte Chips »Mexican Style«. Zuerst kommt ein Cartoon. In dem liegt der Elefant auf dem Rücken und kann nicht mehr aufstehen. Die Maus holt einen Luftballon, legt ihn unter den Elefanten und pustet ihn auf. Zack, steht der Elefant wieder. Dann kommt der Filmbeitrag: »Das ist John. John ist Amerikaner. John ist dick. Viele Amerikaner sind dick. Und deshalb ist John auch so dick.« Ich werde kurz wach und denke: What the fuck …?, dann träume ich weiter: »John hat Bandscheibenprobleme. Seine Rückenwirbel sind ganz steif, seine Bandscheiben sind ganz trocken, und das alles nur, weil er so dick ist.«

Jetzt ist es aber mal gut mit dem dauernden »John ist zu dick«, denke ich, aber schon träume ich die Sendung weiter: »Das hier ist eine gesunde Bandscheibe, und das ist Johns Bandscheibe. Seine sieht so aus, weil er immer faul wie eine fette Sau in der Gegend rumliegt und sich mit Chips vollstopft.«

Mir fallen alle frittierten Kartoffelscheiben aus dem Mund. Für einen Augenblick will ich die Tüte beiseitelegen, aber dann geht der Traum von einer Sendung weiter. Nun hat meine Frau ihren großen Auftritt:

»Das ist Johns Frau Marita. Sie ist nicht so dick wie John. Sie ist Deutsche. Eigentlich sogar Ostdeutsche, die hatten nicht so viel zu essen. Deshalb hat Marita auch keine Probleme mit ihrer Bandscheibe. Sie bewegt sich viel, achtet auf ihr Gewicht und macht sich keinen Stress. Das heißt: Sie versucht, möglichst wenig Kontakt zu John zu haben.

Und das ist Johns und Maritas Sohn Quentin. Quentin hat auch keine Probleme mit der Bandscheibe. Warum? Weil er regelmäßig Sport macht und nicht dick ist – im Gegensatz zu seinem fetten Papa.«

Dann wache ich auf, schweißgebadet. Den Tag verbringe ich bei meinen Lieblingsärzten und höre mir die Erwachsenen-Version von »John ist zu dick«, »John bewegt sich zu wenig« und »John ernährt sich falsch« an. Am Nachmittag folgt die Familienversion: Meine Frau Marita und mein Sohn Quentin – die Vorbildbandscheiben – reden auf mich ein:

»Warst du im Fitnessstudio?«, fragt meine Frau. Bevor ich antworten kann, mischt sich der Pubertierende ein.

»Mama, das fragst du den Dicken doch jeden Tag, und jeden Tag kriegst du dieselbe Antwort.«

Der Dicke hat dann die Schnauze voll und setzt sich mit seiner Chipstüte aufs Sofa. Er schaltet mittels Infrarot-Fernbedienung die Glotze an, und da erscheint ER auf dem Full-HD-Screen: Dr. med. Eckart von Hirschhausen, schlank und rank und mit schickem Halstüchlein. Das mit dem »schlank und rank« bezieht sich auf den Anfang seiner TV-Karriere. Inzwischen – und das weiß ich zu schätzen – trainiert er sich mein Gewichtslevel an. Egal, auf jeden Fall legt er sofort los.

»So, nun kommen wir zum Thema Rücken, genauer: zur Bandscheibe. Schaut mal auf den Monitor da. Was seht ihr da? Genau, das ist der fette John ...«

Wie man durch Sitzen zu Rückenschmerzen kommt

Ein neuer Schmerz ist da. Irgendwo hinten ist er. Dauerhaft, mit kleinen Stichen zwischendurch. Inzwischen kenne ich meine Schmerzen. Jeden einzelnen. Manche sind örtlich begrenzt. Ein eingeklemmter Nerv hier, ein verrutschtes Bandscheibchen da. Mal schmerzt die Hüfte rechts, mal links, dann macht sich wieder der Nacken bemerkbar.

Meine Schmerzen sind alles Individuen mit eigenem Charakter. Manche pieksen und stechen spontan, andere wiederum verteilen sich großflächig, sind nicht so stark wie die Piekser und Stecher, dafür aber konstanter in ihrem Wirken.

Ich hab meinen Schmerzen sogar Namen gegeben. Zum Beispiel heißt mein Nackenschmerz, also der spontan stechende, nicht der permanente, *Brenda Lee,* wie meine ehemalige Geographie-Lehrerin Brenda Lee Jones. Sie hatte die Eigenart, träumende Schüler mit einem kurzen, aber heftigen Griff in den Nacken in die Realität des Schulalltags zurückzuholen. Diesen Karategriff verstärkte sie mit einem markerschütternden Schrei: »WAKE UP, DOYLE!«

Wie jede vernünftige Lehrerin war Brenda Lee Jones eine Sadistin. Ihr machte es sichtlich Freude, den etwas ungelenken rothaarigen Burschen zu kneifen, und ich gab ihr auch immer wieder Anlass, den Nackenkneifer anzuwenden. Ich bin mir sicher, dass ich ihr Lieblingsschüler war, so viel Freude hatte sie mit mir beziehungsweise meinem Nacken. Nachdem sie mich allerdings einige hundert Male auf diese Weise traktiert hatte, bat ich sie, mich beim nächsten Mal doch bitte woanders zu kneifen. Das Angebot nahm Brenda Lee gerne an, und zum »Nackenkneifer« kamen dann noch der »Unterarm-Hautzwirbler«, der »Zweifach-Rippenstoß« und schließlich als Krönung die von »unten nach oben durchgezogene Kopfnuss«. Aber ganz ehrlich: An den spontanen Schmerz des »Nackenkneifers« kamen ihre anderen Foltermethoden nicht heran. Er war in seiner Intensität unvergleichlich. Deshalb trägt mein spontaner Nackenschmerz nun den Namen »Brenda Lee«.

Aber heute fühlt sich der Schmerz anders an. Er ist zwar permanent da, traktiert mich aber auch immer wieder mit kleinen Spitzen oberhalb des vierten oder fünften Rückenwirbels, also irgendwo zwischen Schultern und Becken.

Das ist neu, diese Mischform aus Spontanität und Kontinuität. Ich weiß noch nicht, wie ich diesen neuen Schmerz nennen soll. Auf jeden Fall hat er einen großen Namen verdient. »Vlad Dracul« vielleicht oder »Vera int Veen«. Irgendetwas Großes und Böses auf jeden Fall. Unabhängig davon verdient ein so neuer und intensiver Schmerz auch einen neuen Orthopäden. Einen, mit dem ich noch nicht per Du bin.

Meine Wahl fiel auf Dr. med. H. H. Schröder. Ich kannte ihn nicht, und er wurde mir nicht als »der beste Orthopäde von allen« empfohlen. Da mir aber auch die »besten von allen Orthopäden« nicht helfen können, war es sowieso schnurz, wem ich von meinen Schmerzen erzählte. Warum also nicht Dr. med. H. H. Schröder?

Weil ich Privatpatient und damit auspressbar bin, bekam ich sofort einen Termin. Ich musste auch nicht im Wartezimmer sitzen und die »Bunte« lesen, sondern wurde gleich in einen Behandlungsraum geführt, um dann dort eine Stunde auf Dr. med. H. H. Schröder zu warten. Um die Wartezeit zu überbrücken, las ich ein wenig im »Pschyrembel – Klinisches Wörterbuch«, das Gesundheitslexikon der Ärzte.

Für einen Hypochonder, der ich zweifelsohne bin, ist dieses Buch so eine Art Bibel. Mehr Informationen über Krankheiten, die man alle noch bekommen kann, erhält man nirgendwo sonst. Leider betrat Dr. med. H. H. Schröder, gerade als ich mich mit dem Gedanken an eine »Perianalthrombose«, zu deutsch: Arschgeschwür, angefreundet hatte, den Raum. Typ Tennisspieler mit Kleinfamilie, also eher *Cayenne-* als *911er-Besitzer.*

Bevor er etwas zu mir sagen konnte wie: »Was kann ich für Sie tun, Herr Dolly?«, war ich auch schon komplett ausgezogen.

»Herr Dolly, es reicht, wenn Sie sich obenrum freimachen. Oder schmerzt es auch im Schritt?«

Er lachte, ich wurde rot und zog die Hose wieder an. Dann begann das übliche Abtasten mit kurzen Foltereinlagen – also drücken, wo es besonders weh tut –, und es folgte das übliche Statement: »Herr Dolly, Ihr Schmerz ist undefinierbar.«

»Undefinierbar« ist für einen Orthopäden das, was »Mutter« für einen Psychologen ist oder die »Spannungen im Gewebe« für den Osteopathen. Er könnte auch sagen:

»Herr Dolly, ich habe keinen blassen Schimmer, was das für Schmerzen sind und wo die herkommen könnten! Ich hab zwar Medizin studiert und behandele seit Jahren Patienten wegen solcher Schmerzen, aber fragen Sie mich nicht, warum!«

Stattdessen sagte er: »Der Schmerz ist undefinierbar.«

Und im Anschluss wurde dann wie immer eine Therapie verschrieben. Egal, um was für einen Schmerz es sich handelt und wo auch immer die Ursache sitzt: Zuerst gibt es eine Spritze, dann Krankengymnastik und was sonst noch von der Kasse bezahlt wird. Und das ist bei einer Privatkasse viel.

Aber diesmal will ich nicht »undefinierbar« bleiben.

Ich verwickelte Dr. med. H. H. Schröder in ein Gespräch über die mögliche Ursache für meinen neuen Schmerz. Er nickte interessiert und erzählte mir daraufhin von seinem neuen Speedboat. Nein, quatsch, natürlich hörte er mir aufmerksam zu.

»Vielleicht kommt das vom zu langen Sitzen. Ich hab in den letzten Wochen fast jeden Tag auf einem weichen Sessel in einer Ami-Kaffeebude gesessen und mich ohne Unterbrechung über mein Notebook gebeugt.«

Eigentlich ist es ja eher peinlich, sich nur durch pures Sitzen zu verletzen. Ich meine im Vergleich zu Bungeejumping oder Fallschirmspringen, aber ich wollte bei der Wahrheit bleiben. Und die hieß nun einmal: Durch Sitzen verletzt.

Er fand das mit dem Sitzen nicht außergewöhnlich, vielmehr hörte er mir gar nicht zu und antwortete mit einem typischen Orthopäden-Satz: »Herr Dolly, Sie müssen ein wenig kürzertreten.«

»Kürzertreten«? Wie konnte ich *»kürzertreten«?* Ich hatte doch nur gesessen! Was kam als Nächstes: »Passen Sie höllisch auf beim Rumliegen!«?

Nein, so einfach, so ohne Fachbegriffe, kam er mir nicht davon. Schließlich bin ich Profi-Patient und habe alle Folgen von »Dr. House« gesehen. Dazu noch »Scrubs«, »Emergency Room«, »Grey's Anatomy«, »Private Practice« und natürlich »Der Bergdoktor.«

»Also, ich tippe auf HWS«, schleuderte ich ihm entgegen, »oder vielleicht BWS?« Und endlich hatte ich ihn aus der Reserve gelockt: »Herr Dolly, das Problem könnte auch in der LWS, in der Lendenwirbelsäule liegen. Definitiv aber haben Sie eine Fehlhaltung, und die wird natürlich durch stundenlanges Herumsitzen nicht besser. Das Sitzen, Herr Dolly, ist sozusagen eine Kollektivstrafe der zivilisierten Menschheit. Der Mensch ist nicht fürs Sitzen gemacht! Eigentlich ist er seiner Entwicklungsgeschichte nach sogar eher ein Vierbeiner.«

Ach, was.

Dann gab er mir die üblichen Überweisungen für Krankengymnastik, Massage und Physiotherapie.

»Und, Herr Dolly, ganz wichtig: Nicht so viel sitzen! Nicht so viel sitzen! Sitzen ist Gift für den Rücken.«

Auf dem Weg nach Hause erwischte ich den letzten freien Platz in der Straßenbahn: »Okay, John, morgen fängst du mit dem Nichtsitzen an. Heute sitzt du noch mal und – leidest.«

Aber es stimmt schon: Laut Statistik verbringt der Durchschnittsdeutsche 11 bis 14 Stunden am Tag im Sitzen. Die anderen acht Stunden schläft er, und in den restlichen zwei sucht er nach einem Sitzplatz. Das muss man sich mal vorstellen: 14 STUNDEN SITZEN! Wir sitzen im Bus, in der Bahn, im Auto, im Gefängnis (in den USA jedenfalls). Wir sitzen im Stau, im Café, im Wartezimmer und – im Vergleich zu früher – viel zu viel auf dem Klo. Seit dem Verbot des »Im-Stehen-Pinkelns« sogar noch mehr.

Das mit dem Klo stimmt übrigens tatsächlich. Es gibt eine Studie (Wahnsinn, wofür es nicht alles Studien gibt), die besagt, dass ein heute achtzigjähriger Mann am Ende seines Lebens circa 300 Tage auf der Kloschüssel verbracht hat. Nicht am Stück, aber zusammengezählt 300 Tage. Aber hallo!

Und das gilt wie gesagt nur für die heute Achtzigjährigen. Wer heute 20 ist, wird in 60 Jahren bis zu 1200 Tage auf dem Klo gesessen haben. Nicht, weil das finale Prozedere des Verdauungsprozesses heute länger dauert als früher, nein. Es liegt daran, dass der moderne Mensch mit Smartphone oder Tablet-Computer auf die Toilette geht. Das verlängert die Sitzzeit um das Vierfache. Bekloppt!

Ich bin übrigens auch so ein Smartphone-User wie viele meiner Bekannten. Wir haben alle Rückenprobleme, nicht nur, weil wir zu viel Zeit vor dem Rechner verbringen, sondern weil wir auch noch auf der Toilette aufs Smartphone oder aufs Tablet starren: den Oberkörper vorgebeugt, die Ellenbogen auf den Oberschenkeln und das Smartphone auf Kniehöhe, damit der Rücken auch wirklich schön gekrümmt ist.

Tatsächlich gehe ich ohne technische Hilfsmittel nicht mehr aufs Klo. Früher war es die Tageszeitung, dic dann auch irgendwann ausgelesen war, aber heute? Das World Wide Web kennt kein Ende: E-Mails checken und beantworten. SMS oder WhatsApp lesen, schreiben und dann weiter zu Facebook und/oder Twitter. Statusmeldung: »Bin gerade auf

Klo. ☺.« Und Facebook fragt: »Dürfen wir Ihren aktuellen Standort anzeigen?«

»Klar, warum nicht? Hab ja nichts zu verbergen, sitze ja nur auf'm Klo.« Dann meldet sich ein Facebook-Freund.

»Was machst du gerade?«

»Bin auf Facebook.«

»Bist du wirklich auf'm Klo?«

»Klar.«

»Ich auch.«

»LOL.«

Dann checke ich die Wettervorhersage im WEB und stelle fest: »O nein, es regnet!«

Ich könnte natürlich aus dem Fenster gucken, aber hey: Warum hab ich denn die passende App? Danach suche ich mal kurz nach billigen Flügen in die USA, sehe, dass Reiner Calmund noch immer nicht abgenommen hat, checke die Staumeldungen und bin froh, dass ich auf'm Klo sitze und nicht im Stau.

Ach ja, noch einen schnellen Blick auf SPON, Spiegel online: Es geht um Griechenlands wirtschaftlichen Niedergang …

Schnell zurück auf die Airlineseite: Flüge nach Griechenland müssten ja nun billiger sein … Und während ich das alles tue, merke ich, dass meine Beine langsam taub werden … Das muss die Bandscheibe sein! Jetzt schmerzt auch noch die Schulter, und im Nacken meldet sich »Brenda Lee«. Plötzlich höre ich heftiges Klopfen.

»Mach schnell! Ich muss auch mal.«

»Moment noch, muss nur noch ein paar Überweisungen machen!«

Früher bin ich nie aufs Klo gegangen, um Überweisungen zu machen. Früher bin ich zur Bank gegangen. Also analog, so mit dem ganzen Körper. Das hat meiner Bandscheibe offenbar nichts ausgemacht. Auf jeden Fall hatte ich damals noch keinen Kontakt, sprich Ärger mit ihr. Heute heißt es nicht mehr: »Ist das Bad frei?« Nein, bevor ich aufs Klo gehe, frage ich: »Ist das W-LAN an?«

Das Bathroom-Home-Banking hat meine tägliche Sitzzeit enorm verlängert, und daher weiß ich nun, was eine Bandscheibe ist und dass sie höllisch weh tun kann.

Aber das wird sich ab heute ändern. Ich werde in Zukunft nicht mehr so viel Zeit auf der Toilette verbringen. Ich lasse mich doch nicht zum Sklaven des WWW machen! Kein Surfen mehr auf der Kloschüssel! Wenn ich wissen will, wie das Wetter ist, gucke ich wieder aus dem Fenster.

Ich, John Doyle, bin mein eigener Herr!

Steif sein ist nicht immer gut

Ich bin wie Ritter Rost. Kennen Sie Ritter Rost? Es ist eine Figur aus einem Kinderbuch, das mein Sohn gelesen hat. Zu einer Zeit, als Taschengeld für ihn noch kein Kinderrecht war, das man durch dauerndes Genörgel einklagen kann.

Also, Ritter Rost ist ein lustiger Metallknabe, der quietschend und knirschend allerhand Abenteuer erlebt, Drachen besiegt und Prinzessinnen befreit. Ich besiege zwar keine Drachen und befreie auch keine Prinzessinnen, aber immerhin knirsche und quietsche ich wie er.

Genauer gesagt knirschen und quietschen meine Gelenke. Zum Beispiel die Knie. Als würden die Knochenenden von Ober- und Unterschenkel Rost ansetzen, sobald ich mal länger als eine Minute in einer Position verharre. Und dann lässt der Rost zusammenwachsen, was nicht zusammengehört.

Wenn ich aufstehen will, steht mein Knie nicht mit auf. Es knirscht, tut weh und sagt: »Sitzen bleiben, John! Du schaffst es doch nicht!«

Ich stehe dann trotzdem auf, weil ich von meinem Knie keine Befehle annehme – es reicht ja, wenn ich meiner Frau und meinem Sohn gehorchen muss.

Während des Aufstehens knackt es, und ich brauche zwei schmerzhafte Minuten, um den Rost zu lockern und das Bein samt Knie und Schenkel in Funktion zu versetzen. Also ungefähr um das zu tun, was man »Laufen« nennt.

Das mit der rostbedingten Steifheit passiert mir aber nicht nur mit dem Knie. Das geht mir mit jedem Gelenk so. Besonders gerne roste ich morgens ein. Kein Wunder, in den Stunden besinnungs- und bewegungslosen Schlafs haben die Knochen genug Zeit, Rost anzusetzen, und der Rost hat genug Zeit, sich mit anderen rostigen Stellen zu verbinden.

Ich wache also morgens auf, und mein Nacken ist steif und tut weh. Meine Schultern auch. Und weil wir gerade dabei sind, ist eigentlich mein ganzer Rücken steif und unbeweglich, und der Nacken grüßt mit Brenda-Lee-Schmerzen. Ich will mich trotzdem aufrichten, geht aber nicht: Ich bin bereits komplett eingerostet. Meine Frau bemerkt meine Bemühungen. Immerhin. Sie hätte auch auf »tot« tippen können.

»Was ist los, John, hast du nicht gut geschlafen?«

Zu den üblichen Schmerzen kommen nun auch noch Kopfschmerzen.

»Nein«, sage ich, »ich weiß nicht … irgendwie … bin ich so … steif.«

Sie lächelt ihr grausames Ehefrauenlächeln: »Na, das ist doch mal eine gute Nachricht«, und steht auf. Ich bleibe noch ein wenig liegen. Ich hasse es, wenn meine Frau Witze reißt, schließlich bin ich der Komiker in der Familie. Ich stell mich ja auch nicht hin und versuche, unseren Sohn zu erziehen …

Irgendwann schaffte ich es dann doch. Ich trennte die eingerosteten Knochenenden voneinander, stand auf und ließ mich von meinen nun wieder halbwegs funktionsfähigen Gelenken zum Arzt geleiten. Da die Schmerzen nicht das Ausmaß meiner sonstigen Leiden annahmen, also nicht vergleichbar waren mit dem, was zum Beispiel die Bandscheibe meistens anstellte, ging ich nicht zu einem meiner Orthopäden, sondern zu einem meiner circa 15 Hausärzte.

Dr. Hagen Glas heißt der Mann. Ein netter, lustiger Allgemeinmediziner, dessen Job es ist, den Patienten zuzuhören, um sie dann zu einem Facharzt zu schicken. Aber diesmal nicht. Denn gegen Steifheit, so meine naive Vorstellung, half bestimmt eine Art Schmiermittel oder so. Wie bei einem Fahrrad. Wenn's quietscht, ein Tröpfchen Öl hier, ein Tröpfchen Öl dort, und das Ding läuft wieder rund.

»Mein lieber Herr Doyle, was haben Sie auf dem Herzen?«

»Auf dem Herzen?« Einen kurzen Moment lang meldete sich mein innerer Hypochonder, und ich überlegte mir, ob man mir die Herzkrankheit schon ansah (die ich definitiv nicht hatte). Dann schaltete ich den inneren Hypochonder wieder ab.

»Auf dem Herzen hab ich nix. Es sind eher meine Gelenke. Ich bin völlig steif.« Der Doktor grinste das fiese Ehefraugrinsen.

»Freuen Sie sich, Herr Doyle, manche brauchen Tabletten dafür!« Ich grinste ein bisschen mit ihm, weil ich ein höfliches Opfer war, dann schwieg ich wieder. Das wiederum machte ihn verlegen, und er riss sich zusammen und stieß ein Verlegenheitsräuspern aus: »Ähm … wo sind Sie denn … steif?«

»Eigentlich überall. Heute Morgen am Nacken und an den Schultern. Es ist, als würden meine Gelenke über Nacht einrosten.«

»Ja, Herr Doyle, so falsch liegen Sie da gar nicht. Es fehlt tatsächlich ein Schmiermittel, also Gelenkschmiere. Die nimmt im Alter ab. Um das aufzufangen, sollte man sehr viel trinken. Trinken Sie genug?«

»Ich weiß nicht … wie viel ist genug … sechs Kölsch am Abend?«

»Nein, kein Kölsch, ich meine Wasser! Kölsch, also Alkohol, entzieht dem Körper sogar Flüssigkeit. Alkohol gaukelt dem Gehirn vor, es gebe zu viel Flüssigkeit im Körper, und man scheidet zu viel aus. Am Ende holt sich die Leber das Wasser dann aus dem Gehirn … daher kommen übrigens auch die Kopfschmerzen nach zu viel Alkoholgenuss, weil die Leber dem Hirn das Wasser klaut. Auf jeden Fall, Herr Doyle, müssen Sie viel Wasser trinken. Drei Liter täglich, mindestens.«

»Geht das auch mit Kaffee?«

»Theoretisch ja, aber das geht dann auf die Pumpe. Am besten ist schon Wasser, einfach nur Wasser. Sie werden sehen, Ihren Gelenken geht es dann besser.«

Ich war ein guter Patient und vertraute meinem Arzt. Also besorgte ich mir eine Kiste Wasser, schleppte sie in den Fahrstuhl und dann in die Wohnung. Damit hatte ich auch mein tägliches Sportprogramm absolviert. Jetzt musste ich das Zeug nur noch trinken. Weil ich mich jedoch mit Wasser nicht so gut auskannte und mir der Unterschied zwischen »still«, »natürlich«, »medium« und »classic« bis dato ziemlich scheißegal war, hatte ich »classic« genommen. Ein Fehler. Nach den ersten zwei Gläsern wurde mein Körper zu einer tektonischen Zeitbombe, gleich einem Vulkan kurz vor dem großen Ausbruch: Es kam zu leichten Vorbeben und kleineren Voraberuptionen: »URPS!«, sagte ich, und mein Sohn antwortete: »Gesundheit! Erzähl mehr von zu Hause.«

Bei uns zu Hause in New Jersey wurde nicht gerülpst. Wir haben allerdings auch kein Mineralwasser getrunken, bei uns kam das Wasser aus der Leitung.

Also stellte ich nach den ersten Eruptionen auf Leitungswasser um. Ich trank und trank und trank. Nach einem Liter musste ich mal. Dringend. Allerdings besetzte gerade der Pubertierende die Toilette.

»Quentin, könntest du dich bitte beeilen! Ich muss Wasser ablassen.«

»Moment, bin gleich fertig!«

Ich wartete einen Moment. Der Moment verging, und die Toilette war immer noch besetzt: »Quentin! Bitte! Es ist dringend!«

»Ja, ja, ja, mach ja schon. Was musst du auch so viel Wasser saufen.«

»Das hat mir der Arzt verschrieben!«

»Wie? Wasser auf Rezept? Ist das linksdrehendes Wasser, oder was?«

»Lieber Quentin, es ist doch wohl sch…egal, was das für ein Wasser ist. Meine Blase drückt einfach. Komm jetzt da raus!«

Und dann endlich ging die Tür auf und mein grinsender Sohn an mir vorbei.

»Na, dann mal los, Papa, erleichtere dich. Ich würde mich an deiner Stelle vorher und nachher auf die Waage stellen. Dann haste auch mal ein Erfolgserlebnis.«

Eigentlich schade, dass Kinder zu schlagen gesellschaftlich geächtet ist.

Aber ich ließ mir das Wassertrinken von einem fünfzehnjährigen Halbamerikaner nicht vermiesen. Ein paar Stunden und eineinhalb Liter später schlenderte ich durch Karstadt, und – ruck, zuck – war ich auf der Kundentoilette. Irgendwie war ich erleichtert, dass hier noch eine Klofrau mit kleinem Tellerchen saß. Toiletten auf den Autobahnraststätten machen mir immer Angst. Wie reinigen sich diese Toiletten – ohne Wasser, ohne Chemie, ohne alles? Zauberwerk? Ultraschall? Wird die Flüssigkeit vielleicht mittels Mikrowelle so hoch erhitzt, dass sie sich verflüchtigt und wir nun alle gasförmigen Urin einatmen? Nein, ich stehe auf konventionelle Klofrauen, die gelangweilt hinter ihren Tischen sitzen und auf ihr Münztellerchen starren. Wie bei Karstadt.

Ich erledigte mein Geschäft, legte 50 Cent auf das Tellerchen und war zufrieden.

Und nach zehn Minuten wieder da.

Die Frau starrte mich an, überlegte, ob sie mich schon mal gesehen hatte, und richtete dann ihren Blick wieder aufs Tellerchen, wo dann auch prompt meine nächsten 50 Cent landeten.

Zwanzig Minuten später war ich wieder da.

Ich ging an ihr vorbei, grüßte kurz, und sie starrte mich an. Jetzt hatte sie mich – den fleißigsten Wasserlasser auf Gottes Erden – wiedererkannt. Ich tat so, als wäre ich nicht ich, und ging in den Raum mit den vielen Keramikschüsseln. Während ich meinen Körper um das überschüssige »Schmiermittel« erleichterte, spürte ich auf einmal einen Blick in meinem Rücken. Es war kein Kölner, der seine Chancen, bei mir zu landen, abwägte, sondern die Klofrau. Sie tat, als hätte sie etwas wahnsinnig Wichtiges zu erledigen, was keinen Aufschub vertragen konnte, was unbedingt in diesem Moment getan werden musste und nicht etwa 20 Sekunden später. Klar, die Dame wollte kontrollieren, was ich da anstellte. Ich, der Mann, der innerhalb von 30 Minuten dreimal auf ihrer Toilette erschien. Ganz sicher unterstellte sie mir irgendwelche dunklen Absichten. Sekunden später ist alles Wasser zurück im natürlichen Kreislauf. Ich ging zur Klofrau, legte ihr 50 Cent auf das Tellerchen.

»'tschuldigung, ich muss so viel Wasser trinken – vom Arzt verordnet.«

Kunstpause. Blicktausch. Finaler Hieb.

»Weil ich immer steif bin!«

Okay, den Krieg mit der Klofrau habe ich gewonnen. Ansonsten war das tägliche Drei-Liter-Trinken eine Qual. Erst einmal schmeckt Wasser nicht wie Bier. Nicht einmal wie Kaffee. Es schmeckt wie Wasser, also irgendwie gar nicht. Und dann musste ich tatsächlich immer und immer wieder auf die Toilette. Egal wo, ich musste. Ich kannte bald jede öffentliche Toilette in Köln, und ich sage: Man muss *nicht* jede kennen. Ich kannte dann auch bald die meisten Toiletten in anderen Städten. Ich fuhr mit meiner Frau zum Beispiel nach Paris. Sie schaute sich den Louvre, die Zuckerbäckerkirche, den Montmartre an, und ich? Ich schaute mir die Pariser Toiletten an. Während meine Frau mit »Oh«, »fantastique«, »manifique« nur so um sich warf, dachte ich: Hey, cool, Automatikspülung – und das mitten in Paris!

Aber der Herr Doktor ließ trotzdem nicht locker.

»Herr Doyle, wenn Sie Ihre Schmerzen in den Griff kriegen wollen, schlage ich vor, dass Sie weitermachen mit dem Wassertrinken. Dann werden Ihre Bandscheiben schön befeuchtet, Ihre Gelenke werden geschmeidiger, und Ihr Wohlbefinden wird sich insgesamt steigern.«

»Das hört sich gut an, Herr Doktor. Dafür geht man doch gerne bis zu siebenhundertmal täglich aufs Klo. Ich freu mich jetzt schon auf den nächsten Besuch.«

»Und die Toilettenfrau bei Karstadt bestimmt auch, Herr Doyle.«

Stimmt. Inzwischen bin ich mit der Klofrau per Du. Gisela heißt sie. Eine total nette Frau. Ich krieg jetzt sogar Rabatt. Zehnmal Pinkeln, einmal frei.

Man with boobs!

Die Welt ist nicht nur eine Bandscheibe, sie ist auch im schnellen Wandel. Man geht abends ins Bett, und am nächsten Morgen wacht man auf – und plötzlich ist alles ganz anders. Nehmen wir als Beispiel mal die FDP: Abends noch eine Partei, am nächsten Tag nur noch eine Steuerberatersammlungsbewegung. Oder der 1. FC Köln: Abends noch ein Profifußballclub, am nächsten Morgen nur noch eine Ansammlung Kölsch trinkender Schnauzbartträger. Obwohl? Das war der Verein am Abend zuvor auch schon, aber mit ein paar Kölsch trinkt man sich die verlotterte Bande halt schön. Oder der Mensch im Zimmer nebenan: Abends noch dein Sohn, am nächsten Morgen ein fremder Mann, der dich um Geld anbettelt. In einer Nacht kann viel passieren. Wie neulich …

Ich stand auf und – hatte plötzlich Brüste. Nicht dass ich grundsätzlich etwas gegen Brüste hätte! Im Gegenteil: Ich liebe Brüste, vorausgesetzt, sie sind an einer Frau angebracht. Aber am eigenen Körper? Das muss nicht sein!

»Marita«, rief ich nach meiner Gattin mit der Bitte um Mitgefühl, »ich habe Brüste!«

»In der Kommode oben rechts sind die BHs. Nimm die, die ich nach der Geburt getragen hab.«

Danke.

»Hast du mir nicht zugehört? Marita: Ich! Habe! Brüste!«

»Ich auch. Zwei sogar.«

Nochmals danke. Ein Gesicht lugte hinter dem Türrahmen hervor. Könnte mein Sohn gewesen sein, war mir aber nicht sicher.

»Mama, Papa hat wirklich Titten!«

Kein Zweifel, es war mein Sohn.

»Quentin, man sagt nicht ›Titten‹. Das ist vulgär.«

»Wieso, Mama? Papa sagt doch auch dauernd Titten.«

»Papa ist Comedian. Der darf das.«

»Geil, ein Comedian mit Titten!«

»›Geil‹ sagt man auch nicht.«

Ein Comedian mit Titten. Warum eigentlich nicht? Anke Engelke hat ja auch welche. Den Gedanken will ich jetzt allerdings nicht vertiefen …

Ich ließ meine ehemals liebsten Angehörigen mit ihren Sprachproblemen allein und ging ins Badezimmer. Von vorne betrachtet war alles halb so schlimm. Der Optimist in mir – der Ami – sagte: »Sei froh, John, wenigstens hast du keine Hängebrüste!« Das ist nett gemeint vom Ami, aber ich lebte in der deutschen Realität, und da waren »Möpse« entweder Hunde oder weibliche Weichteile.

Ich verbuchte dieses neue Phänomen an meinem verwelkenden Körper unter dem Stichwort »Fleischwanderbewegung«. Es war nicht das erste Mal, dass sich das Fleisch an meinem Skelett einen neuen Platz suchte. Zum Beispiel waren meine Muskeln im Laufe der Jahre von den Schultern in den Bereich der Hüften gewandert. Oder meine Gesichtsmuskeln: Die haben ein neues Terrain unterhalb der Mundpartie gefunden und dort ein respektables Doppelkinn gebildet.

Natürlich bin ich keiner, der sich einfach seinem Körper geschlagen gibt, also suchte ich meinen Hausarzt Dr. Schäfer auf. Einen meiner 15 Hausärzte, genauer, der mit dem 500-PS-Turbo. Auf jeden Fall schilderte ich ihm, was bei mir über Nacht gewachsen war, *und* ich zeigte ihm, was da gewachsen war.

»Wow!«, sagte er mitfühlend, »so etwas würde ich gerne an einer Frau sehen.« Das war nicht ganz das, was ich hören wollte.

»Keine Angst, Herr Doyle! Das ist normal für Männer in Ihrem Alter.«

»In meinem Alter? Ich bin doch erst Ende 40!«

»Oh, ich hatte Sie ein bisschen älter geschätzt ...«

Danke. Okay, ich habe Dr. Schäfer daraufhin vorübergehend von meiner Ärzteliste gestrichen.

Ich war nicht immer so. Also, alt mit Brüsten. Früher war ich jung und knackig. Okay, sagen wir mal: Ich war jung. Knackig auszusehen war schwierig mit roten Haaren und Pickeln zwischen Stirn und Hals. Da rutscht man nicht so einfach in die Kategorie »knackig«. Tatsächlich gab es nicht allzu viele Mädels in meiner Schule, die sagten: »Oh, der mit den roten Haaren und den Pickeln im Gesicht, der ist aber süß!« Wenn ich alle Mädchen zusammenzähle, die mich »süß« fanden, komme ich so ungefähr auf – keine.

Aber »jung« hab ich hingekriegt. Mit zehn war ich jung, mit 20 war ich auch noch jung. Ein bisschen jung sogar mit 30. Ach was, eigentlich fühlte ich mich bis vor kurzem noch jung. Ich trage Jeans, T-Shirt, Baseballkappe und Turnschuhe.

Jung. Männlich. Keine Titten.

Aber jetzt habe ich Titten, und deshalb meide ich Spiegel. Beziehungsweise, ich benutze nur noch den Rasierspiegel. Wenn ich dort irgendetwas an mir entdecke, irgendwelche neuen Kinne zum Beispiel, dann weiß ich: »John, das ist nicht echt. Der Spiegel vergrößert nur. Mach dir keinen Kopp.«

Meine amerikanischen Freunde, die ähnlich aussehen wie ich inklusive Man-Boobs und Grizzly-Bauch kurz vor dem Winterschlaf – sagen: »Don't look in the mirror, John! Just don't look in the fucking mirror.«

Das ist ein guter Rat, aber leider hilft er nicht immer. Ich erschrecke mich nämlich auch, wenn ich mich zufällig in einer Schaufensterscheibe spiegele. Erst sehe ich die Magermodel-Puppen mit den schicken Klamotten. Dann sehe ich einen großen, dicken Menschen: »Boah ist der fett, und Titten hat der auch noch!«

Ich hab es schon mit Ziegelsteinen versucht. Das funktioniert. Der Erfolg ist jedoch nur von kurzer Dauer. Spätestens an der nächsten Scheibe erwischt es mich wieder:

Das Bildnis des Dorian Doyle.

Fototerror

Ein untrügliches Zeichen für den fortschreitenden körperlichen Verfall sind Fotos. Nicht dass ich früher auf Fotos besonders gut ausgesehen habe (okay, ein bisschen schon wie Brad oder George oder wenigstens wie Vladimir), aber man konnte sich die Bilder zumindest anschauen, ohne gleich daran zu denken, dass man ja noch ein Testament aufzusetzen hat.

Heute geht das nicht mehr, heute ist die Kamera mein größter Feind. Ich meide sie. Viel schlimmer noch: Ich hasse sie. Besonders seit dem Digitalzeitalter. Jeder Depp kann tausendmal auf den Auslöser drücken und tausend dämliche Fotos machen.

»Kost' ja nix!«

Doch, das kostet was: Meine psychische Gesundheit!

Wenn ich eine Kamera sehe, drehe ich mich in der Regel einfach weg. Oder ich schrumpfe von 190 auf 150 Zentimeter, ziehe meine Kappe tiefer ins Gesicht, drücke meine diversen Kinne auf die Brust, ziehe den (kaum vorhandenen) riesigen Bauch ein und wünsche mir, ich sei gerade jetzt nicht da. Nicht vor dieser Linse, die mit Hilfe von Millionen von Pixeln meine Pickel einfängt und auch das Biotop um die Pickel herum: Haut, Haare, Fleisch.

Aber zu spät: Meine Frau und ich standen an einem ewig langen Regal mit ewig vielen Fotoapparaten in einem der voll billigen Technikmärkte. Aus irgendeinem unerfindlichen Grund hatte sich ein Verkäufer zu uns gesellt, der uns tatsächlich beraten wollte. Er musste neu hier sein. Oder ein Leiharbeiter. Oder krank. Auf jeden Fall sagte er nicht: »Moment, es kommt gleich jemand!« Nein, er stand geduldig da und führte meiner Frau eine Kamera nach der anderen vor. Und sie knipste.

Und knipste.

Und knipste.

Aber *was* knipste sie? Mich natürlich. Ansonsten gab

es hier nicht so viel, also knipste sie, was sie kannte: Ihren wehrlosen Mann.

»Bitte, knips doch mal was anderes!«

»Hier gibt's doch nichts.«

»Doch«, sagte ich, »da vorn die Kids, die gerade die iPads klauen. Sehr schönes Motiv.«

»Nun stell dich nicht so an, John, und guck nicht immer weg.«

Schließlich beugte ich mich dem Wunsch meiner Frau. Ich hielt still und versuchte an etwas anderes zu denken.

An etwas Schönes.

An Mord.

Oder zumindest an Scheidung.

Dann mischte sich auch noch der seltsame Verkäufer wieder ein.

»Wenn Sie jetzt auf diesen Knopf drücken, dann schaltet die Kamera um auf ›Beauty Shot‹. Probieren Sie es mal!«

Meine Frau machte es. Die beiden Foto-Verschwörer guckten sich den »Beauty Shot« an und lachten. Was bitte war so lustig? Ich schaute mich um, ich sah nichts, was lustig hätte sein können. Aber meine Frau zeigte es mir. Sie zeigte mir den »Beauty Shot«: Zwölf Megapixel dicklicher, blasser, rothaariger Gesichtsklumpen.

»Ich seh ja so was von scheiße aus«, sagte ich, und der Arsch – Verzeihung, der *Verkäufer* – entgegnete: »Ja, schon ... aber das liegt nur an dem Licht hier.«

Wie gesagt, in früheren Zeiten, in Zeiten des Einzelkinns konnte ich mit meinen Porträtfotos gut leben. Aber jetzt hatte ich nicht nur ein Doppelkinn, mein Doublekinn hatte auch ein Doublekinn! Und das hat wiederum eines. Ich sehe ein bisschen aus wie die Wildecker Herzbuben. Und zwar wie beide zusammen! In Deutschland sagt man mir das dann auch noch mitten ins doppeltbekinnte Gesicht.

»John, du hast aber ganz schön zugelegt.«

»Echt? Aber ich hab doch gar nicht zugenommen.«

»Im Gesicht aber schon, oder?«

Das ist dann so ein Moment, in dem ich mich nach Amerika zurücksehne. Egal, wie dick du bist. Egal, wie viele Doublekinne sich vor deinen Hals schieben: Du kriegst immer Komplimente.

»John, du siehst gut aus! Das Essen in Deutschland bekommt dir aber gut! Did you lose weight?«

»Yessssss! 20 gramms!«

»Of course, I seeeeee it!«

Und dann gibt es noch die Menschen, die als Dicke richtig gut aussehen. Die man sich auch nur dick vorstellen kann. Sigmar Gabriel zum Beispiel. Der sieht dick sehr gut aus! Er sieht immer so aus, als sei er gerade vom Büfett gekommen oder auf dem Weg dorthin. Wenn ich ihn im Fernsehen sehe, warte ich immer darauf, dass ihm ein Chicken Wing aus dem Mundwinkel fällt.

»'tschuldigung, hatte wohl was zwischen den Zähnen.«

Sigmar ist ein »AYCEM«, ein »ALL YOU CAN EAT MAN«. Okay, bringen wir es auf den Punkt: Sigmar sieht aus wie ein Ami! Das macht ihn mir so sympathisch.

Genauso wie Reiner Calmund. Reiner Calmund ist, wenn schon nicht der Bestaussehende unter Deutschlands Dicken, so doch zumindest der Schnellste: Sorry, Sigmar, but Reiner kicks your ass! Your big fat ass! In der Fastfood-Sprache bist du, Sigmar, fett, aber Reiner ist der Whopper. Ach was, der Double Whopper.

Da stell ich mir die Frage: Wie macht Reiner Calmund das bloß? Er hat mehr Kinne im unteren Teil des Gesichts als ich, aber im Gegensatz zu mir passen sie irgendwie zu seinem Bauch, zu seiner monumentalen Erscheinung. Bauch und Kinn und alles andere sind bei Reiner Calmund eine Gesamtkomposition; sie verleihen ihm etwas ganzheitlich Fettes. Er sieht aus wie ein Ball, dem Arme und Beine gewachsen sind.

Mir verleiht mein Kinn in Kombination mit meinem Bauch nichts, aber auch gar nichts. Außer zwei feixende Menschen in einer Fotoabteilung beim Anblick eines »Beauty Shots« meines Gesichts.

Vielleicht sollte ich mich liften lassen? Dann Fett absaugen. Obwohl, umgekehrt ist wahrscheinlich sinnvoller. Dann sehe ich nicht nur schlanker, sondern auch jünger aus. In der Heimat meiner Familie ist absaugen und liften lassen kein Privileg von Wohlhabenden. In den USA wirst du schlanker und jünger gemacht, während nur *eines* Arztbesuches. Du bist 80, gehst zum Arzt und sagst: »Ich bin 80 und will wie 30 aussehen.« Und der Arzt lügt dich an und sagt: »Wie bitte, Sie sind 80? Ich hab Sie auf 40 geschätzt. Aber warum wollen Sie aussehen wie 30? Bei Ihnen krieg ich locker die 25 hin!« Danach geht man nach Hause. Das Gesicht sieht aus wie das einer Fünfzigjährigen, die auf 25 getrimmt wurde und in Wahrheit 102 ist. Dazu gibt es noch das »Full Body Beauty Program«. *Full Metal Jacket* für das menschliche Gewebe. Eine Vollrenovierung des ganzen Körpers. In Miami Beach ist jede Frau irgendwo geliftet. Deutsche Touristen denken immer, die geilen Frauen, die da am Strand von Miami Beach rumhängen, sind alle irgendwie so um die 20. Alle. Als ob in Florida nur solche Megaschicksen rumlaufen würden, als ob alle Amerikanerinnen ab 25 den Strand zu verlassen haben, um sich im Landesinneren anzusiedeln. (Zum Beispiel in Texas, um den eigenen Bruder zu heiraten.) Aber das stimmt nicht. Die Damen am Beach von Miami Beach sind mindestens 75, und einige sind schon seit 80 Jahren keine 25 mehr.

Alt sein ist in den USA völlig okay.

Alt aussehen eher nicht.

Hier in Deutschland ist alles anders. Nicht schöner, aber ehrlicher. Wenn eine Achtzigjährige zum Arzt geht und über ihr Alter lamentiert, dann rät ihr der Doktor nicht zur Schönheits-OP, nein, er schenkt ihr reinen Wein ein. Einen Wein, der lange, sehr lange gelagert wurde.

»Herr Doktor, ich weiß nicht, warum, aber ich fühle mich so alt.«

»Ja, Frau Schmidt, und dafür gibt es einen Grund: Sie *sind* alt, und das sogar schon seit einiger Zeit!«

»Das habe ich befürchtet, Herr Doktor. Aber kann man da nichts machen?«

»Hm ... haben Sie schon mal über Sterbehilfe nachgedacht ...?«

Das ist ehrlich. So ehrlich wie der dämliche Kameraverkäufer beim Anblick meines »Double-Chin-Beauty-Shots«. Meine Frau hat übrigens nichts gekauft. Nur doof im Laden rumgeknipst. Mein Doppelkinn ist jetzt auf mindestens 100 Kameras gespeichert. Es wird vielen Menschen ein paar heitere Momente bescheren.

Ich sollte ein Honorar verlangen.

Alter und Altern!

»John! Jo-hon!«

Es war früher Samstagmorgen, so gegen zehn Uhr, als ich durch einen grellen Schrei aus meinen Träumen gerissen wurde. Wenige Sekunden zuvor war ich noch Hauptdarsteller in einer Folge »Verdachtsfälle« auf RTL: Gerade hatte mir meine Frau, die nicht wie meine Frau aussah, sondern wie eine Mischung aus Blumenkübel und Vorjahresmandarine, gebeichtet, dass der Vaterschaftstest negativ ausgefallen war. Daraufhin schrie mir mein Sohn (Asi-Kappe, schwer solariumgeschädigt, tiefstes Kölsch) entgegen: »Ey, escht negatief? Dann bist du ja gar nisch mein Vataa, oda?« Und gerade als ich antworten wollte: »Und du nicht mein Sohn, Sohn!«, da wurde ich durch ein 120-Dezibel lautes »JOO-OHO-ON!« aus meiner heilen Unterschichten-TV-Welt gerissen.

»John, du hast heute deinen Quentin-Tag, steh bitte auf!«

»Ist der Pubertierende schon wa...?«

Bevor ich den Satz ganz zu Ende sprechen konnte, tauchte das Gesicht des jungen Mannes, der seit beinahe 16 Jahren bei uns wohnt, im Türrahmen auf.

»Steh auf, alter Mann. Es ist zehn Uhr durch.«

An das mit dem »alten Mann« werde ich mich wohl nie gewöhnen. Früher sagte er »Alter« zu mir. Das hab ich ihm nach kurzfristigem Taschengeldentzug verziehen. »Alter« ist halt Jugendsprache, aber »alter Mann« ist was anderes. Alter Mann ist alter Mann. Er könnte auch »alter Sack« sagen, aber dafür hat ihn meine Frau zu gut erzogen. Was nichts daran ändert, dass er mich für einen hält. Also für einen alten Sack. Und er ist damit nicht der Einzige.

Andere denken das auch.

Viele andere.

Auf jeden Fall wollte ich mit diesem jungen Mann aus unserer Wohnung einen schönen Samstag verbringen. Einen »Vater-und-Sohn-Tag«. Erst ein bisschen Shopping in der Stadt, dann ein bisschen Fußball gucken beziehungsweise das, was der 1. FC Köln für Fußballspielen hält, und dann ein bisschen was essen. Okay, ein bisschen *viel* »was essen«.

Nun stand der Pubertierende vor mir und kostete seinen Triumph aus. Den Triumph, dass er bereits gewaschen und angezogen war und ich nicht. Normalerweise ist der Ablauf ein anderer: Er liegt im Bett, und ich versuche ihn rauszukriegen.

8:00 Uhr: Er pennt.

8:30 Uhr: Er pennt immer noch.

9:00 Uhr: Ich frage mich: Ist er krank? Oder im Koma? Oder vielleicht schon tot?

11:00 Uhr: Er schnarcht. Er schnarcht so laut, dass ich Angst habe, die Nachbarn könnten die Polizei rufen.

»Kommen Sie bitte schnell, der Doyle würgt seinen Sohn!«

»Sind Sie sich da ganz sicher?«

»Ja, das macht er öfter, aber heute ist es besonders schlimm!«

Um das zu verhindern, mache ich, was meine Frau normalerweise macht, wenn er nicht aufstehen will: Ich lüfte. Ihre Taktik, auch im Winter, lautet immer: Lüften. Alle Fenster so weit wie möglich aufreißen und – es funktioniert, allerdings nur bei minus zwei Grad:

»Spinnst du? Willst du mich foltern?«

»Nein, ich will nur, dass du aufstehst!«

»Also doch foltern.«

Dann vergleichen wir die Anzahl unserer Pickel, und der Tag kann endlich beginnen.

Früher liefen unsere Gespräche sehr viel netter ab. Früher, als er noch ein Baby war. Oder noch früher, als er noch im Mutterleib war. Da wurde ich vielleicht ein paarmal gekickt, wenn ich meine Hand auf den Bauch meiner Frau legte, aber mehr auch nicht – und getroffen hat er auch nicht. Aber heute bin ich der »alte Mann«, und gemeint ist natürlich der »alte Sack«. Eine Demütigung, die den ganzen Tag bestimmt.

So auch an jenem Samstag. Die Erniedrigung begann in der Kölner Ehrenstraße. Eine Straße, in der es besonders viele coole Läden mit schweinelauter Musik gibt. Weil mein Sohn trotz fortgeschrittenen Alters noch immer über kein eigenes Einkommen verfügt, *darf* ich ihn beim Klamottenkaufen begleiten. Vorausgesetzt, ich beachte den Sicherheitsabstand: Immer zwei Schritte hinter ihm. Wie eine afghanische Ehefrau. Statt Burka trage ich ein Baseball-Käppi, tief ins Gesicht gezogen.

Bevor wir einen der megacoolen Läden aufsuchten, damit sich der Pubertierende etwas Hässliches zum Anziehen kaufen konnte, sprach uns eine junge, hübsche, gepiercte Frau noch auf der Straße an. Das tat sie allerdings nicht, weil ich so gut aussah; sie hatte vielmehr eine Botschaft in Form eines Flyers dabei: Werbung für einen Hiphop-Abend in einem Club am Kölner Ring. Das Verteilen des Flyers begleitete die junge Frau mit der überaus interessanten Information: »Black Beats! Black Beats!« Allen Passanten drückte sie diesen Flyer in die Hand. *Allen,* außer mir. Mein pubertierender Meister bekam sogar zwei! Ich streckte also meine Hand aus, um vielleicht doch noch Wissenswertes über »Black Beats« zu erfahren, aber sie zog den Flyer zurück. Ich sagte »Bitte!«, und sie guckte mich an, als wollte sie sagen: »Sorry, but I don't speak German.«

Meine Gehirnzellen synapsten vor Wut. Wenn ich darauf

bestanden hätte, einen Flyer zu bekommen, hätte sie garantiert laut gerufen: »Entschuldigung! Aber das hier ist nicht *Florian Silbereisen,* das sind die Black Beats!«, und ich wäre vor Scham im Boden versunken. Ich fühlte mich gedemütigt, und das Grinsen des jungen Meisters machte mich noch rasender.

»Quentin, ich werde die jetzt fragen, warum ich keinen Flyer kriege.«

»Bist du blöde, Papa? Wenn du das machst, dann ...«

Für einen kurzen Moment, wenn auch nur in Gedanken, war ich wieder der Hauptidiot in den »RTL-Verdachtsfällen«: »Ey, wenn du das machst, Alda, bist du nisch mehr mein Vataa!«

Ich haderte mit mir. Eigentlich wollte ich ja zu den »Black Beats« gehen! Ich wusste zwar nicht, was das war oder wer das war, aber ich wollte trotzdem hingehen. Oder sagen wir: Ich wollte das Gefühl haben, dass ich hätte hingehen können, wenn ich denn gewollt hätte. Aber ich wurde aussortiert, nur weil ich durch eine etwas frühere Geburt älter bin als mein Sohn. Letztlich siegte mein wacher Geist und meine Fähigkeit zu verzeihen über mein Aggressionspotential. Außerdem wollte ich mit dem jungen Mann, der zwei Schritte vor mir ging, ja noch zum Fußballspiel ...

Kurz darauf wurde ich doch noch von einer jungen Dame angesprochen. Sie war zwar nicht gepierct, aber jung war sie auch. Sie legte mir ein Probe-Abo für den Kölner Stadtanzeiger ans Herz. Aber ich wollte kein Probe-Abo, nicht mal mit Taschenwärmer als Werbegeschenk. Ich sagte: »Nein, danke, ich möchte kein Probe-Abo, ich möchte zu den *Black Beats*!« Das verstand sie irgendwie nicht, aber sie hakte auch nicht nach. Sie wischte nur mit der Hand vor ihrem Gesicht hin und her. Ich kannte die Geste von meiner Frau. Sie wendet sie immer an, wenn sie an meinem Verstand zweifelt. Also ungefähr jeden Tag.

Seit einiger Zeit passiert mir so etwas ständig. Die Flyer-Verteiler für coole Clubs und Klamottenläden beachten mich nicht; die Leute mit den Probe-Abos und dem Gratis-Brillenputzservice dafür umso mehr. Die wissen sogar, dass ich eine Gleitsichtbrille trage, selbst wenn ich sie gar nicht auf der Nase habe. Und für die Flyer-Verteiler einer lokalen Prostata-Klinik bin ich so etwas wie die Zwölf auf der Zielscheibe. Sie sehen mich und rufen entzückt: »Prostata!« und »Darmkrebs!« und versorgen mich mit vielen tollen, neuen Krankheitsbildern, die ich mir im hypochondrischen Wahn dann auch bald zulege.

Okay, ich gebe zu, bei meiner Altersangabe schummle ich hin und wieder. Wie viel ich schummle, kommt aufs Alter des Fragestellers an – in der Regel ist es allerdings eine Fragestellerin. Kommt die Frage nach dem Alter von einer Fünfundzwanzigjährigen, dann bin ich immer so um die 40.

»Boah!«, erwidert die Mitzwanzigerin dann, »ich kann mir gar nicht vorstellen, dass man so alt werden kann.«

Keine Ahnung, warum, aber solche Momente lassen mich um noch weitere Jahre altern. Ich würde zu gerne wissen, wie Dieter Bohlen oder Lothar Matthäus das machen. Irgendwann müssen die doch auch zu ihrem Alter stehen. Und wie sagen sie es dann ihren blutjungen Frauen? »Schätzchen, teile mein Vermögen, also 116 Millionen Euro, durch zwei Millionen, dann weißt du, wie jung ich bin!«

Aber zurück zu meinem Sohn und mir: Die »Black-Beats-Demütigung« war Vergangenheit; jetzt kam das Shopping. Genauer: *Er* shoppte, *ich* zahlte. Also rein in einen dieser hippen Läden mit cooler Mucke, und ich fragte den Träger meiner Gene: »Ist das Rock 'n' Roll?«

Er guckt mich an wie ein waziristanischer (Bildung!) Landlord seine neun Frauen anschauen würde und antwortet verächtlich: »Rock 'n' Roll? Wo lebst du denn? Das ist Independent!« Ich wollte ihm gerade erklären, dass das eine nichts mit dem anderen zu tun hat. Ich wollte nicht wissen, wer die Musik produziert hat, sondern zu welcher Musikrichtung die seltsamen Klänge gehörten. Aber da kümmerte sich auch schon eine junge, hübsche, wiederum gepiercte Verkäuferin um ihn, und der Pubertierende sprach: »Hallo, ich suche so Jeans.«

Ich stellte mich neben ihn und ergänzte: »Ich auch. Ich suche auch ›so Jeans‹.« Die Verkäuferin fixierte mich samt Bauch.

»Ich glaube, für *Sie* habe ich da nichts.« Ihre Augen aber sagten: »Sach ma, alter Sack, bist du noch ganz frisch? Wir sind hier nicht bei Gerry Weber oder Trigema!«

Ich fügte mich meinem Schicksal und ließ die Verkäuferin mit der Ausgeburt unbekümmerter Jugendlichkeit allein, damit sie ihm eine »so Jeans« für 200 Euro verpassen konnte. Währenddessen schaute ich mich im Laden um. Die Gepiercte hatte recht: Die Pullis waren zu klein. Die Jacken waren zu klein. Die Jeans auch. Vermutlich musste man eine ausgewachsene, veritable Essstörung haben, um hier einkaufen zu können. Ich wäre jedoch kein Amerikaner, wenn ich es nicht wenigstens versucht hätte, und wenn es sein musste – so sind wir Amis halt –, auch mit Gewalt. Also quetschte ich mich in eine Jeans und tatsächlich: Ich schaffte es. Die Jeans saß. Okay, der Reißverschluss konnte seine Aufgabe nicht mehr erfüllen, aber ansonsten war alles perfekt. Außer: Ich sah aus wie kastriert. Alles, was meine Geschlechtszugehörigkeit verraten könnte, war auf Nano-Niveau zusammengequetscht. Mein Nachkomme konnte froh sein, dass er bereits gezeugt worden war: Nach dem Tragen von ›so Jeans‹ hätte es ihn nie gegeben.

Während ich versuchte, die Jeans wieder zu verlassen (was die Hose zur »zweiten Wahl« machte), tauchte der Pubertierende wieder auf. In einer neuen Jeans, die aussah wie seine alte: völlig verwaschen und mit Löchern.

»Quentin, die Hose ist kaputt! Die hat einen Riss.«

»Papa! BITTE!«

Mein Sohn flehte darum, dass ich die Schnauze hielt, und die Verkäuferin schaute mich an, als dächte sie: ›Der arme Junge.‹

Aber ich machte es wieder gut. Ich zahlte. 146 Euro für eine gebrauchte Jeans mit Löchern. Ich beschloss, das nächste Mal eine aus dem Altkleidercontainer zu ziehen, ein paar hippe Etiketten dranzuheften und sie meinem Sohn zu verkaufen. Im Tausch gegen sein Taschengeld plus zehnmal Müllruntertragen.

Wieder draußen auf der Straße liefen wir an einem Unterwäscheladen vorbei. Mein Sohn war fasziniert von einer Boxershort für 65 Euro. Und weil ich gerade so gut drauf war, fing ich mir die nächste Watschen ein.

»65 Euro für 'ne Unterhose, spinnen die?

»Wieso?«, entgegnete der junge Mann neben mir, »die ist doch cool.«

»Vergiss es! Ich zahle keine 65 Ocken für etwas, was du unter einer kaputten Jeans trägst.«

»Und warum nicht?«

»Weil ... weil ... ich kann dir 65 Gründe dafür nennen.«

Unterwäsche für 65 Euro? Okay, wenn man eine »Guarantee of Sex« hätte, wenn man sie trägt, dann vielleicht. Aber einfach so? Never.

»Meine Unterwäsche kostet nur zehn Euro. Für fünf Stück!«

»So sieht sie auch aus!«

Früher war alles viel einfacher. Mein Sohn war lieb zu mir und seine Klamotten waren billiger. Früher konnte ich ihm Klamotten im Discounter kaufen, und er fand alles total super! Okay, *früher* war er auch erst fünf Jahre alt. Aber egal, er liebte seine Billig-T-Shirts. Die mit dem roten Leopardenmuster drauf! Und seine Kumpels im Kindergarten liebten sie auch. Sie fragten: »Hey, Quentini, cooles T-Shirt! Woher hast du das Ding?« Und er sagte ganz stolz: »Vom Lebensmittelladen!« Im Kindergarten war das gleichbedeutend mit »von Armani!« Aber jetzt? Versuch mal, einem Pubertierenden Klamotten mit rotem Leopardenmuster zu schenken! Hab ich schon gemacht. Kommt nicht gut.

Weiter ging's. Mein Sohn war im Kaufrausch, ich im Zahlmodus. Nach 379 Euro fuhren wir mit der Straßenbahn zum Müngersdorfer Stadion. Obwohl, heute heißt es »RheinEnergieStadion«, was allerdings nichts mit dem zu tun hat, was der FC darin macht. Es ist nur ein Name. Bevor wir auf unseren Sitzen Platz nahmen, gönnte ich mir erst mal eine Currywurst. Nach der dritten forderte mein Sohn mich zum Gehen auf. Ich gab nach: Es gab ja noch in der Pause Gelegenheit für einen Nachschlag.

Dann holte es mich wieder ein, das »Alter Sack«-Syndrom: Am Eingang warteten die Menschen geduldig darauf, abgetastet zu werden. Flaschen, spitze Gegenstände größeren

Ausmaßes und Feuerwerkskörper jedweder Art waren verboten. Für mich war das Routine: Ich erlebe das jedes Mal bei der Einreise in die USA.

Alle Männer wurden vor dem Stadioneingang also abgetastet. *Fast* alle. Mich wollte keiner abtasten. Obwohl ich schon die Arme hochnahm, wurde ich ignoriert.

»Sie können durch«, sagte der Ordner zu mir und fing an, den Nächsten abzutasten. Aber so billig kam mir der Kerl nicht davon.

»Warum werde ich nicht durchsucht? Ich könnte doch auch gefährlich sein!«

Der Ordner schaute mich an. Ich weiß nicht, wie ich es ausdrücken soll ... na ja, sagen wir mal ... irgendwie mitleidig: »Was will der alte Sack von mir?«

Aber so schnell gab ich nicht auf.

»Nur weil ich ein paar Jahre älter bin, bin ich harmlos, ja? Bin Laden war auf dem Höhepunkt seiner Karriere auch schon 50!« Mein Pubertierender war schon wieder peinlich berührt.

»Papa! BITTE!«

Das kannte ich schon, darauf fiel ich nicht mehr rein. Im Gegenteil: Ich öffnete meine Jacke, und aus den Innentaschen lugten Dutzende Raketen und Böller hervor, gesammelte Sylvesterreste. Und endlich: Gleich drei Ordner stürzten sich auf mich, nahmen mir meine Knaller weg und verhängten ein sofortiges Stadionverbot!

Egal. Zwar war mein teurer Haupttribünenplatz weg, aber ich hatte nun etwas viel Besseres: Ich war endlich nicht mehr einfach nur ein *alter Sack,* nein, ich war ein *gefährlicher, alter* Sack! Zudem noch ein alter Sack, der nicht mehr zum FC musste. Und während mein Sohn die Niederlage des FC anschaute, stand ich ganz entspannt am Kiosk vor dem

Stadion, futterte meine vierte Currywurst, trank ein leckeres Kölsch und dachte: Was für ein schöner Tag!

Beim nächsten Mal raube ich ’ne Bank aus. Oder klaue einer Oma die Handtasche. Irgendwas gefährlich Kriminelles halt. Oder ich fahre mit dem Fahrrad auf der falschen Seite?

Mal sehen.

Sport (aktiv)

Meine Aversion gegen Sport, also gegen Sport, den ich auf Rat der Ärzte selber betreiben soll, ist nicht angeboren. Nein, ich bin eigentlich ein begeisterter Sportler. Zwar mehr passiv als aktiv, aber immerhin Sportler. Früher, als Kind in New Jersey, durfte ich beim Baseball immer die zu weit geschlagenen Bälle einsammeln, und beim Football hab ich im Training die »Offensivlinie« simuliert. Sprich: Ich war der Rammbock für die Zwei-Meter-Jungs, die auf den Quarterback zustürmten.

Dann entdeckte ich das Tennisspielen für mich, wenn auch erst als Erwachsener. Tennis war und ist der ideale Sport für mich. Aufgrund meiner Größe und des damit besseren Aufschlagwinkels fällt es mir leicht, den Ball tatsächlich ins richtige gegnerische Feld zu servieren. Und – noch wichtiger: Tennis wird in der Regel von Leuten gespielt, die mindestens ebenso viele Orthopädenkontakte haben wie ich. Man trifft sich in der Clubkneipe und geht dann gemeinsam zu dem Platz, der von außen am wenigsten eingesehen werden kann. Es soll ja nicht jeder Dahergelaufene Zeuge unserer dilettantischen Ballwechsel werden. Auf dem Weg zum Tenniscourt geht man gemeinsam alle Körperbaustellen durch: Bandscheibe, Knie, Hüften, Nacken, »Rücken« allgemein, Ellbogen, Bänder, Sehnen, Schultern, und das alles gewürzt mit ein wenig Arthritis. Dann wechselt man ein paar Bälle, verzichtet auf ein Match, weil die Schulter bei den Aufschlägen nicht mehr mitmacht. Nach einer halben bis dreiviertel Stunde geht es für die nächsten drei Stunden zurück in die Clubkneipe. Dann unter die Dusche, frische Sachen anziehen, nach Hause fahren und stolz verkünden: »Boah, *drei* Stunden waren wir auf dem Platz!«

Das wurde lange Zeit nicht hinterfragt, bis eines Tages der pubertierende junge Mann, der seit seiner Geburt bei uns wohnt, hämisch fragte: »Und ... habt ihr Einzel- oder Doppel-Kölschsaufen gespielt?« Die als Frage getarnte Beleidigung wurde wie immer bei solchen Suggestivgeschichten vom hämischen Lachen seiner Mutter untermalt. Ich liebe solche Situationen. Es ist wie beim Tennis: Man glaubt, man spielt ein Einzel, dabei stehen auf der anderen Seite zwei Spieler, die dir jeden Ball um die Ohren hauen. Mist! Ich hatte glatt vergessen, dass der Pubertierende selbst Tennis spielt. Sogar im selben Verein und immer in Sichtweite der Clubkneipe.

Auf jeden Fall war es eine peinliche Situation, und ich stammelte irgendwas vor mich hin. So etwas wie »Konnten nicht so lange ... Klaus' Schulter ... mein Nacken ...«, aber es war längst zu spät, die beiden hatten sich schon auf »John-Bashing« verständigt.

Während sie also ihren Spaß hatten, dachte ich über die vergangenen Jahre nach.

Früher war mein Sohn noch nicht in der Pubertät. Er war kleiner, er war netter und lustiger und von Anfang an ein Tennistalent. Mit fünf Jahren haben wir ihn im Verein angemeldet. Er bekam – schweineteure – Trainerstunden, und nebenbei hab ich auch noch mit ihm trainiert. Wir haben dann immer kleine Matches gemacht, und ich hab ihn natürlich gewinnen lassen. Bis er sechs Jahre alt war. Da hat er mich zum ersten Mal abgezogen. Toll! Ich war unheimlich stolz auf ihn.

Danach habe ich ihn nicht mehr gewinnen lassen. Ich hab um jeden Ball »gefightet«, hab geflucht, hab mich mit ihm gestritten, ob ein Ball »in« oder »out« war. Das war lustig. Nicht für mich, aber für die Zuschauer: Da stand ein 1-Meter-90-Mann auf dem Tennisplatz und stritt sich mit einem Kleinwüchsigen. Einmal hat mein Sohn nach so einem Match geweint.

»Quentin«, sagte ich, »Männer weinen nicht!«

»Aber ich bin doch ein Kind!«

»Mhm ... stimmt ... dann wein ruhig weiter. Und mach dir nicht zu viele Gedanken über die Niederlage. Vielleicht spielt Papa einfach nur viel besser als du.«

Keine Ahnung, was in mich gefahren war. Ich fühlte mich wie Olli Kahn. Ich war wie in einem Tunnel. Einige Eltern auf dem Nebenplatz glaubten, sich einmischen zu müssen.

»Entschuldigen Sie bitte, aber so können Sie doch nicht mit einem Kind reden.«

»Wieso ›Kind‹? Er ist ein Zwerg!« Dann war Ruhe. Nur mein Sohn fragte: »Papa, bin ich ein Zwerg?«

»Nein, Quentin, natürlich nicht. Aber sei ruhig, wenn Erwachsene sich unterhalten.«

Eine Frau hatte sogar einmal das Jugendamt eingeschaltet. Die haben dann einen Sozialarbeiter vorbeigeschickt. Ein netter Herr, so um die 40. Als ich ihm die Situation erklärt hatte, dass ich jegliche Achtung, jegliche Autorität als Vater verlieren würde, wenn ich zuließe, dass mich mein sechsjähriger Zwerg schlägt, hatte er verstanden. Er hatte nämlich ein ähnliches Problem mit seinem achtjährigen Sohn, der ihn beim Rennradfahren immer abhängte.

Wie gesagt: Das war, als mein Sohn sechs Jahre alt war. Mit sieben Jahren hatte ich diese Phase überstanden. Von da an ließ mein Sohn *mich* gewinnen. Während des Spiels hat er hin und wieder Anstrengung vorgegaukelt, damit ich auf die geschenkten Siege stolz sein konnte. Nach den Spielen hörte er sich sogar geduldig meine überflüssigen Tipps an. Woher ich das weiß? Mein Sohn ist Rechtshänder, und irgendwann war mir aufgefallen, dass er gegen mich *mit Links* spielte.

Inzwischen ist er ein richtig guter Tennisspieler. Er war x-mal Verbandsmeister und steht ganz oben in der deutschen Rangliste. Noch mehr Gründe, nicht mehr mit ihm zu spielen. Aber nachdem mein Sohn und meine Frau so hämisch über meinen Aufenthalt in der Clubkneipe hergezogen haben, platzte es aus mir heraus.

»Okay, Quentin, dann lass uns ein Match machen!«

»Du willst mit mir spielen, Papa? Hast du keine Freunde?«

Ich muss dazu sagen, mein Sohn ist nicht nur pubertierend, er ist verletzend pubertierend.

»Nee, Alter, im Ernst, du spielst echt viel zu schlecht. Das ist peinlich.«

Das hatte gesessen. Obwohl es überhaupt nicht stimmt. Ich bin weder peinlich noch zu schlecht. Okay, im Vergleich zu Roger Federer spiele ich schlecht, aber ist das so schlimm? Das ist, als würde man sagen: »Du bist hässlich – im Vergleich zu Brad Pitt oder George Clooney.« *So* ein Vergleich ist zu ertragen. Damit kann man leben. (Einmal hab ich mit meiner Frau im Schlafzimmer einen Film mit Brad Pitt gesehen: Brad zog sein Hemd aus und präsentierte sein Sixpack. Meine Frau schaute ihn sich an, dann mich und meinte: »Ich wäre lieber mit Brad Pitt im Bett!« Ich antwortete: »Ich auch.« Jetzt haben wir keinen Fernseher mehr im Schlafzimmer.)

Zurück zu meinem Sohn und seiner Weigerung, mit seinem Vater, Ernährer und Taschengeldfinanzierer Tennis zu spielen: Selbst wenn ich zu schlecht gewesen wäre, was soll's? Mein Sohn weiß Siege nicht zu schätzen. Sieg ist Sieg. Jogi Löw sagt nach einem Sieg über San Marino ja auch nicht: »Es war nur San Marino. San Marino ist gar kein richtiger Gegner. San Marino ist eigentlich mehr Mineralwasser als Gegner.« Nein, Jogi Löw sagt: »Die muss man erst mal schlagen, und auch ein Sieg über San Marino bringt drei Punkte.«

Aber mein Sohn weigerte sich trotzdem. Ich war kurz davor zu sagen: »Okay, wir machen ein Match, und wenn du gewinnst, kriegst du doppeltes Taschengeld.«

Aber von diesem Gedanken distanzierte ich mich bereits, bevor er meinen Mund als Satz verlassen hatte. Denn das wäre in etwa so anmaßend gewesen, wie Arnold Schwarzenegger zum Armdrücken herauszufordern oder Reiner Calmund zum Wettessen. Wobei ich bei Letzterem wenigstens noch den Hauch einer Chance hätte.

Ich verzichtete also auf das Tennismatch mit meinem Sohn und dachte wieder an früher, als er noch mit mir gespielt hat. Bei einem dieser Matches habe ich mir tatsächlich mal eine Bänderdehnung zugezogen. Klar, so was passiert. Aber mir war es beim *Schlägerauspacken* passiert. Ich warf die Sporttasche auf die Bank, bückte mich, und – ratsch: Der Papa konnte nicht mehr spielen, weil er seinen Schläger zu schnell ausgepackt hatte.

Als Quentin dann noch besser wurde und ich im gleichen Rhythmus älter, versuchte ich, sein Spiel mit Psychotricks zu stören: Er stand an der Grundlinie, warf den Ball für den Aufschlag hoch, und ich schrie ihm entgegen: »Ich hab wenigstens einen Führerschein!«

Er antwortete mit einem langgezogenen »HEEEEY« und – schlug ein Ass.

Oder mitten im Ballwechsel: Ich lief nach vorn ans Netz und blaffte ihn an: »Ich bin in der Lage, selbst für meinen Lebensunterhalt zu sorgen!«, und er passierte mich. Kurz darauf bemerkte ich dann, dass er gegen mich mit dem linken Arm spielte.

»Quentin, du spielst mit links.«

»Papa, ich *bin* Linkshänder.«

»Seit wann?«

»Seit *heute*!«

Ich jedenfalls habe meine Konsequenzen daraus gezogen. Ich spiele nicht mehr mit ihm. Und außerdem – wie gesagt – er auch nicht mehr mit mir. Ich spiele nur noch mit Leuten mit meinem Niveau. U 75. Wenn nicht gerade die Schulter, der Rücken, das Knie oder sonst was zwickt. Dann bin ich in der Clubkneipe.

Demnächst aber da, wo man mich von außen nicht sehen kann.

Mein Verhältnis zum Sport

Es war noch ganz am Anfang meiner Karriere. Also am Anfang meiner Karriere als professioneller Patient. Anders ausgedrückt: Noch war ich gar kein richtiger Patient. Ich hatte nur einen Hausarzt, einen Zahnarzt und einen Hals-Nasen-Ohren-Arzt. Damit bin ich ganz gut zurechtgekommen. Meine Ärzte auch: Sie mussten ihre Honorare nicht mit anderen teilen. Alles, was meine Kasse hergab, gehörte ihnen.

Bis es mit den Nackenschmerzen anfing. Eine Schmerz-

Ouvertüre zu einem ganzen Schmerz-Konzert. Ein unvollendetes Werk, an dem ich immer noch tagtäglich weiterarbeite.

Es begann morgens. Ein stechender Schmerz, der vom Nacken in den Lendenbereich zog. Weil der Schmerz auch nach geraumer Zeit nicht nachließ, entschloss ich mich nach drei Minuten, einen Orthopäden aufzusuchen. Ich nahm natürlich den Erstbesten, den mir 20 Bekannte empfohlen hatten. Ein 911er-Orthopäde mit Sportmedizin als Spezialgebiet. Das mit der Sportmedizin hätte mich eigentlich skeptisch machen sollen, aber da war es schon zu spät. Schon saß ich mit entblößtem Oberkörper vor ihm.

Das tue ich übrigens äußerst ungern, das mit dem Entblößen, insbesondere, wenn auch noch eine junge, hübsche Sprechstundenhilfe dabei ist. Die Anwesenheit einer hübschen jungen Dame löst bei mir oft eine fatale Kettenreaktion aus: Ich strecke die Brust raus, ziehe den Bauch ein und vergesse dabei das Atmen. Das wiederum macht es mir schwer, auf Fragen des Arztes zu antworten. Meistens breche ich dann einfach ohnmächtig zusammen. An diesem Tag nicht – es war keine Sprechstundenhilfe anwesend.

»Hm … Herr Doyle, das ist alles ein bisschen verhärtet bei Ihnen, viel tun Sie nicht für Ihren Rücken?«

»Ich sitze gerne.«

»Das ist nicht viel. Wie ist denn Ihr Verhältnis zu Sport?«

»Gut, sehr gut sogar. Ich mag Fußball.«

»Und wie oft spielen sie?«

»Spielen? Nein, ich schaue zu.«

»Das ist nicht viel, Herr Doyle.«

»Manchmal gehe ich auch ins Stadion.«

»Auch das ist nicht besonders anstrengend.«

»Beim FC schon. Manchmal habe ich sogar das Gefühl,

es ist weniger anstrengend, für den FC zu spielen, als ihm zuzugucken.«

Tatsächlich zauberte ich dem durchtrainierten Sportmediziner damit ein kleines, schales Grinsen ins harte Gesicht. Das ist überhaupt meine Methode, unangenehme Fragen nicht wirklich beantworten zu müssen. Ein kleiner Witz und selbst der strengste Orthopäde vergisst, mich zu ermahnen. Man zieht den Arzt quasi auf seine Seite. Plötzlich weiß er nicht mehr, warum der Patient da ist, und man verlässt die Praxis mit einem guten Gefühl.

Leider auch mit Nackenschmerzen.

Allerdings war dieser Sportmediziner ein beinahe humorfreier, hartnäckiger Fall.

»Herr Doyle, gibt es irgendeinen anderen Sport, den Sie betreiben?«

»Tennis gucke ich auch gerne.« Nun veränderte sich seine Tonlage. Gleichzeitig zogen sich seine Augenbrauen zusammen, und sein Blick wanderte zu meinem Bauch. Der Bauchblick irritierte mich. Es war so ein Blick wie: »Herr Doyle, Sie sind fett!«

Aber das sagte er nicht. Er sprach mit meinem Bauch und fragte:

»Wie oft in der Woche treiben Sie überhaupt irgendeinen Sport?«

»Nicht so oft«, antwortete mein Bauch.

»Was heißt: Nicht so oft?«

»Das heißt so ungefähr ... nie.« Jetzt war es raus. Kein Witz der Welt schützte mich nun vor der medizinischen Hasstirade.

»Herr Doyle, es ist doch kein Wunder, dass es Ihnen so mies geht. Durch Ihren Bauch haben Sie eine schlechte Körperhaltung. Die Schultern gehen nach vorn, der Kopf geht auch nach vorn, und das belastet den Nacken und den gesamten Rücken, und das sind die Ursachen für Ihre Schmerzen!«

Ich wusste, dass er das sagen würde. Ich wusste es, bevor ich einen Fuß in seine Praxis gesetzt hatte. Und doch hatte ich irgendwie gehofft, dass es anders gekommen wäre, dass er so etwas sagt wie: »Ach, Herr Doyle, das ist alles gar nicht so schlimm. Sie können ruhig weiterfressen wie ein Schwein. Das hat mit Ihrem Rücken gar nichts zu tun. Sie haben bestimmt nur falsch gelegen. Eine kleine Spritze und weg ist der Schmerz. Guten Appetit!«

Aber auch das sagte er nicht, stattdessen dozierte er weiter:

»Sie brauchen Bewegung, viel Bewegung! Und ansonsten dran denken: Aufrecht gehen! Schultern zurück! Bauch einziehen! Brust raus!«

Also genau das, was ich gemacht hätte, wenn sich die Sprechstundenhilfe im Zimmer aufgehalten hätte, nur ohne Luftanhalten. Ich versuchte, es dem Arzt recht zu machen: Brust raus, Schultern zurück.

»So komme ich mir vor wie ein Zuhälter.«

»Aber« – der Sportmediziner grinste zufrieden – »wie ein Zuhälter ohne Rückenschmerzen.«

Okay, damit kann ich leben.

Gleitsichtterror

Eigentlich begann der körperliche Verfall mit meinen Augen. Bis zu meinem vierzigsten Lebensjahr konnte ich mit meinen Augen gucken, wie man eben mit Augen guckt: Morgens öffnete ich sie, sah klar und deutlich den Pubertierenden vor mir, als er noch kein Pubertierender war, und hörte eine liebliche Kinderstimme sagen: »Papa, aufstehen! Frühstück machen!« Ich freute mich, ihn zu sehen, also richtig zu sehen, zu erkennen eben, und antwortete: »Weck Mama!«

Irgendwann, so um die 40, passierte es dann. Wieder war es früher Morgen. Jemand zerrte an meiner Schulter und schrie: »Frühstück!« Ich öffnete die Augen und sah ... – nichts. Also *nicht* gar nichts, sondern fast nichts. Vor meinem Gesicht waberte eine rosa Fläche mit zwei dunklen Punkten. Aus einem Verdacht heraus sagte ich zögernd: »Äh ... weck ... Mama!« Und Mama antwortete: »Ach, du Scheiße, jetzt ist er auch noch blind!« Das war der Tag, an dem ich mich entschloss, einen Augenarzt aufzusuchen.

Augenärzte sind Ärzte für sich. Sie fahren mindestens zwei Porsches, sind grundsätzlich ausgebucht und in dreifacher Personalunion Verkäufer, Vertreter und Pharmareferent. »Herr Doyle, ich würde Ihnen empfehlen, eine Netzhautreinigung vorzunehmen (40 Euro) und dazu noch eine Iris-Spülung (20 Euro).« Weil man es sich mit dem Mann ja nicht verscherzen will, nimmt man die Angebote natürlich wahr und verlässt die Praxis um 60 Euro ärmer, mit einem kleinen Zettel für den Optiker in der Hand und tierischem Brennen in den Augen. Im Verlaufe der letzten acht Jahre bin ich neben Bandscheibenexperte auch Brillenexperte geworden: Erst eine Lesebrille, dann eine stärkere Lesebrille, dann eine noch stärkere und schließlich die Gleitsichtbrille mit 17 verschiedenen Sehbereichen. Dauernd frage ich mich, durch welchen Teil der verdammten Gläser ich nun gucken soll: Unten, um zu lesen? Mitte, um Fernsehen zu gucken? Oben, um in der Ferne die Nachbarin zu beobachten? Und jedes Mal, wenn ich verzweifelt an meiner Brille rumnestle, sagt der Pubertierende: »Kauf dir ’n Blindenhund! Ist billiger und weicher.«

»Und wer geht dann mit dem Vieh spazieren?«, mischt sich meine Frau ein. »Der blinde Dicke bestimmt nicht.« Das meint sie natürlich nicht so.

Es ist schon erstaunlich, wie schnell man zum Opfer wird, wenn man Schwächen hat und sie auch zeigt. Das ist wie in der Natur. Wie in einer Dokumentation, die ich auf Arte gesehen hab (ja, ich darf ARTE gucken, wenn mein Sohn nicht da ist). In der Dokumentation haben sich furchtbar wilde Geschöpfe dauernd vermehrt und liefen ständig Gefahr, von anderen wilden Tieren getötet zu werden. Moment, war das überhaupt ARTE? Oder doch RTL 2? Nein, es war Arte, RTL 2 hat keine Untertitel, die muss man ja lesen können. Aber das ist ein anderes Thema.

Also, es war eine ARTE-Dokumentation, sehr interessant, aber eine enorme Herausforderung für meine Augen. Denn der Bildschirm war mittels Split-Screen aufgeteilt: Im unteren Bereich liefen erklärende Texttafeln, in der Mitte sah man im Detail, wie Wildschweine gejagt und anschließend zerfleischt wurden, und im oberen Drittel die ganze Szene in der Totalen.

Ich war total verwirrt!

Meine Augen und das sie steuernde Gehirn fragten sich die ganze Zeit: »Lesen wir zuerst die Untertitel?« Dann also durch die Gleitsichtbrille mit Blick nach unten.

Oder: »Schauen wir uns in der Mitte an, wie die Wildschweine zerrissen werden?«, und gucken geradeaus durch die Brille. Oder: »Richten wir den Blick nach oben, um uns an der Herrlichkeit der Landschaft sattzusehen?« (und um über Wildschweinbraten nachzudenken.)

Meine Augen und mein Hirn waren völlig durcheinander, und das sind die Momente, wo du denkst: »Hätte ich auf den Pubertierenden gehört und RTL 2 geguckt, dann hätte ich diese Probleme nicht!«

Tiefer gelegt

Ich bin nun in einen Lebensabschnitt vorgedrungen, in dem sich Männer fragen: »Ist es nicht langsam Zeit für einen Sportwagen?«

Ich meine – Achtung: Ironie! –, mit meiner sportlichen Figur, meinem schmalen, kantigen Gesicht und meinem dichten Haar kann ich beim besten Willen niemanden mehr beeindrucken. Klar, Humor kommt bei Frauen immer gut an. Wenn aber der Humor aus einem rosigen, schütter-rothaarigen und dreifach bekinnten Gesicht kommt, muss er schon verdammt lustig sein, um bei den Damen Interesse hervorzurufen. Dann doch lieber einen Sportwagen. Das Problem: Wenn ich mal in einem Sportwagen sitze, komme ich nicht mehr raus.

Vor kurzem saß ich im Auto meines guten Freundes Jörg. Das war so ein Sportwagen für Nicht-Ärzte – ein Mazda. Also, ich saß in diesem Porsche-Klon und konnte trotz meiner Größe kaum übers Armaturenbrett gucken. Nach einer halben Stunde Fahrt durch Köln, immer von roter Ampel zu roter Ampel, steuerte Jörg eine Tiefgarage an und fand tatsächlich eine leere Parkbucht. Froh, dem Winzling von Auto zu entkommen, wollte ich aussteigen und – schaffte es nicht. Dann ging es los: Eine Hand am Türholm, die andere am Armaturenbrett. Jörg beugte sich über mich und versuchte, meinen Oberkörper hochzuziehen, damit ich mich mit meinen Beinen hochstemmen konnte. Die ganze Aktion begleiteten wir mit heftigem Stöhnen. Nebenan parkte gerade ein älteres Pärchen ein. Kennzeichen BM für Bergheim – tiefste Provinz.

»Guck mal, Gertrud, so was sieht man auch nur in Köln ...«, sagte der Mann.

»Dass die das jetzt schon in einem öffentlichen Parkhaus

machen? Das sollte man eigentlich anzeigen«, entgegnete seine Frau irgendwie angewidert.

Genau. Eine Anzeige wegen Aussteigens in der Öffentlichkeit.

Pfui, Deibel!

Trotzdem. Obwohl ich weiß, dass ein normales Auto besser für mich und meinen Rücken geeignet wäre, wünsche ich mir einen Sportwagen! Wenn ich morgens aufstehe und im Spiegel das Fortschreiten des körperlichen Verfalls betrachte, ist die Sehnsucht nach einem Sportwagen besonders groß. Aber nicht nach irgendeinem Sportwagen! Ich will fahren, was meine Ärzte fahren: Ich will einen Porsche! Am besten den 911er Turbo, aufgeblasen auf 600 PS.

Vor kurzem ist es dann doch über mich gekommen. Obwohl ich nicht mal ansatzweise das Geld habe, um mir so eine Karre zu kaufen, machte ich mich auf den Weg zum Porschehändler: »John, du darfst deine natürlichen Instinkte nicht weiter unterdrücken! Wenn alle Fasern deines Köpers nach einem Porsche schreien, dann ist es halt so. Steh dazu!«

Und ich stand dazu: In einem Autosalon, ach was, einem *Autopalast,* inmitten einer inflationär großen Ansammlung schönster Ärztemobile. Sie sehen nicht nur schnell aus. Sie »riechen« sogar schnell.

»Möchten Sie einmal probesitzen?«, schleimte der Verkäufer mich an.

»Klar, warum nicht?« Ich machte ein Gesicht, als wäre das »Im-Porsche-Sitzen« mein tägliches Schicksal, und stieg ein. Zwar meldeten sich kurz mal Bandscheibe, Nacken und Wirbelsäule: »Hey, John, hast du sie nicht mehr alle? Wir passen hier doch nicht rein!«, aber ich ignorierte sie und den Schmerz. Und tatsächlich: Ich saß. Gut, dass ich alleine war.

Wäre ich von meiner Frau samt Pubertierendem begleitet worden, dann hätte ich mir ganz sicher folgenden Dialog anhören müssen.

»Guck mal, Mama: Der Dicke versucht sich ins Auto zu quetschen!«

»Das ist doch noch gar nichts. Warte ab, bis er versucht, wieder rauszukommen.«

»Du, Mama, ich hab gelesen, Porschefahrer haben am wenigsten Sex von allen Autofahrern.«

»Echt? Dann passt das Auto zu John.«

Aber sie waren nicht da, meine Liebsten. Ich saß alleine in meinem Auto. Ein schwarzer 911er Turbo mit mehr PS als alle Autos zusammen, die ich je in meinem Leben besessen hatte. Es fühlte sich gut an, irgendwie nach: »Ich bin erfolgreich. Ich bin jung (geblieben). Ich hab zwar keinen Sex, aber egal, ich hab Porsche!«

Ein paar Minuten später schoss mir ein anderer Gedanke durch den Kopf: O Gott, wie komme ich aus dem Scheißding bloß wieder raus?

Diesmal half mir der Verkäufer. Es dauerte eine Weile, aber zusammen schafften wir es. Der nette Herr zeigte mir dann noch einen Geländewagen derselben Marke. Eines von der Sorte Auto, die zwar nie im Gelände fahren, aber so aussehen, als ob sie es könnten. Und seitdem weiß ich, warum so viele Männer im fortgeschrittenen Alter sich einen Geländewagen zulegen. Steht man neben so einem Auto, sieht man's sofort: Die Sitze sind exakt auf Arschhöhe angebracht. Der Cayenne ist der Porsche für Männer mit Rückenleiden und wenigen Sexualkontakten. (Kein Witz, laut einer Umfrage von »Men's Car«, der vermutlich wichtigsten Zeitschrift der Welt, haben Porschefahrer am seltensten Sex …)

Das ist genau die Sorte von Auto, die ich mir kaufen werde, wenn ich mir ein Auto kaufe. Aber erst einmal fahr ich mit dem Bus nach Hause.

Temperaturschwankungen

Lange, lange Jahre – ach was, über viele Jahrzehnte dachte ich, Wechseljahre wären ein Privileg der Frauen. »Changing years«? Nicht mit mir, ich bin schließlich ein Mann. Ich werde alt? – ja! Ich werde dicker? – okay! Ich komme in die »Changing years«? – nein! Dachte ich – bis mir warm wurde. Also, nicht einfach warm, weil aus Versehen mal die Sonne schien (das passiert zwar in Deutschland eher selten und von Jahr zu Jahr seltener, aber es passiert), sondern warm, obwohl die Umgebungstemperatur etwas ganz anderes sagte. Es war um die 15 Grad, also durchschnittliches deutsches Sommerwetter. Ich stand in der Fußgängerzone vor einem schicken Zelt des Kölner Gesundheitsamts Schlange – in einem langärmeligen T-Shirt. Ich wusste nicht, warum ich dort stand, aber wenn viele Menschen irgendwo anstehen, dann muss ich mich auch immer, fast zwanghaft, hinten anstellen. Es könnte ja was umsonst geben – und außerdem: Gesundheitsamt ist immer gut.

Hinter mir und vor mir standen nur Frauen. Alle hatten Jacken oder Mäntel an.

Dass nur Frauen anstanden, irritierte mich nicht. Es war später Vormittag, und da arbeiten Männer in der Regel. Und wenn sie nicht arbeiten, dann stehen sie auf jeden Fall nicht in einer Schlange vor einem Zelt des Gesundheitsamtes. Männer nicht, ich schon. Wie gesagt, das mit den Frauen irritierte mich nicht. Dass die Damen jedoch mit Jacken und Mänteln bekleidet waren, schon, denn *mir* war heiß. Obwohl ich nur ein T-Shirt über meiner schützenden Fettschicht trug, war mir schweineheiß. Ich merkte, wie sich in meinen Achseln die Flüssigkeit sammelte und nach außen drang. Langsam bahnte sich der Schweiß einen Weg durch den dünnen Baumwollstoff des T-Shirts, um schließlich in Form von zwei riesigen dunklen Flecken das Tageslicht zu erblicken. Ich spürte, wie es floss, und weil Schweißflecken unter den Achseln grundsätzlich peinlich sind, insbesondere wenn sich Frauen in unmittelbarer Nähe aufhalten, wurde mir noch heißer. Das wiederum hatte eine fatale Wirkung auf meine Schweißproduktion. Es war wie eine »self fulfilling prophecy«, nur feuchter.

Eigentlich hätte ich die Warteschlange verlassen müssen – ich wusste ja sowieso nicht, warum und worauf ich da wartete –, aber vor mir standen nur noch fünf Frauen. Es wäre zu schade gewesen, gerade jetzt zu gehen, bevor ich das Geheimnis der Schlange hätte lüften können. Insbesondere, weil immer sechs Personen auf einmal reingelassen wurden. Im nächsten Schub wäre ich also dabei …

Während die Flecken nunmehr die Ausmaße eines mittleren Rheinhochwassers annahmen, verließen sechs Personen das Zelt und sechs gingen rein. Wer jetzt mitgerechnet hat, *weiß,* dass ich dabei war.

Endlich.

Im Zelt erwartete uns ein schneeweiß gekleideter Gesundheitsberater. Er war offenbar freudig erregt und schrie uns zu: »Hallo! Wunderbar, dass Sie sich entschlossen haben, bei unserem kleinen Fitness-Work-Out mitzumachen. Zu Beginn recken wir unsere Arme zum Himmel, so als wollten wir die Sterne vom Himmel holen.«

Einen kurzen Moment lang vergaß ich die Flutkatastrophe unter meinen Achseln und reckte meine Arme in die Höhe.

Ich bin das so von der Navy gewöhnt: Gibt einer schreiend Befehle, befolge ich sie. Leider war ich gerade nicht bei der Navy, sondern in einem Zelt des Kölner Gesundheitsamtes und befolgte die Befehle eines städtischen Fitnesstrainers, der sich zur Aufgabe gemacht hatte, fette Kölner(Innen) wieder auf Trab zu bringen. Als ich meine Arme noch weiter in die Höhe reckte, um die Sterne vom Himmel zu holen, fiel mir plötzlich ein, was gerade unter meinen Oberarmen sonst noch so passierte. Alle Anwesenden einschließlich des Vorturners starrten auf meine Flecken. Einige Damen würgten, eine andere erbrach, der Vorturner rümpfte die Nase – und mir wurde noch heißer. Immer heißer. Letztlich schwamm ich in meinem eigenen Schweiß aus dem Zelt.

Da kannte ich die Ursache meiner gestörten Temperaturschwankungen noch nicht. Aber es war nicht das erste und auch nicht das letzte Mal, dass ich das Gefühl hatte, dass entweder etwas mit mir oder mit der Umwelt nicht stimmt. Mal war mir kalt, mal warm. Ich zog ein T-Shirt an und – schwitzte. Ich zog einen Pulli an und – fror. Ich stand in der Sonne – es war angenehm. Ich ging ein paar Meter weiter über die Straße, stand im Schatten und dachte: »Leck mich am Arsch, ist das kalt hier! Toll! Ich muss mich umziehen, nur weil ich über die Straße gehe! Na super!«

Zuerst dachte ich, ich hätte das von meiner Mutter geerbt, denn sie reagiert genauso auf Temperaturschwankungen in der Umgebung. Bei ihrem letzten Besuch in Deutschland hatte sie gefühlte 50 Koffer dabei. Einen kurzen, schrecklichen Moment lang dachte ich, sie würde ihren Wohnsitz von Miami nach Köln verlegen: »Warum so viele Koffer, Mom, so lange bleibst du doch nicht, oder?«

»Mein lieber John, man weiß nie, wie das Wetter wird.«

»Mama, es ist Mitte Februar! Wir sind in Deutschland. Man weiß genau, wie das Wetter wird: Beschissen!«

Am nächsten Tag strahlte die Sonne, und das Thermometer zeigte 22 Grad. Mitten im Februar. *Thank you, global warming!* Mama latschte durch die Fußgängerzone in einem leichten Pulli, ich schwitzend hinterher – in meiner arschteuren Eskimojacke.

Das gleiche Problem hatte ich im Sommer zuvor bei einem meiner alljährlichen Amerikabesuche. Vorher hatte ich mit meinem kanadischen Kumpel – soweit man als US-Amerikaner einen Kanadier als Kumpel bezeichnen kann – drüber gesprochen.

»Du, Ron, immer wenn ich im Sommer in den USA bin, weiß ich nicht, was ich anziehen soll.«

»Wieso, bist du schwul geworden? John, du bist in den USA, du kannst anziehen, was du willst, und wenn es noch so scheiße aussieht. Amerika ist ein völlig von Geschmack befreites Land.«

»Ich meine doch nicht den Style! Ich meine die Temperaturen. Draußen hat es 40 Grad, du denkst, du bist am Amazonas. Dann gehst du irgendwo rein, egal wo, und die Klimaanlage ist bis zum Anschlag aufgedreht. Es sind minus fünf Grad. Dann gehst du in einen Supermarkt, zu den Tiefkühltruhen, die in amerikanischen Supermärkten 80 Prozent des Ladens ausmachen – und es ist minus 20 Grad. Du willst nicht nur sofort deine Eskimojacke haben, du schreist nach langen Unterhosen, stehst aber da in Badelatschen, Shorts und Netz-Unterhemd! Ron, ein Sommertag in New Jersey führt dich durch fünf Klimazonen!«

»Ich versteh dich nicht! Früher haben dir die Temperaturunterschiede in den USA auch nichts ausgemacht. Was ist los mit dir? Du kommst doch nicht etwa in die Menopause?«

»Menopause?«

»Changing years!«

Da ist das böse Wort zum ersten Mal gefallen: Changing years. Wechseljahre. Frauenzeugs.

Weil ich immer zum Arzt gehe, wenn ich mir etwas nicht erklären kann, ging ich also zum Arzt, um es mir erklären zu lassen. Zu meinem dicken Hausarzt Dr. Schäfer. Der ist tatsächlich noch dicker als ich. Das tröstet, das schafft Vertrauen. Und das macht es mir leichter, mir einzugestehen, noch nichts gegen mein Übergewicht unternommen zu haben.

Es war Mitte Juli, ein heißer Sommertag. Ich saß in seinem Behandlungszimmer im Pulli mit Schal und Mütze. Nur um sicherzugehen.

»Herr Doktor Schäfer, ich habe keine Ahnung, warum, aber ich habe ständig das Gefühl, dass ich die falschen Sachen anhabe.«

»Ach, machen Sie sich keine Sorgen, Herr Doyle. Das liegt am Alter. Im Alter wird man kälteempfindlicher.«

»Mein kanadischer Freund behauptet, ich sei in den Wechseljahren. Das ist doch Quatsch, oder?«

»Na ja, Quatsch würde ich nicht gerade sagen. Auch Männer kommen in eine Art Klimakterium. Und der Begriff drückt ja schon ein bisschen aus, worum es geht: Das innere Klima ändert sich. Mal ist einem heiß, mal kalt. Das liegt an der Umstellung der Hormone. Das gibt's auch beim Mann, zwar nicht so stark wie bei einer Frau, aber es hat schon was von Wechseljahren. Daran müssen Sie sich gewöhnen, Herr Doyle.«

Ich hab mich dran gewöhnt. Ich hab jetzt immer eine Sommer- und eine Winterkollektion dabei. Aber – Glück im Ungück – wenigstens menstruieren muss ich nicht mehr.

Alzheimer

Das Altwerden beschränkt sich leider nicht nur auf den Körper. In letzter Zeit beobachte ich an mir auch einige, durchaus beunruhigende, geistige Aussetzer. Es fing harmlos an: Ich hatte einen Arzttermin – weil ich immer einen Arzttermin habe –, wollte also aus dem Haus gehen und suchte nach dem Haustürschlüssel. Wo – zum devil – hab ich ihn hingelegt? Normalerweise liegen sie immer auf der kleinen Kommode im Flur. Aber jetzt fand ich die Kommode nicht. Ich stand also da, dachte: Wo ist die Kommode? Aber ich dachte es nicht nur, ich sagte es auch:

»Marita, wo ist die Kommode?«

»Welche Kommode?

»Na, die Kommode im Flur!«

»Wir haben keine Kommode, auf jeden Fall keine im Flur. Wovon redest du eigentlich, John?«

Jetzt fiel es mir ein: Das mit der Kommode im Flur war zu Hause bei mir in New Jersey. Die alte Kommode von Grandma Doyle, und dort lagen immer die Haustürschlüssel von Mom drauf. War das jetzt schon Alzheimer oder nur eine altersbedingte Aktivierung des Langzeitgedächtnisses?

»Schon gut, hab mich vertan. Weißt du, wo meine Fucking-Hausschlüssel sind?«

»Wie? Du hast dich vertan? Hast du noch eine zweite Wohnung mit einer Kommode im Flur?«

»Nein, ich hab nur gerade an früher gedacht. An New Jersey, da hatten wir eine Kommode im Flur.«

Das hätte ich nicht sagen sollen, manchmal führen Erklärungen zu nichts oder beschwören nur Unheil herauf. Letzteres trat nun ein: »Wie, du hast an früher gedacht? Du suchst nach deinen Schlüsseln auf einer Kommode, die bei euch zu

Hause in New Jersey im Flur stand? John, ich glaub, du solltest mal zum Arzt gehen!«

»Wollte ich ja gerade, deshalb such ich ja die Schlüssel.«

Es kam zum Showdown. Marita verließ IHRE Küche und erschien im Flur. »John, du hast einen Termin beim Proktologen. Glaubst *du,* dass der dir bei deinen Gedächtnisproblemen helfen kann?«

»Na, wenn das Gedächtnis im Arsch ist, schon!« Ich versuchte es mit Humor, sie antwortete mit Realismus.

»Hier sind deine Schlüssel, lagen auf dem Küchentisch.«

»Und meine Brille, liegt die zufällig auch da?«

»Nein, die hast du auf dem Kopf.« Diesen Satz würzte sie mit einem seltsamen Gesichtsausdruck, irgendetwas zwischen Mitleid und Abscheu. »John, ich glaub, du hast Alzheimer!«

Recht hatte sie, die gute Frau. Im selben Moment hatte ich vergessen, dass sie meine Gattin ist.

Früher war ich nicht so. Früher wusste ich immer, wo meine Brille war. Beziehungsweise, früher hatte ich gar keine Brille. Früher betrat ich einen Raum, erledigte dort, was ich erledigen wollte, und verließ den Raum wieder. Heute betrete ich einen Raum, zum Beispiel das Schlafzimmer, und nach drei Sekunden frage ich mich: »John, was wolltest du hier? Pennen? Fernsehgucken? Dich anziehen?«

Ich Depp stehe dann da wie eine Dumpfbacke, habe keinen blassen Schimmer, was mich ins Schlafzimmer getrieben hat, aber um den Weg nicht umsonst gemacht zu haben, mache ich alle drei Dinge auf einmal. Ich lege mich hin, gucke Fernsehen, penne ein, und irgendwann ziehe ich mich auch wieder an.

Besonders schlimm ist es, wenn ich versuche, mehrere Dinge auf einmal zu tun, wie zum Beispiel Essen, Trinken, Fernsehgucken und dabei wahllos durchs Programm zappen.

Frauen und junge, zielstrebige, pubertierende Menschen, solche wie mein Sohn, können so etwas. Sie nennen es »Multitasking« und machen völlig relaxt 20 Sachen auf einmal: Der Pubertierende sitzt in seinem Zimmer und hört Musik. Gleichzeitig guckt er Fernsehen, wird bei »Call of Duty« zum Massenmörder, schreibt seine Hausaufgaben (behauptet er jedenfalls), zieht sich eine Stange Chips rein, trinkt Cola und beschimpft Mutter und Vater. Obwohl ... eigentlich mehr Vater als Mutter.

»Papa, ich möchte nicht mehr, dass du in meinem Compi rumschnüffelst.«

»Ich schnüffle nicht herum! Ich will nur wissen, auf welchen Seiten mein Sohn unterwegs ist. Das ist meine Pflicht als Vater.«

»Schon klar, aber du müllst meinen Computer mit Viren voll, weil *du* immer auf irgendwelchen Erotikseiten rumklickst.«

Und – zack – habe ich vergessen, dass der junge Mann mein Sohn ist.

Aber wie gesagt, früher war auch ich multitaskingfähig. Ich konnte 20 Dinge auf einmal machen. Jetzt klappt es nicht einmal mehr mit dreien: Essen, Trinken und Zappen geht heute nicht mehr, ohne mich total zu bekleckern! Wenn ich mich heute mit Nahrungsmittteln vor den Fernseher setze, sagt meine Frau immer: »John, zieh dir bitte was anderes an, irgendwas Altes.«

Und es stimmt: Ich esse, ich trinke, ich wechsle das Programm, und innerhalb von drei Minuten sehe ich aus wie die Solariumsopfer aus den Nachmittagsprogrammen verantwortungsvoller Privatsender: Ich bin von oben bis unten bekleckert. Peinlich. Furchtbar. Als hätte ich überhaupt keine Esskultur. Natürlich hab ich keine, ich bin ja Ami und Amis haben so etwas nicht. Aber diese Ausrede zieht bei mir zu Hause nicht mehr. Meine beiden Mitbewohner, die Frau in den mittleren Jahren und der junge Halbmann, machen sich trotzdem über mich lustig. Man könnte jetzt denken: Was hat das Bekleckern mit Alzheimer zu tun? Das ist doch eher altersbedingtes Nervenzucken. Nein, ist es nicht. Ich zucke nicht, ich vergesse einfach, dass ich etwas zu trinken in der Hand habe. Wenn man sich dessen bewusst ist, ist es allerdings halb so schlimm. Man muss nur vorbeugen. Inzwischen habe ich zum Beispiel immer meinen Pass dabei, selbst in der Sauna. Nicht, um mich immer und überall ausweisen zu können. Nein, ich schau einfach ab und zu drauf, um zu wissen, um wen es sich bei mir handelt.

Das allerdings hilft nicht bei den schlimmsten aller Folgen einer Demenz: Dem Nach-dem-eigenen-Auto-Suchen. Ich parke irgendwo, verlasse den Wagen für eine halbe Stunde, komme dann wieder und – das Auto ist weg. Eigentlich ist es noch da, aber eben nicht da, wo ich es geparkt habe. Nein, auch falsch. Es ist noch da, wo ich es geparkt habe, aber ich weiß nicht mehr, wo ich es geparkt habe: »Holy Shit!«, entfährt es mir dann: »Wo ist die verdammte Karre?«

Am schlimmsten war es mal im Parkhaus am Kölner Flughafen. Marita und ich kamen von einem Drei-Tage-Trip aus Venedig zurück. Eine unvergessliche Reise zum Hochzeitstag. Allein auf dem Markusplatz habe ich 73 totgetretene Tauben gezählt – 14 davon wurden von venezianischen Täuberichen posthum begattet (Nekrophilie ist unter Tauben offenbar eine bevorzugte Sexualpraxis).

Auf jeden Fall zogen wir mit unseren Rollköfferchen ins weiter entfernt gelegene und damit billigere Parkhaus, acht Stockwerke mit ungefähr 5000 Parkplätzen pro Etage. Und ich begann zu suchen. Keinen blassen Schimmer, in welcher

Etage, geschweige denn, wo ich auf der Etage die Karre abgestellt hatte.

»John, sag bitte nicht, dass du nicht mehr weißt, wo du geparkt hast!«

»Doch, weiß ich das. Natürlich! Ich weiß nur nicht mehr, ob es im dritten oder vierten Stock war.«

Das war gelogen. Selbstverständlich hatte ich keine Ahnung, auf welcher Etage der Wagen stand, aber nach einer halben Stunde wusste ich zumindest, dass es weder die dritte noch die vierte war. Das wusste nun auch meine Frau.

»Aber du bist dir sicher, dass es *dieses* Parkhaus war?«

»Wieso? Du warst doch dabei, als ich den Wagen abgestellt hab.«

»John, du hast mich am Flughafen-Eingang abgesetzt, *bevor* du zum Parkhaus gefahren bist«, und die fremde Frau, die behauptet, meine Frau zu sein, schüttelte den Kopf. »Also manchmal glaub ich wirklich, du hast Alzheimer.«

Vielleicht ja, aber noch nicht richtig, denn plötzlich fiel mir ein, dass ich den Wagen zwischen zwei Porsche Turbos geparkt hatte. Einem weiß und einem auffällig gold lackierten. Ich weiß noch, dass ich beim Einparken dachte: Ist das hier ein Ärzte-Parkhaus? Mit dieser in meinem Hirn gespeicherten Information war es ganz einfach: Ich musste nur nach zwei Porsches gucken, und nach gut 75 Minuten fand ich meinen Wagen dann schließlich auch.

Am Kassenautomaten traf ich meine Frau wieder, im Gespräch mit einem Mitfünfziger: »Du, John, der Herr hier sucht sein Auto. Ein goldener Porsche, hast du den zufällig auf deiner Parkhaus-Expedition gesehen?«

»Einen goldenen Porsche? Nein, tut mir leid, hab ich nicht gesehen.«

Und wenn doch, dann hab ich's wohl vergessen.

Armbeschwerden – links!

Ich mag meine Arme. Beide. Besonders aber den linken. Nicht etwa, weil ich Linkshänder bin, nein, ich bin wie die große Mehrheit der Erdbevölkerung Rechtshänder, und das auch noch mit Blutgruppe »Null Resus Positiv«. Wenn ich nicht aus Versehen und genetisch bedingt rote Haare hätte, was mich in diesem Fall zu einem Mitglied einer Minderheit macht, wäre ich ständig Teil einer Mehrheit. Als US-Amerikaner gehöre ich ohnehin einer mächtig großen Volksgruppe an, die zudem im Verlaufe ihrer Geschichte gelernt hat, mit unterschiedlichsten Mitteln Mehrheiten zu formen, auch wenn vorher keine da waren.

Was das alles mit meinem linken Arm zu tun hat? Nicht viel, eigentlich sogar gar nichts, außer vielleicht, dass mir mein linker Arm besonders am Herzen liegt, auch wenn ich ihn wie die Mehrheit der Bevölkerung eher selten benutze. Meist ist sein ganzer Sinn, zusammen mit der linken Hand die Gabel zu halten, während meine rechten Gliedmaßen die in den Mund zu schiebenden Portionen zurechtschneiden.

Im Alltag nehme ich meinen linken Arm also kaum wahr, er ist einfach da, und das war's dann auch schon. Trotzdem ist mein linker Arm etwas Besonderes. Wenn ich ihn mal bewusst wahrnehme, dann ist die »Kacke aber voll am Dampfen« – wie es mein Freund, der Rentner Heinz, so passend formuliert.

Alles begann damit, dass mir mein linker Arm weh tat. Über Wochen.

»Scheiße!«, sagte ich zu meiner Angetrauten, »mein linker Arm schmerzt!«

»Tja, dann fehlt eigentlich nur noch die rechte Pobacke, dann haste ja alles durch«, antwortete sie mitleidlos, ging zur Arbeit und ließ mich allein – mit meinem Schmerz. Ich meine, wenn mein Knie weh tut oder mein Nacken schmerzt, okay, das ist ärgerlich, aber »shit happens!« Da weiß ich: Das sind meine alternden Knochen, mein gestresstes Gewebe, meine eingequetschten Nerven. Aber Schmerzen im linken Arm? Das riecht nach Endzeit, da denkt man (also ich denke) nur noch: *SHIT! I'M GOING TO DIE!*

Weil meine Frau kein Mitleid zeigte, versuchte ich es bei Freunden.

»Mir tut ständig mein linker Arm weh, besonders wenn ich spazieren gehe.«

»Dann geh nicht spazieren!«, rieten meine falschen Freunde, und mein Sohn – der semientwickelte Mensch – entgegnete: »Ignorier den Schmerz einfach! Tu so, als wenn du nicht kurz vorm Herzinfarkt stehen würdest.«

HERZINFARKT?

Da war es gefallen, das böse Wort!

H E R Z I N F A R K T !

Ich war 47. Ich lebte ungesund, aß zu viel, trieb zu wenig Sport. Okay, der berufliche Stress hielt sich in Grenzen, aber sonst litt ich unter viel zu viel Stress. Gefährlichem Stress. Immer. Zum Beispiel bei meinen täglichen Spaziergängen durch die Fußgängerzonen der Domstadt: Früher nahm ich nur solche Läden wahr, die meine uramerikanischen Instinkte weckten, wie zum Beispiel McDonald's, Beate Uhse, Dr. Müller und Pizza Hut – und mir ging es gut dabei. Es gab immer was zu gucken oder was zu essen. Heute nehme ich diese Läden kaum mehr wahr, sehe stattdessen nur noch Drogerien, Apotheken und Bestattungsinstitute. »Seit 120 Jahren in Familienbesitz!«, »Beste Feuerbestattungen!«, »Spezialist für Seebestattungen!«

Irgendwie makaber, Werbung für den Tod zu machen, mitten in der Fußgängerzone, denke ich dann immer. Aber ein anderer Teil meines Gehirns denkt: Was kostet überhaupt so eine Seebestattung? Kann das jeder machen? Tote einfach ins Meer werfen, ohne Beton an den Füßen? Doch nachdem *das böse Wort* nun schon gefallen und es eigentlich schon beschlossene Sache war, dass der HERZINFARKT kurz bevorstand oder ich sogar schon einen gehabt hatte, waren diese Bestattungsgedanken mehr als nur sinnlose Synapsen in meinem Hirn. Es waren fast schon konkrete Bestellungen. Zurück im trauten Heim, rief ich meinen Heilpraktiker an, den Polo fahrenden Alternativmediziner Björn ... Oder Sven? Kjartan? ... Irgendwas Nordisches halt.

»Hey, wie geht's dir, Björn (Sven, Kjartan)?« Bevor er antworten konnte, dass es ihm gutging, weil es einem Alternativmediziner natürlich immer gutgeht, setzte ich fort: »Ich habe dauernd Schmerzen im linken Arm. Was soll ich tun?«

»Hast du es schon mal mit Ohrenkerzen versucht, John?«

»Ohrenkerzen? Nein, noch nicht wirklich ...«

»Okay, dann komm vorbei.«

Ich sagte auch okay. Was allerdings eine Lüge war, weil ich keine Lust auf Ohrenkerzen hatte und auch nicht wirklich vorbeikommen wollte. Ich hatte Schmerzen im linken Arm, nicht in den Ohren.

Eigentlich war ich noch viel zu jung zum Sterben. Meine amerikanische Oma ist weit über 90 Jahre alt geworden. Kurz bevor sie starb, sagte sie: »John, ich hab das Gefühl, dass Gott mich vergessen hat. Ich weiß gar nicht mehr, was ich machen soll, während ich auf den Tod warte. Ich kann weder Kissenbezüge besticken noch stricken!«

Ach ja, Oma. Meine steinalte Oma. Wenn ich nur ein bisschen von ihren Genen abbekommen habe, dann sollte ich mit Mitte 40 keinen HERZINFARKT bekommen. Um mich zu beruhigen, surfte ich ein wenig durchs *worldwideweb* – auf der Suche nach harmlosen Erklärungen für »ziehenden Schmerz im linken Arm«. Die erste Erklärung, die ich fand, lautete: »Schmerzen im linken Arm können auf einen bevorstehenden Herzinfarkt hinweisen.« Super. Genau das, was ich lesen wollte. Die zweite Erklärung klang auch recht vielversprechend: »... könnte ein Symptom für einen Herzinfarkt sein«, und eine Seite weiter hieß es: »Im Fall von Stress oder Panikattacken kommt es häufig zu Brustschmerzen, die sich bis in den linken Arm ausbreiten.«

Bevor ich das *worldwideweb* durchforstet habe, war ich besorgt – aber nicht panisch. Nun war ich in Panik. Also rief ich den Kardiologen an, einen Freund meines Hausarztes, bat um einen sofortigen Termin und erfuhr von einer genervt klingenden Arzthelferin, dass mich der Herr Doktor frühestens in drei Wochen untersuchen könnte. Auf diese Absage reagierte ich wieder gewohnt mit einem überzeugend klingenden »Ich bin Privatpatient!« und reduzierte damit die Wartezeit um eine Woche. Glücklich war ich nicht, weil ich ja vermutlich in den nächsten zwei Wochen sterben würde. Ein Termin *nach* meinem Ableben wäre irgendwie überflüssig, und außerdem würde an meinem Sarg sowieso eine Armada niedergelassener Ärzte stehen, damit sie ihrem treuesten Patienten und Finanzierer diverser Porsches – Adieu sagen und noch einmal danken könnten. An meinem Grab brauchte ich keine Kardiologen. Also rief ich eine andere kardiologische Praxis mit Kassenzulassung an und bat um einen Termin, ebenfalls mit dem dezenten Hinweis, dass ich privat versichert sei. (»Wenn Sie denn mal richtig Geld verdienen möchten ...«). Am anderen Ende hörte ich ein Murmeln: »In diesem speziellen Fall könnte ich Ihnen einen Termin nächste Woche Donnerstag anbieten, Herr Dolly!«

Nächste Woche Donnerstag? Bis dahin waren es noch einmal acht Tage. Zu viel für einen Todkranken. Also stöhnte ich in den Hörer: »Bitte! Ich habe höllische Schmerzen im linken Arm! Mein Herz schlägt wie verrückt – oder irgendwie gar nicht! Ich bin völlig am Ende! Ich denke, ich stehe kurz vor einem Infarkt! Ich brauche sofort einen Termin. BITTE!«

Es wirkte. Ich bekam einen Termin für einen »Check-up unter Belastung« – zwei Tage später.

Dann war es zwei Tage später – und ja, ich lebte noch. Ich saß im Wartezimmer und war leicht verwirrt. Es gab tatsächlich keinen chromglitzernden, italienischen Kaffeevollautomaten für den original italienischen Cappuccino: Liegt das an der Kassenzulassung oder am Fachgebiet? Hatten die Angst, dass ihnen die Herzpatienten nach einem starken Kaffee zusammenklappen, noch bevor sie mit der Krankenkasse abrechnen können?

Dann nahm ich die Möbel im Wartezimmer wahr: Billy-Regale, Lundquist-Stühle, vermutlich Selma-Lagerlöf- oder Astrid-Lindgren-Stehlampen und Björn-Borg-Tische. Klar war: Diese Kardiologen mussten über ein stabiles Herz-Kreislauf-System verfügen, sollten sie das alles selbst zusammengeschraubt haben … Ich dachte: »Oh my God, John, wo bist du hier gelandet? Wahrscheinlich fahren diese Ärzte noch nicht einmal einen Porsche. Vermutlich nur Skoda oder Bus und Bahn. Ein Herzspezialist, der mit den öffentlichen Verkehrsmitteln fährt! Amazing!«

Meine uramerikanische Vorstellung, dass ein guter Arzt Unmengen gutes Geld verdient und auch verdient hat, weil er eben gut ist, geriet ins Wanken. Ein wenig wurde ich durch den Anblick der vielen jungen und hübschen Arzthelferinnen beruhigt, die mich dann doch wieder an die Freundinnen meiner Porsche fahrenden Ärzte erinnerten. Um mich nicht zu sehr auf die Schmerzen in meinem linken Arm zu konzentrieren, versuchte ich mir vorzustellen, was die jungen Damen unter ihren weißen Kitteln trugen. Es gelang mir nicht. Der kurz bevorstehende Herzinfarkt versaute mir jede schöne Phantasie.

Nach 40 Minuten führte mich eine dieser Damen, deren Geheimnis ich nicht lüften konnte, in einen klimatisierten Raum, angefüllt mit Hightech-Geräten.

»So, Herr Dolly, jetzt bitte mal ausziehen und hinlegen.«

Früher, vor dem Verdacht auf Herzinfarkt, hätte ich diese Aufforderung garantiert mit einem ebenso anrüchigen wie peinlichen Spruch kommentiert. Zum Beispiel: »Das sag ich auch immer, klappt aber nicht«, aber jetzt befolgte ich einfach nur ihren Befehl. Ich zog mich aus und legte mich auf die Liege (oder war es schon eine Bahre?). Statt mich in einen Ofen zu schieben, damit ich auf Seebestattungsgröße zusammenschrumpfe, verkabelte mich die junge Dame. Überall. An den Beinen, am Bauch, unter den Armen, am Herzen. Das alles erinnerte mich an Bilder von Hinrichtungen, daheim, in Texas. Aber die Dame setzte keine tödliche Injektion, sondern zog am Ende der Liege zwei Pedale heraus. Ich hatte mich schon gefragt, wo das Ergo-Fahrrad steht, nun wusste ich es: Hier wird im Liegen gefahren. Die Sprechstundenhilfe schnallte noch meine Füße fest, kippte die Trage um circa 30 Grad, und kaum betrat der Kardiologe den Raum, durfte ich für den Belastungstest lostreten. Und wie!

Ich trat und trat. Es musste ein gewaltiger Anstieg sein, den ich da bewältigte. Ich tippte auf »Alpe d'Huez«. Und während ich an meinen gedopten Kollegen Lance, Jan, Bjarne und Alberto vorbeirauschte, maß die Hübsche an meiner linken Seite ständig meinen Blutdruck. Sie pumpte auf und pumpte ab – es hatte irgendwie etwas Anrüchiges. Jetzt, kurz vor dem Etappenziel, schmierte mich der Kardiologe auch noch mit Gleitgel ein und flutschte dann mit einem kleinen Gerät über meinen Oberkörper. Sie rieben, schmierten, pumpten, flutschten – und ich strampelte um mein Leben. Offenbar wurde es immer steiler, zumindest fiel mir das Treten immer schwerer.

»Noch eine Minute, Herr Doyle!«, spornte mich der Arzt an. Eine gefühlte halbe Stunde später sagte er: »Jetzt sind Sie auf der Zielgeraden, Herr Doyle. Jetzt noch einmal richtig Gas geben.«

»Zielgerade?«, stöhnte ich. »Wie lang ist die Zielgerade denn?«

»Ein Stück noch, Herr Doyle, ein kleines Stück.«

»Kann man das Ziel von hier aus schon sehen?«

»Leider nicht, Herr Doyle, die Zielgerade liegt in einer Kurve!«

Ein Mann mit Humor, der Mann. Aber dann kam er endlich, der erlösende Satz: »Geschafft, Herr Doyle!«

Tatsächlich war ich geschafft und hatte gleichzeitig ein anderes Verhältnis zum Doping bekommen. Auf jeden Fall kann ich nun Lance, Jan, Floyd und Alberto ein bisschen besser verstehen.

Ach ja, fast hätte ich's vergessen: Mit meinem Herzen war alles in Ordnung. Warum mein linker Arm trotzdem schmerzte, wusste auch der Kardiologe nicht. Vielleicht falsch gelegen? Aber er hatte noch einen Tipp parat: Ich soll mir nicht immer sofort das schlimmste aller Übel vorstellen. Bevor man das tut, sollte man erst einmal das weniger Schlimme annehmen. Und für mich, den Komiker, hatte er auch noch einen Witz auf Lager.

»Zwei Ärzte treffen sich auf dem Krankenhausflur.
›Du, der Simulant auf Zimmer 15 ist tot!‹
›Echt? Boah, jetzt übertreibt er aber.‹«

Schnarchen

Was bitte schön hat Schnarchen mit der Bandscheibe, mit »Rücken«, Zu-fett-Sein, Älterwerden und all den sonstigen Auswirkungen des körperlichen Verfalls zu tun? »Nichts!«, würde der semigebildete Patient jetzt sagen. Aber das ist falsch. »Grundfalsch«, sagt jedenfalls mein 911er-Turbo-Mediziner Dr. Schäfer. Und der muss es wissen, denn er ist ein sogenannter Schlafmediziner und – wichtiger noch: Er schnarcht selbst. Aber das wusste ich nicht, als mein Schnarchen zu einem häuslichen Problem wurde und ich seine Hilfe in Anspruch nehmen musste.

Hin und wieder geschnarcht hab ich schon immer. Am Anfang unserer Ehe lebten wir in einem Ein-Zimmer-Apartment. Da löste meine Frau das Problem auf uramerikanische Art. Mit Gewalt: Ich schnarchte, sie wurde wach und haute mir eine rein. Weil ihre Hemmschwelle damals noch recht groß war und meine Schnarchattacken eher klein, waren ihre Schläge erträglich. Ich drehte mich einfach auf die rechte Seite, auf der man angeblich weniger Geräusche macht, und schlief wieder ein. Sie schlief auch wieder ein, bis ich wieder begann, den Regenwald zu zerstören, und sie mir wieder eine reinhaute. Abgeschlossen wurden solche Nächte stets am Frühstückstisch mit meiner ultimativ dämlichen Frage: »Na, Schatz, gut geschlafen?«, auf die meine Frau immer mit einem gezielten Untertassenwurf antwortete. Das war nicht so schlimm, da ich in jungen Jahren recht reaktionsschnell war und »ihrer Antwort« stets ausweichen konnte. Später war das nicht mehr so einfach – wir benutzten keine Untertassen mehr.

Zudem hat sich meine Frau angewöhnt, bei allzu großer Lärmbelästigung die Schlafstatt zu wechseln. Es begann wie immer: Ich schnarchte, und sie haute mir eine rein. Weil jedoch mein Körperumfang in den letzten Jahren ein wenig zugenommen hatte und in der Folge meine besonders schmerzempfindlichen Muskelpartien von einer schützenden Fettschicht eingehüllt wurden, hinterließen ihre Schläge nicht mehr die gewünschte Wirkung. Wenn meine Frau mir nicht direkt in die Fresse haute, was sie aufgrund ihrer typisch deutschen, bildungsbürgerlichen Zurückhaltung, was Gewalt gegen Ausländer angeht, eher selten tat, wachte ich einfach nicht auf. Nach ein paar Upper-Cuts gab sie es dann auf und zog mit Decke und Kopfkissen ins Wohnzimmer um.

Lange Zeit hatte ich nichts davon mitbekommen, sondern einfach selig weitergeschlafen und geschnarcht. Okay, die stets neuen blauen Flecken, die dann am nächsten Morgen meinen Körper entstellten, waren mir schon aufgefallen: »Du, Schatz, guck dir das an: Hier! Überall blaue Flecke. Ich würde gern mal wissen, wie die dahinkommen – mitten in der Nacht?«

»Weiß ich auch nicht, Schatz!«, säuselte meine Gattin mit einem Blick, der Tote noch mal töten würde. Weil ihr Gesichtsausdruck nicht wirklich gesundheitsfördernd wirkte, kommentierte ich das nicht weiter (zumal das Werfen mit vollen Kaffeetassen viel bösere Folgen hat als das Werfen mit leeren Untertassen).

Aber, wie gesagt, für mich war mein Schnarchen kein Problem. Meistens schlief ich ja auch, während ich schnarchte.

Das hat sich nun geändert. Nicht dass ich jetzt bei vollem Bewusstsein schnarche. Ich meine vielmehr, dass sich die häuslichen Konflikte zuspitzen. Immer öfter erklärt meine Frau unser gemeinsames Schlafzimmer zum »John-Doyle-Sperrgebiet«, insbesondere wenn ich mir am Abend noch ein Kölsch oder womöglich gar ein richtiges Bier genehmigt habe.

»Du schläfst heute nicht in unserem Bett! Du kannst das Sofa haben«, sagt sie dann mit ihrem lieblichen ostdeutschen Akzent.

»Marita, Darling, das geht nicht! Ich krieg auf dem Sofa doch immer Rücken.«

»John, Liebster, das ist mir so was von egal. Du ahnst gar nicht, wie egal mir das ist. Dein Schnarchen tu ich mir jedenfalls nicht an. Ich hab Frühdienst.«

»Marita, bitte, ich verspreche es:« – ein letzter Versuch, doch noch im viel bequemeren Ehebett schlafen zu dürfen –, »heute schnarche ich nicht!«

Aber sie lacht nur hämisch und hebt mit der linken Hand die Kaffeetasse, während sie mit der rechten Hand eine Bewegung vor ihrem Gesicht macht, die entfernt an einen Autoscheibenwischer erinnert. Und weil gerade so gute Stimmung herrscht, mischt sich auch noch der junge Mann ein, dessen Geburtsurkunde angeblich belegt, dass ich sein Vater bin.

»Mama, bitte nicht! Lass Dickie nicht im Wohnzimmer schlafen! Der röhrt wie ’n besoffener Elch. Das dringt bis in mein Zimmer, und ich hab morgen Mathe-Klausur!«

»Jetzt übertreib mal nicht, mein Junge, so schlimm kann es ja wohl nicht sein«, werfe ich empört ein. Die Antwort meiner Mitbewohner ist nur ein Blick, ein gemeinsamer, durchdringender Blick. Ein Blick, der verrät, dass sie Mutter und Sohn sind und mich partiell für einen Volltrottel halten. Einen schnarchenden Volltrottel.

Weil sich solche Gespräche in letzter Zeit ständig wiederholten, auch noch garniert mit Sätzen wie: »John, mach das Fenster zu – du störst die Nachbarn!«, oder: »Papa, wenn dich die von ›Robin Wood‹ hören, zeigen sie dich wegen Zerstörung des Regenwalds an«, und auch weil mein Sohn meine Schnarchgeräusche zur Belustigung seiner Freunde und dem Rest der Welt ins Internet gestellt hatte, habe ich mich entschlossen, ebenso entschlossen zu handeln:

1. Ich kürze sein Taschengeld bis auf nahezu null.
2. Ich kaufe ein zweites Bett.
3. Ich gehe zu meinem Hausarzt Dr. Schäfer.

Da »Taschengeldkürzen« unangenehme Konsequenzen haben könnte (wer bringt dann den Müll runter?) und für ein zweites Bett kein Platz in unserer Wohnung ist, begann ich mit Punkt 3 auf meiner Liste, dem Arztbesuch. Arzt besuchen kann ich sowieso am besten.

Meine Wahl fiel auf Dr. Schäfer, einen meiner Lieblingshausärzte. Der ist nämlich nicht nur Allgemeinmediziner, also zuständig für circa 90 Prozent meiner Gebrechen – inklusive der eingebildeten –, sondern auch Schlafmediziner, ein Somnologe (geiles Wort, hört sich irgendwie an wie ausgedacht). Aufgrund dieser Zusatzqualifikation geht er ohnehin davon aus, dass alle Krankheiten mit einem gestörten Schlaf zu tun haben, und Schnarchen ist definitiv eine solche Störung. Dr. Schäfer war entsprechend glücklich, dass ich ihm diesmal nichts von Nacken-, Bandscheiben- oder sonstigen Beschwerden erzählte, sondern von meinem Schnarchen berichtete.

»Ich merke es ja selbst nicht wirklich, aber meine Frau sagt, dass mein Schnarchen immer schlimmer wird, und deshalb bin ich …« Ich konnte den Satz nicht beenden, weil mich der Schlafmediziner freudestrahlend unterbrach.

»Falsch, Herr Doyle, ganz falsch!«

»Was?«, fragte ich ein wenig genervt, weil ich diesen Satz sonst nur von meiner Frau höre. »Was ist ganz *falsch?* Ich hab doch noch gar nichts gesagt!«

»Doch, haben Sie. Sie haben gesagt: ›Ich merke es ja selbst nicht wirklich!‹ Das ist falsch. Sie merken es: Schnarchen ist die Ursache für alle möglichen Krankheiten. Es geht dabei gar nicht so sehr ums Schnarchen an sich, sondern um die Schlaf-Apnoe, also den Atemstillstand in der Nacht.«

»Atemstillstand? Ich habe keinen Atemstillstand! Wenn ich einen Atemstillstand hätte, wäre ich jetzt tot – und meine Frau könnte durchschlafen.«

Ich hatte den Doktor an einem wunden Punkt erwischt, denn jetzt legte er erst richtig los, der alte Somnologe: Es gehe da gar »nicht um einen dauerhaften Atemstillstand«, sondern »nur um kurze Aussetzer« (bei »nur« zeichnete er mit Zeige- und Mittelfingern kleine Anführungszeichen in die Luft). Ich würde gar nicht merken, wenn »der Atem mal für dreißig Sekunden« oder so aussetze, aber mein Körper merke es. Der gerate nämlich unter Stress, der Blutdruck steige und die Folge sei ein unruhiger Schlaf, der nicht das bringe, was er bringen sollte: nämlich Erholung.

»Woher wollen Sie denn wissen, dass ich eine Schlafap… dingsda habe?«

»Wissen, lieber Herr Doyle, wissen tue ich gar nichts. Ich bin Arzt. Aber die Wahrscheinlichkeit, dass Sie an einer *Schlafapnoe* leiden, ist nicht gering. Insbesondere bei älteren Männern erschlaffen die Muskeln hinten im Gaumen, und wenn sie dann im Bett liegen, fällt alles nach hinten und verschließt die Atemwege – mal ganz vereinfacht erklärt. Das passiert insbesondere bei dicken, älteren Männern, da ist sowieso im Hals alles enger.«

Genau *das* liebe ich an meinen Ärzten, ihre schonungslose Offenheit. Übrigens Dr. Schäfer ist mindestens doppelt so dick wie ich und nur ein paar Jahre jünger. »Auf jeden Fall würde es mich nicht wundern, wenn Sie unter einer Apnoe leiden, das passt zu Ihrem Krankheitsbild: Sie haben keinen erholsamen Schlaf, sondern Stress, wenn Sie nach Luft ringen, und das erhöht wiederum den Blutdruck. Sie sind erschöpft nach der unruhigen Nacht, weil Sie immer wieder aufwachen. Und weil Sie so schlapp sind, bewegen Sie sich zu wenig und nehmen an Gewicht zu. Außerdem wälzen Sie sich in der Nacht hin und her, liegen falsch, was Ihrem Rücken auch nicht gerade guttut. Und außerdem, Herr Doyle« – der Doktor beugte sich mit ernstem Gesicht nach vorne –, »es gibt eine Studie aus den USA, nach der sich die Lebenserwartung von Menschen, die an einer Schlafapnoe leiden, um 15 Prozent verringert!«

Und blaue Flecken kriegt man auch noch.

Aber das sagte ich nicht; das dachte ich nur. Auf jeden Fall war Dr. Schäfer überzeugt davon, die Ursache für sämtliche meiner Beschwerden gefunden zu haben. Ganz einfach. Ich bräuchte nur richtig zu schlafen, und alles wäre gut.

»Und was macht man gegen so eine Schlafdingens?«

»Na ja, abnehmen und viel Sport treiben, damit das Gewebe straffer und die Atemwege frei werden.«

Super. Das war, was ich hören wollte.

Was macht man gegen Bandscheibenschmerzen? Abnehmen. Sport treiben.

Was macht man gegen Übergewicht? Abnehmen. Sport treiben.

Gegen altersbedingte Verfallserscheinungen? Abnehmen. Sport treiben.

Ich hätte Arzt werden sollen. Einfacher kann man sein Geld nicht verdienen. Aber dann hatte Dr. Schäfer doch noch ein paar andere Pfeile im Therapie-Köcher.

»Es gibt schon Methoden, um das Schnarchen oder gar die Schlafapnoe zu verhindern oder einzuschränken. Die einfachste ist: Weil man meistens in Rückenlage schnarcht, muss man nur verhindern, dass man während des Schlafs auf dem Rücken liegt. Dafür nehmen sie sich einfach einen BH von Ihrer Frau, legen zwei Tennisbälle rein und schnallen sich den BH mit den Tennisbällen auf den Rücken. Wenn Sie sich dann nachts auf den Rücken drehen, ist das so unbequem, dass Sie automatisch wieder in die Seitenlage wechseln.«

Das hörte sich gut an: Ich, John Doyle, wäre der erste Mann mit vier Brüsten! Na ja, eigentlich hatte ich ja andere Lebensziele. Bevor ich diesen Gedanken jedoch weiterspönn, war der Doktor schon bei der nächsten Therapie. Er fischte ein durchsichtiges Plastikgebiss aus der Schublade und steckte es sich in den Mund. Im selben Moment schob sich sein Unterkiefer nach vorn. Er sah aus … ich weiß nicht, wie ich es beschreiben soll … irgendwie sah er aus wie das Alien aus »Alien«. Diese fiese Kreatur, mit der sich Sigourney Weaver immer rumschlagen musste.

»Das«, sprach der Herr Doktor mit einer Stimme, die auch mehr nach Alien als nach Porschefahrer klang, »ist etwas ganz Neues. Durch das Gebiss wird der Unterkiefer nach vorn geschoben« (was nicht zu übersehen war), »und damit wird sozusagen der Hals geöffnet. Mal ganz einfach ausgedrückt: Der Hals ist also frei, und man kann durchatmen. Ich hab mir das machen lassen, weil ich selbst schnarche.«

Der Doktor wurde mir immer sympathischer: Er ist dick, er schnarcht und er fährt ein Auto, das ich auch gerne fahren würde, wenn ich denn in den Porsche ein- und wieder aussteigen könnte.

Aber bevor ich mich weiter darüber freuen konnte, einen dicken Alien als Hausarzt zu haben, nahm er das Gebiss wieder raus und holte einen Staubsauger aus dem Schrank. Allerdings war das gar kein Staubsauger, sondern eine »Schlafmaske«.

»So«, sagte er voller Vorfreude, »das ist eine Schlafmaske gegen Schlafapnoe. Funktioniert im Grunde wie ein Staubsauger, nur umgekehrt. Durch das Gerät wird kontinuierlich Raumluft in die Nase geblasen, wodurch die Atemwege frei bleiben.« Das Teil sah tatsächlich aus wie ein Staubsauger, halt ein Ding mit Schläuchen dran. »Hm«, sagte ich, »wie ist das ... wenn man die Maske im Gesicht hat ... mit den Schläuchen da dran und an der Steckdose angeschlossen ... wie ist das dann ... mit Sex?«

»Sex? Na ja, beim Sex haben Sie das Ding ja nicht auf. Während des Sex schnarcht man ja eher selten.«

Das stimmt, da hatte der Doktor recht. Meistens jedenfalls.

Daraufhin wollte ich mir den Staubsauger schon mal ins Gesicht schnallen, aber Dr. Schäfer winkte ab.

»Moment noch, Herr Doyle, erst einmal müssen wir testen, ob Sie überhaupt an einer Schlafapnoe leiden.«

Auch da hatte der Somnologe (!) recht, und jetzt ging's erst richtig los. Seine wunderhübsche Assistentin verpasste mir ein »mobiles Schlaflabor«: Ein kleines Gerät, das entfernt an den »Walkman« erinnerte. (Für diejenigen, die es vergessen haben oder noch gar nicht geboren waren: Der »Walkman« war ein Urahn des MP3-Players für Jogger. Die Musik kam von einem Band. Allerdings nur bei einer

Strecke von 500 Metern, dann gab es Bandsalat. Trotzdem eine geile Erfindung damals, als ich noch jung, hübsch und dünn war). Aber zurück zum mobilen Schlaflabor: Aus dem kleinen Gerät wuchsen circa 25 bunte Kabel. Jedes einzelne Kabel wurde an mir festgeklebt. Die meisten im Gesicht, der Rest auf dem Rücken, an den Fingern, Armen, auf der Brust und an den Beinen. Ich sah aus wie ein schlecht designter Roboter. Das Schlimmste aber war: Mit dem Ding und den lustig bunten Kabeln sollte ich eine ganze Nacht verbringen. Währenddessen würden meine Hirn- und Wer-weiß-was-für-Ströme aufgezeichnet, und am nächsten Tag würde der Doktor dann wissen, ob meine Atmung mitten in der Nacht aussetzt oder auch nicht. Das war nicht schön, aber die Alternative war noch weniger schön. Das wäre nämlich eine Nacht in einem richtigen Schlaflabor im Krankenhaus gewesen. Ein Raum mit Bett, in dem man dann auch verkabelt wird und von irgendwelchen Krankenschwestern beobachtet wird. Oder noch schlimmer: Man wird von *gar keiner* Krankenschwester beobachtet.

Dann doch lieber die mobile Verkabelung.

Ich verließ also die Praxis mit sieben Kabeln im Gesicht, und wollte gerade zur Tiefgarage gehen und in mein Auto steigen, um unerkannt durch die Stadt nach Hause zu flitzen, um dann in unser Parkhaus zu fahren und schließlich über die Nottreppe unbemerkt in unsere Wohnung zu schlüpfen. Das ging aber nicht, weil ich gar nicht mit dem Auto, sondern mit der Straßenbahn zur Praxis gefahren war. Ich ging also zur nächsten Haltestelle, stieg in die Bahn und ließ mich von circa 200 Mitfahrern anstarren.

»Guck mal, Oma«, sagte ein kleines, bestimmt sehr dummes Kind, »was hat der Mann da für komische Kabel im Gesicht?«

»Psst«, flüsterte die Oma, »der Mann ist krank, starr ihn nicht so an.«

Ich wollte gerade anmerken, dass ich nicht etwa krank sei, sondern nur ein Schnarcher; da sprach mich schon die nächste jugendliche Geistesgröße an: »Ey, Alda, Geilomat, was haste denn da? Ist da 'ne Batterie? Nippelste ab, wenn ich die Stecker ziehe, har, har?«

»Nein«, antwortete ich so ernsthaft wie möglich, »das ist keine Batterie, das ist ein MP3-Player, damit man die Musik nicht nur *hört,* sondern im ganzen Körper *spürt.*«

Der junge Idiot war restlos begeistert, faselte was von »endgeil«, aber ich hörte nicht mehr hin. Ich wollte nur noch nach Hause, ins Bett und schlafen. Fast hätte ich das auch geschafft, wenn mich nicht der Sohn meiner Frau im Flur abgefangen hätte. Nachdem er einen ersten Lachanfall überstanden hatte, holte er seine Kamera und knipste ein Foto von seinem verkabelten Vater für seine Facebook-Seite. Ich flüchtete ins Bett. Meine Frau zog es vor, die Nacht im Wohnzimmer zu verbringen. Sie konnte bei meinem Anblick nicht einschlafen.

»Tut mir leid, aber wenn ich dich sehe, muss ich immer an Intensivstation denken. Ich will nicht neben einem Sterbenden schlafen.« Ich nahm es ihr nicht übel und schlief einfach ein.

Am nächsten Tag saß ich mit Dr. Schäfer vor seinem überdimensionalen Computerbildschirm, und wir schauten uns ganz viele bunte Kurven an. Man sah, wann ich eingeschlafen und wann ich in den Tiefschlaf gefallen war, wann mein Bein gezuckt hatte, wie hoch oder niedrig mein Blutdruck war, wie viel Sauerstoff im Blut war, und man sah meine Atemkurve. Sie verlief ziemlich gerade. Keine Apnoe, keine Atemaussetzer, ich hatte einfach durchgeschlafen oder durchgeschnarcht. Ein bisschen enttäuscht war der Doktor dann schon.

»Also, Herr Doyle, eine Apnoe haben Sie nicht. Das ist doch schon mal was.«

»Und jetzt: Was mache ich gegen mein normales Schnarchen?«

»Das, was ich Ihnen schon gestern gesagt habe: Sport treiben, weniger essen und für den Anfang den BH mit den Tennisbällen.«

Also doch: John Doyle, der Mann mit den vier Brüsten!

Wenn mich also mal jemand auf der Straße sieht, sollte man sich nicht über die beiden Höcker auf meinem Rücken wundern. Die haben nichts zu sagen, außer, dass ich vergessen habe, meinen BH auszuziehen.

Stress

Was kommt dabei heraus, wenn man Rückenschmerzen und Stress miteinander mischt: Strückenessschmerzen? Nein, das Ergebnis lautet: Noch mehr Schmerzen. Dir tut die Bandscheibe weh. Du bist ob des Schmerzes genervt, streitest dich mit deinen Lieben, und dann tut es erst richtig weh. Meine diversen Ärzte sagen immer: »Vermeiden Sie Stress, Herr Doyle, vermeiden Sie jeglichen Stress. Der bekommt Ihnen nicht.«

»Das denke ich auch, aber wie soll ich Stress vermeiden? Ich bin verheiratet und habe einen pubertierenden Sohn!«

»Hm.« Der Arzt bekommt einen nachdenklichen Gesichtsausdruck. »Das hört sich nicht gut an, Herr Doyle, aber trotzdem, versuchen Sie Stress zu vermeiden.«

Die meisten Ärzte wissen überhaupt nicht, was Stress ist. Meine Götter im 911er sind in der Regel Singles und daten irgendwelche Ex-Models aus der ehemaligen *Soviet Union*. Sie haben keinen Bauch, keine Pickel, keinen Mundgeruch und gerade Zähne, die ihnen der Kollege Zahnarzt für lau gerichtet hat. Stress bedeutet für sie allenfalls die Frage: »Kriege ich die neue Golftasche in den 911er? Sponsert der Pharmareferent die Golfclubkarte? Gehe ich zuerst mit Tatjana in die Kiste oder doch lieber mit Svetlana? Oder mit beiden gleichzeitig?«

Das ist kein Stress, das ist der Himmel auf Erden. Echten Stress habe nur ich: *The married guy has stress!* Mich begrüßen morgens keine Ex-Models mit: »Liebling, Kaffee, Tee oder erst noch einmal Austausch von Körperflüssigkeiten?«

Keine sagt zu mir, wenn ich unter der Dusche stehe: »Ist für mich auch noch Platz da drin?«

Ich dusche allein, und wenn ich fertig bin, höre ich höchstens: »Boah, Alter, immer wenn du duschst, ist das ganze Badezimmer überschwemmt.«

Oder die morgendliche Begrüßung durch die werte Gattin, bevor ich richtig wach bin. Ich sage schlaftrunken: »Guten Morgen, mein Schatz, konntest du im Wohnzimmer gut schlafen?«, und meine Frau antwortet mit der Gegenfrage: »John, warum hast du die Spülmaschine nicht ausgeräumt?«

Sie sagt nicht »Guten Morgen« oder »Hallo, John, toll, dass du nicht im Schlaf gestorben bist!«, nein, sie fragt allen Ernstes: »Warum hast du die Spülmaschine nicht ausgeräumt?« Und der Pubertierende ergänzt: »Wieso, Dickie räumt doch nie die Spülmaschine aus.«

Früher war das anders. In den Anfangsjahren unserer Ehe hat meine Frau so etwas nicht gesagt, aber irgendwann, ich kann nicht genau sagen, wann und wie es passiert war, begann sie mich mit Haushaltsbeschimpfungen zu begrüßen.

1. »John, die Wäsche liegt immer noch nass in der Maschine. Warum hängt sie nicht?«

2. »John, warum hast du die Töpfe nicht gespült, bevor du sie in die Spülmaschine gestellt hast?«

3. »Warum ist der Müll noch oben? Es stinkt hier wie die Pest!«

Erst hab ich es auf die sanfte Tour versucht: »Auch dir, mein Schatz, einen wunderschönen, guten Morgen!« Dann habe ich auf Humor umgeschaltet:

1. »Ich weiß nicht. Ich hab die Wäsche drum gebeten, sich aufzuhängen, aber offenbar will sie nicht.«

2. »Wenn ich die Töpfe vorher spüle, hat die Maschine keine Arbeit mehr, und ich will mir nicht vorwerfen lassen, jemandem die Arbeit wegzunehmen.«

3. »Hat die Pest wirklich gestunken?«

Meine Ärzte empfehlen eigentlich immer das Gleiche, wenn es um Stressbewältigung geht: »Entspannen Sie sich, Herr Doyle! Besser noch: Machen Sie mal wieder Urlaub.«

Klar, mit Urlaub kennen sich Mediziner aus: »Herr Doyle, raus aus dem Alltag. Ein kleiner Tapetenwechsel hilft, um Stress zu vermeiden. Machen Sie mal Ferien vom alltäglichen Einerlei.«

Urlaub? Ferien? Mit wem? Mit meiner Familie? Wie damals in Ägypten? 14 Tage Tapetenwechsel im Land der Pyramiden. Das war vielleicht schön.

Kaum angekommen, begann der Stress: Wir schleppten unsere Koffer ins Hotelzimmer und bemerkten: Vor unserem

Zimmer ist gar nicht das im Prospekt versprochene Meer. Nicht einmal Pyramiden oder Kamele, die gemächlich gen Wüste streben. Nein, vor unserem Zimmer war eine Baustelle. Ein einsamer Arbeiter haute mit einem Riesenhammer auf einem Stück Beton rum. Keine Ahnung, warum er das tat. Es sah aus wie Frustbewältigung. Erst wollte ich runtergehen und fragen: »Darf ich auch mal? Darf ich auch wie blöd auf Beton rumhauen? Ich hab auch Frust.« Aber dann riss mich meine Frau aus meinen Gedanken.

»Eine Sauerei ist das! Die hatten versprochen: ›Zimmer mit **Meerblick**‹!«

Und mein Sohn ergänzte: »X-Box haben die hier auch nicht! Und in der Minibar ist kein Tropfen Alkohol!«

»Du darfst doch noch gar keinen Alkohol trinken!«, entgegnete der fürsorgliche Erziehungsberechtigte in mir.

»Ich will ja auch gar keinen«, erwiderte die rotzfreche Begleitperson, »ich hab an Mama gedacht, damit sie dein Schnarchen besser erträgt.«

Danke, dachte ich, wurde aber von meiner Frau aus meiner Gedankenwelt gerissen: »Im Katalog sah das alles ganz anders aus.«

Ich konterte: »Du hast auch anders ausgesehen im Katalog.«

»Mama, echt?«, fragte mein Sohn begeistert, »du warst 'ne Katalogbraut? Cool!«

Die Stimmung kippte. Freiwillig begab ich mich zur Rezeption und meckerte wegen des Zimmers. Nach 20 Jahren in Deutschland bin ich, was das Meckern und Beschweren angeht, recht gut ausgebildet: »Unser Zimmer ist eine Katastrophe ... das lass ich mir nicht bieten ... ich werde das dem Reiseveranstalter melden ... oder dem ADAC!«

Der Typ an der Rezeption hörte sich meine Litanei routiniert an. Als ich fertig war, sagte er nur: »Excuse me, Sir, I only speak English.«

Ich schrie: »Na, super! Das auch noch! Nur Deutsche im Hotel, aber der Typ spricht nur Englisch!« Aber dann fiel mir ein, dass ich diese Sprache, also Englisch, auch recht gut beherrschte: »Hey, man, listen! I'm an American, you can't do this to me. I'm an American dude. I want a new room. A room with a view. Not with a view of a Baustelle but with a view of something nice: Camels, Pyramids, Beach, Harem. Don't forget, I'm an American!«

Der Typ fragte noch mal nach: »American? JU ES EY?«

»Yeah man, USA: Live free or die!«

Ich lächelte das triumphierende Lächeln eines Amerikaners, der soeben die arabische Halbinsel christianisiert hatte, und mein Gegenüber lächelte zurück: »I'm sorry, Sir, I beg your pardon, I'm really sorry, Sir.«

Und sofort gab er mir ein neues Zimmer. Im Untergeschoss. Vermutlich der ehemalige Folterkeller einer Al-Qaida-Partnerorganisation.

»Hier kommt ja überhaupt kein Licht rein«, klagte meine Frau: »Stockduster hier!«

»Schätzchen«, antwortete ich, »für das, was in diesem Raum gemacht wurde, brauchte man kein Licht.«

»Lass deine blöden Witze, geh lieber zur Rezeption und besorg uns ein richtiges Zimmer«, stachelte meine Frau mich an, und weil es scheinbar so viel Spaß machte, mischte sich der Pubertierende auch noch mal ein.

»Na, Dickie, wie viel Bakschisch haste dem an der Rezeption gegeben für den geilen Bunker? Und überhaupt: Sahen eure Verhörräume im Ersten Golfkrieg auch so aus?«

An dieser Stelle muss ich mal eines klarstellen: Ich war

nicht im Golfkrieg. Ich war noch in gar keinem Krieg. Ja, solche Menschen gibt es, selbst in den USA. Wenn ich im Krieg bin, dann mit meinen Liebsten. Ich stehe sozusagen ungeschützt im *friendly fire*.

Das *friendly fire* hielt dann die nächsten 14 Tage über an. Erst war es das Zimmer, dann die Briten, die jeden Liegestuhl am Swimmingpool schon morgens um fünf mit ihren Handtüchern besetzten. Frotté-Handtücher, fast durchgängig mit dem Union Jack verziert. Ich versuchte, den Briten klarzumachen, dass das Liegestuhl-Okkupieren mittels Handtuch ein Vorrecht der Deutschen wäre, aber sie haben nicht verstanden, was ich von ihnen wollte: Ein Ami, der das Liegestuhl-Besetzungsrecht der Deutschen einfordert! Das geht über den Horizont eines durchschnittlich sonnenverbrannten Briten hinaus.

Friendly fire gab es aber auch wegen des Essens (»wie inner Kantine«), der Pyramiden (»viel zu heiß hier«) und wegen der täglich neuen Zimmer-Kakerlaken (»John, mach die weg!«). Am Ende des Urlaubs waren meine Bandscheiben in Hochstimmung: »Lieber John, vielen Dank für den vielen Stress. Nun sind wir richtig schön trocken, jetzt können wir endlich den Schmerz entfalten, der uns so berühmt gemacht hat. Komm, versuch mal, dich zu bücken! – Haha! Siehste: Es geht nicht.«

Also, noch mal: Wenn man »Bandscheibe hat«, sollte man tunlichst Stress vermeiden. Man muss in einen Stressvermeidungsmodus wechseln. Okay, das ist leicht gesagt, aber schwer getan. Es gibt zu viele Dinge, die Stress verursachen. Dinge, an die man gar nicht denkt. Hier meine Hitliste …

Stressfaktor Nr. 1: Die Fernbedienung!

Einige Menschen werden sich daran erinnern: Früher gab es Fernseher ohne Fernbedienung. Ja. Tatsächlich. Man musste aufstehen, um von einem Programm ins nächste zu schalten. Das war in Deutschland kein Problem, es gab ja nur zwei, später drei Programme. In den USA gab es schon in den sechziger Jahren circa 4000 TV-Programme – da wurde das Umschalten zu einer Dauer-Turnübung. Tatsächlich waren die meisten Amis damals noch schlank. Das hat sich erst mit Einführung der Fernbedienung geändert.

Heute verfügt jeder über eine Fernbedienung für die Glotze. Und die verursacht Stress. Es fängt damit an, dass ich grundsätzlich den falschen Knopf drücke, weil ich meine Brille nicht finde. Auf dem Bildschirm erscheint statt des ersten Programms die Frage: »16:9 oder 4:3?« Ich bin mir unsicher. Eigentlich wollte ich nur »Tatort« gucken. Warum gibt es keine Fernbedienungen nur mit »On/Off«-Knopf, Lautstärkeregelung und Programmwechsler? Während ich über ein Patent für Fernbedienungen für Menschen mit Sehschwäche nachdenke, informiert mich der Bildschirm: »Sie haben sich für Splitscreen entschieden.« Ich drücke noch mal. »Möchten Sie Stereo oder Mono? Oder Dolby Surround?« Nein, möchte ich nicht, beziehungsweise, ich weiß es nicht. Ich möchte einfach nur, dass Geräusche aus dem Ding kommen und dazu das passende Bild. Stattdessen lande ich in einem Untermenü. »Sie haben sich für die Option 3D entschieden.« Schön, und dann folgt eine Werbung mit Reiner Calmund für irgendeine Internetseite, über die man Flüge billiger bekommen soll. Es sieht aus, als würde Reiner gleich aus der Glotze platzen, und ich wünsche mir die Zeit zurück, als es Reiner nur in 2D gab.

Das sind die Probleme, die ich mit einer Fernbedienung habe. Ich besitze jedoch circa zwanzig Fernbedienungen für alle möglichen Elektrogeräte. Irgendetwas ist mit der Welt nicht in Ordnung, wenn schon das Einschalten des Fernsehers zur Herausforderung des Tages wird. Das geht nicht nur mir so, auch meine gleichaltrigen Freunde kennen das: »Hey, John, was machst du heute? Hast du was Besonderes vor?«

»Ich hab mir vorgenommen, den Fernseher einzuschalten.«

»Echt? Na dann, viel Erfolg!«

Einmal drückte ich den roten Knopf auf der Fernbedienung und – nichts tat sich. Ich suchte Hilfe bei meinem Sohn.

»Hey, wieso geht der Fernseher nicht an?«

»Weil du die Kaffeemaschine eingeschaltet hast, großes Vorbild.«

Dann griff er zu den richtigen Fernbedienungen, in den richtigen Kombinationen. Einmal drücken: Receiver ging an. Noch einmal drücken: Fernseher ging an. Dann WLAN an. Dann PS3. Letztes Drücken: DVD-Recorder an.

»Wieso schaltest du den DVD-Recorder an? Ich will jetzt ›Volle Kanne‹ gucken. Nicht aufgezeichnet, ich will es live gucken!«

»Geht nicht«, antwortete mein pubertierender Meister. »Ich bin jetzt mit Alex in New Jersey über WLAN zum Soccer verabredet. Ich zeichne deine Gerontologie-Sendung digital auf, damit du es später gucken kannst.«

Ich wunderte mich über seine Fremdwortkenntnisse und beugte mich seinem Willen. Angesichts der kryptischen Tastenkombinationen auf der Fernbedienung hätte ich ohnehin keine Chance gehabt, meine Sendung anzusehen. Zumal es mein Sohn, der halbwüchsige, nordkoreanische Diktator, nicht zuließ.

Stressfaktor Nr. 2: Handy-Flatrate

Es gibt viele Szenarien für einen möglichen Weltuntergang beziehungsweise für die Vernichtung der Menschheit: *global warming, nuclear war, unknown virus.* Ich bin fest davon überzeugt, dass die *mobile-flatrate* ein entscheidender Schritt auf dem Weg zum Untergang der Menschheit darstellt. Der Stress durch ständiges Telefonieren, egal wann und egal wo man sich befindet, wird die Menschen auf die Dauer so bekloppt machen, dass sie alle entweder an Herzinfarkt oder Hirnschlag sterben werden. Schon jetzt sind viele Menschen zum Beispiel nicht mehr in der Lage, einen Spaziergang zu machen, ohne gleichzeitig zu telefonieren. Das ist nur möglich, weil es Flatrates gibt. Jetzt labert man durchgehend ins Handy, weil man die Flatrate natürlich auch nutzen will. Würde man – wie früher – für jeden Anruf zahlen müssen, sähe die Welt ganz anders aus.

Neulich in der Straßenbahn rief ein Mädchen ihren Freund an: »Hi, Schatzi, ich rufe nur an, um ›hi‹ zu sagen.« Plötzlich hatte sie keine Verbindung mehr und legte auf. Nach zwei Minuten war das Netz wieder da, und sie rief wieder an: »Tschö, Schatzi. Ich wollte nur noch ›Tschö‹ sagen.«

Na, super! Für »Hi« und »Tschö« war sie dem Strahlungstod ein paar Minuten näher gekommen.

Besonders schlimm ist das Dauertelefonieren mit Headset. Früher konntest du einen Spinner noch von einem Normalo unterscheiden. Spinner führten Selbstgespräche. Sie plapperten laut vor sich hin, und du wusstest genau: »Aha, ein Spinner!« Heute sieht man andauernd irgendwelche Menschen, die laut vor sich hin plappern, dabei wild gestikulieren, und du fragst dich: »Ist das ein Idiot oder eine Flatrate?«

Stressfaktor Nr. 3: Fußgängerzonen

Auch die Fußgängerzonen haben sich verändert. Früher waren sie einfach ein schöner Ort, an dem man so dahinschlendern konnte, ohne von einem Auto überfahren zu werden. Ich liebte deutsche Fußgängerzonen. Wenn ich Besuch aus den Staaten hatte, ging ich mit meinen Gästen sofort in der Fußgängerzone spazieren. Jedes Mal wurde ich dann nach ein paar Minuten gefragt: »John, wo sind die Autos?« Es war für meine amerikanischen Gäste schier unvorstellbar, sich längere Zeit ohne Auto und zu Fuß fortzubewegen – und das auch noch, ohne zermalmt zu werden. Aber das war einmal. Inzwischen sind Fußgängerzonen nur noch stressig. Ständig werde ich von irgendwelchen seltsamen Menschen angequatscht, die mir irgendwas verkaufen wollen.

»Möchten Sie Jesus kennenlernen?«

»Möchten Sie Allah kennenlernen?«

»Möchten Sie ein Gratis-Abo für die FAZ?«

Wenn sich nicht gerade Salafisten oder Zeugen Jehovas auf dich stürzen, dann ist garantiert irgendwo ein Stand von der FDP mit jungen Menschen, die offenbar nicht wissen, was sie tun. Ich spende dann immer 50 Cent, um schnell weiterzukommen, und lande direkt beim Nächsten: »Möchten Sie eine Obdachlosen-Zeitung kaufen?«

»Tut mir leid. Ich habe kein Kleingeld mehr.«

»Macht nix! Ich nehme auch Scheine.«

Weil sowohl das Geben als auch das Ablehnen Stress verursacht, setzt du dich vor das nächstbeste Café und – zack! – drückt dir einer eine kleine Plastikblume in die Hand: »Hey, danke«, sagst du, »das ist aber nett, dass mir einfach jemand etwas schenkt«, und dann kommt der Typ nach einer Weile wieder und will Geld für sein Plastikblümchen haben. Du gibt's es zurück, und der Typ ist sauer. Er beleidigt dich, du schämst dich vor all den anderen Leuten, und die Stresshormone schießen doppelt so stark ein.

Also, mein Tipp zur Stressvermeidung: Fernbedienung wegschmeißen, Handy-Flatrate kündigen und einen großen Bogen um Fußgängerzonen machen. Ach ja, Familie sollte man auch nur in kleineren Dosen nehmen, zumindest die eigene.

Hypochondrie – Wenn die Hautärztin dreimal schneidet

Es gibt Krankheiten und eingebildete Krankheiten. Ich leide unter beidem. Ich bilde mir sogar Krankheiten ein, die es gar nicht gibt oder noch gar nicht gibt. Man darf mich also durchaus einen Hypochonder nennen. Obwohl das den Kern nicht ganz trifft, denn Hypochonder ist nicht gleich Hypochonder. Ich unterscheide da drei hypochondrische Typen:

Typ I: Der Gelegenheits-Hypochonder

Er dramatisiert eine leichte Erkrankung, macht zum Beispiel aus einem grippalen Infekt eine Grippe mit Tendenz zur asiatischen Grippe und/oder Vogelgrippe. Kopfschmerzen werden zur Migräne und »Rücken« wird zum Bandscheibenvorfall.

Typ II: Der echte Hypochonder

Er braucht keinen kränkelnden Anlass, um sich Symptome einzubilden – er hat sie einfach. Er liest zum Beispiel in der »Apotheken-Umschau« – auch so eine Art Hypochonder-Bibel – etwas über Herzinfarkt, und sofort schmerzt der linke Arm. Er greift sich an die Brust, stöhnt auf und blockiert anschließend mit Jammermiene die Notfall-Ambulanz des nächstgelegenen Krankenhauses.

Ich bin eine Mischung aus Hypochonder-Typ I + II, der übrigens in der Regel sowieso männlich ist. Am schlimmsten aber ist der Typ III:

Typ III: Der Transfer-Hypochonder

Er transferiert seine eingebildeten Krankheiten auf seine Mitmenschen. Er lebt davon, anderen Menschen Symptome unterzuschieben und so lange auf sie einzureden, bis sie tatsächlich glauben, schwer erkrankt zu sein. Trifft Hypochonder-Typ III auf Typ II oder I, kommt es zur Katastrophe, sprich, die Kacke ist am Dampfen.

Mein Kumpel Dietmar ist ein Typ III. Er kennt jede Krankheit, kann jedes noch so harmlose Symptom höllisch dramatisieren und dir damit jede Krankheit an die Backe reden. Oder an den Arm, wie neulich auf dem Balkon. Wir saßen in der sanften Frühjahrssonne, und Dietmar begann: »Hey, John, das Muttermal da an deinem rechten Arm sieht komisch aus. Du solltest es besser untersuchen lassen.« Ich schaute auf mein Muttermal beziehungsweise auf die circa zwei Dutzend dunklen Flecke auf meinem rechten Arm.

»Welches meinst du?«

»Na, das da!«, betonte Dietmar, drückte mit seinem Spinnenzeigefinger auf einen von circa 100 Flecken, die allesamt gleich aussahen, und sein Blick sagte: »Schade, John, du warst echt ein super Kumpel.«

Ich folgte seinem Zeigefinger, und mir wurde klar: Das ist mindestens Hautkrebs, wenn nicht etwas Schlimmeres. Wobei ich gerade nicht wusste, was hätte schlimmer sein können. Wenn ich nicht ohnehin schon panische Angst vor meinem eigenen Siechtum gehabt hätte, hätte ich ja auch denken können: »Na ja, ich bin Komiker. Warum sollen meine Muttermale dann nicht auch komisch aussehen?«

Aber ich bin Komiker *und* Hypochonder in Personalunion, und das Hypochondrische in mir gewinnt wie immer die Oberhand. Ich bekam einen panischen Blick, malte mir meine Zukunft aus, also die mir verbleibenden drei Monate, und fragte Kumpel Dietmar: »Meinst du echt, der ist nicht in Ordnung?« Dietmar, mein alter Freund, nickte mitleidig. So ist der Dietmar. Ein echter Freund, immer nett, immer höflich, immer mitfühlend. Und zu den Krankheiten, die er mir andichtet, hat er auch immer gleich den passenden Arzt. Egal ob Orthopäde, Urologe oder Proktologe. Er kennt jeden Arzt, oder besser: Er kennt nur »die besten Ärzte der Welt«.

Wie gesagt, eigentlich ist Dietmar selbst Hypochonder, weil er aber seine eingebildeten Krankheiten auf andere überträgt, erspart er sich eigenes Leid. Manchmal nervt es, wenn er den Doktor spielt. Ich meine nicht Doktor im Sinne von echter Untersuchung. Also Dietmar befummelt mich nicht (okay, einmal schon, aber wir waren betrunken, und ich dachte, er wäre meine Frau). Nein, ich meine Doktor im Sinne von: »Sag mir ein Symptom, und ich mache eine Krankheit daraus!«

Ein paar Wochen vor der Muttermalgeschichte: Wir saßen zusammen, und ich hatte höllische Kopfschmerzen und vergesse, dass »Hypochonder Typ III« neben mir sitzt.

»Was ist los, John?«, begann Dietmar seine Diagnosesitzung, »du guckst wie ein Häufchen Elend.« Ich wusste zwar nicht, wie ein Häufchen Elend guckt. Eigentlich wusste ich noch nicht einmal, ob ein Häufchen Elend überhaupt gucken kann, aber ich antwortete trotzdem.

»Ach nichts, ich hab nur tierische Kopfschmerzen.«

»Kopfschmerzen? John, das könnte ein Gehirntumor sein.«

»Ein Gehirntumor? Dietmar, kann es nicht etwas anderes sein? Vielleicht einfach nur Kopfschmerzen?«

»Klar, könnte es etwas anderes sein. Bestimmt ist es etwas anderes.«

Und Dietmar nahm mit einer unbeschreiblich nachdenklichen Miene einen Schluck Kaffee, setzte die Tasse ab und sagte: »Lass uns über was anderes reden.«

Danach bin ich zwei Wochen lang mit einem Gehirntumor rumgelaufen. Ich lief durch die Fußgängerzone, betrachtete die Menschen neben mir und fragte mich: »Bin ich hier der einzige fucking Mensch mit einem Gehirntumor?«

Lustlos aß ich mein Eis und dachte: »Ist das mein letztes Eis? Und überhaupt, warum bin ich der einzige eisessende Mensch mit einem Gehirntumor?«

Dann hörte ich die Nachricht, dass Lukas Podolski gestresst war, weil seine Vertragssituation nicht geklärt wäre, und ich dachte: »Stress? Was für Stress? *Ich* habe fucking Stress! Ich habe einen Gehirntumor!«

Dietmar, der meine Ängste natürlich hundertprozentig nachvollziehen konnte, empfahl mir, zu einem Radiologen zu gehen. Zum besseren Verständnis: Radiologen sind Ärzte, die immer die richtigen Porsches fahren. Wenn sie Familie haben, dann den Panamera, wenn nicht, den Turbo. In den USA sagt man, wenn man solche Autos sieht: »Der Typ ist entweder Rockstar, Drogendealer oder – Radiologe.«

Der Radiologe schob mich dann in ein Riesenrohr. Das Ding sah teuer aus. Teurer als sein Porsche. Mir war klar: Wer mich in so ein Ding schiebt, macht das nur, weil er sich sicher ist, dass ich tatsächlich einen Gehirntumor habe. Nach zwei Stunden Todesangst holte man mich wieder raus. »Herr Dolly, Sie haben nichts. Da ist nichts, aber auch gar nichts zu sehen.«

Eigentlich wollte ich sagen: »Ich heiße nicht ›Dolly‹, und übrigens ist die Röhre ein bisschen nass!«, aber ich war so glücklich, dass ich nur sagte: »Vielen Dank. Sie haben den Porsche wirklich verdient.«

Ich habe danach den Radiologen gewechselt. Einmal, weil er mich so komisch angeschaut hatte, zum anderen wegen der nassen Röhre.

Zurück zu Dietmar. Natürlich nahm ich seine Diagnose wegen der Flecken auf dem Arm ernst; für einen Hypochonder wie mich war klar: Ich litt unter Hautkrebs und musste dringend zum Hautarzt. Dietmar hatte natürlich auch eine super Empfehlung: eine Frau: »Frauen haben, gerade was das Äußere angeht, mehr Erfahrung.« Das leuchtete mir irgendwie ein, und ich rief an, zwecks Terminvereinbarung zur Letzten Ölung. Nach zweimal Klingeln meldete sich ein Frau mit osteuropäischem Akzent.

»Dermatologische Praxis Günesch, was kann ich für Sie tun?«

»Guten Tag, Doyle hier. John Doyle. Ich hätte gerne einen Termin.«

»Um was geht es, Herr Dolly?«

»*Doyle,* nicht Dolly. John Doyle.«

Ihre Stimme klang nun ungeduldiger. Mit schwer osteuropäischem Akzent, Tendenz östliches Zarenreich, sagte sie: »Tutt mirr leid, Herrrr Doll, um was gäht äs?«

Vor meinem geistigen Auge bekam die Dame ein Gesicht. Ich sah sie als junge Frau im tiefsten Kasachstan und wie ein paar Halbkriminelle auf sie einredeten: »Was willst du hier, Süße! Hier hast du keine Zukunft. Komm mit nach Deutschland, da verdienst du als Prostituierte am Tag mehr als hier in einem ganzen Monat. Nutten werden in Deutschland gut bezahlt.« Die junge Frau glaubte bestimmt den Versprechungen, reiste nach Deutschland und wurde hier mit Gewalt gezwungen, als Arzthelferin zu arbeiten.

»Ich bräuchte einen Termin zur Hautkrebs-Untersuchung«, bitte ich die Zwangsarzthelferin.

»Mhm, Vorsorge. Da habe ich erst in sechs Wochen einen Termin.«

Ich konterte: »Ich bin privat versichert.«

»Oh, Herr Dolly … ich sehe gerade … am Donnerstag ist doch noch was frei.«

An besagtem Donnerstag stand ich also in der Praxis. Eine schöne Praxis. Sehr hell, sehr freundlich. Immerhin, man bot den Todgeweihten auf den letzten Metern ein schönes Ambiente. Allerdings dachte ich nicht lange so defätistisch. Die Frau am Tresen lenkte mich ab. Sie telefonierte. Eindeutig: Sie war die Osteuropäerin, mit der ich auch schon telefoniert hatte. Die Frau war eine Granate. Als Arzthelferin völlig verschenkt. Eine Mischung aus Maria Scharapova und den KGB-Agentinnen aus James-Bond-Filmen: »James, I will f.(piep) you. And than I will kill you.« Und du schaust dir die Szene an und denkst: Ein guter Deal!

Sie legte den Hörer auf und sagte mit süßem russischen Akzent: »Sie können kurz Platz nehmen im Warteraum, Herr Dolly. Dauert nicht lang.«

Ich liebte es, wie sie meinen Namen aussprach.

Im Warteraum traf ich meine Todesangst wieder. Aber ich hatte eine Strategie. Eine sehr simple Strategie: »Denk einfach nicht an Krebs, John. Denk einfach nicht an Krebs. Denk an die KGB-Agentin. Nur an die KGB-Agentin!« Dann schnappte ich mir eine Broschüre und las: »Melanome, und wie Sie vorsorgen können.«

»Denk nur an die Russin, John, nur an die Russin.«

Ich legte die Broschüre zur Seite und nahm eine andere: »Karzinom, Anzeichen und Vorsorge.«

Denk an die Russin.

Noch eine: »Pubertätspickel« – Was soll ich tun?«

Gott sei Dank, kein Krebs. Kein Wunder, dass die Menschen im Wartezimmer lieber Artikel über Boris Becker und seine vielen Kinder oder Til Schweiger und seine vielen Kinder oder über Lothar Matthäus und seine vielen Kinder ...

Ich wurde durch die liebliche Stimme der KGB-Agentin aus meinen Gedanken gerissen: »Herr Dolly, Sie können sich jetzt im Raum vor OP 2 umziehen.«

OP 2? Umziehen? WHAT THE FUCK? Ich suchte Aufklärung, Rat, Beschwichtigung, aber keine OP! Die KGB-Agentin, natürlich psychologisch geschult, sah die Panik in meinen Augen.

»Keine Angst, Herr Dolly, die Chefin macht die Untersuchung immer im OP. Das ist so üblich bei uns.« Mir war klar, dass sie das nur sagte, um mich zu beruhigen.

»Ach so«, antwortete ich, ganz der Hypochonder. »Sind Herzinfarkte bei Ihnen auch üblich?« Sie lachte ihr Agentinnenlachen. Offenbar dachte sie, das wäre ein Witz.

Und schon war ich im Raum vor OP 2. Im Tausch für meine Klamotten bekam ich ein kurzärmliges, blaues Hemd. Fast sah ich aus wie George Clooney in *Emergency Room.* Im Spiegel sah ich dann, dass es zwischen mir und George doch einen Unterschied gab: George hatte im *Emergency Room* immer Hosen an – also meistens. Zwei Minuten später lag ich auf dem OP-Tisch. Oben George-Clooney-Hemd, unten Tchibo-Boxershorts. Die KGB-Agentin fragte mich, ob sie sich zu mir legen sollte? Ich war sofort einverstanden.

Quatsch! Sie sagte etwas anderes, etwas Ähnliches: »Herr Dolly, Frau Doktor kommt gleich.«

Ich wartete. Voller Vorfreude auf die Hautärztin, die dem Namen nach auch irgendwie aus dem osteuropäischen Raum stammen musste. In meiner Phantasie sah ich sie vor mir: Leder-Outfit, Stöckelschuhe, Peitsche: »Ich hoffe, Ihre Muttermale sind nicht böse, Herr Dolly. Ich mag keine bösen, bösen Muttermale.«

Irre! Ich schaffte es tatsächlich, meine Todesphantasien, meine Angst vor Krebs mit Erotikphantasien zu bekämpfen. Bis die Hautärztin ins Zimmer trat.

»Guten Morgen, Herr Dolly! Na, dann wollen wir mal schauen, was wir hier haben?«

Die Frage war leicht zu beantworten: Wir hatten hier einen todkranken Mann, einen Mann kurz vor der Agonie. Mit letzten erotischen Phantasien. Das aber sagte ich nicht, denn die Frau machte mir Angst. Sie war maskiert. Wahrscheinlich, damit ich sie später nicht identifizieren konnte.

Ihre schöne KGB-Arzthelferin war auch anwesend. Es war die alte »Good Cop – Bad Cop«-Geschichte, in diesem

Fall »Good Girl – Bad Girl«: Die eine sollte mich verführen, die andere, die Maskierte, war für die Exekution zuständig. »Herr Dolly, wann hatten Sie Ihre letzte Hautkrebs-Vorsorgeuntersuchung?«

Es war wie beim Zahnarzt: »Wann haben Sie das letzte Mal Zahnseide benutzt?«

»Äh, als ich das letzte Mal hier war.«

Zur Hautärztin sagte ich: »Das ist meine erste Vorsorgeuntersuchung.« Ihre Augen warfen einen ernsten Blick auf mich, dann begann sie quasi im Duett mit der KGB-Agentin die Untersuchung. Statt einer Kalaschnikoff benutzte sie eine Hightech-Lupe. Vermutlich, um mich zu verbrennen. Eine Brandleiche war schwerer zu identifizieren. Doch was die Maskierte dann sagte, hörte sich an wie Bingo:

»Stirn oben rechts, Stirn oben links, Schädel oben, Brust Mitte, rechtes Bein außen, linkes Bein innen, linker Arm, innen und außen. Die sehen nicht gut aus, Herr Dolly!«

Eigentlich sah nichts gut aus. Im Verlaufe des Bingos erwähnte sie alle gängigen Körperteile. Kein Wunder: Aufgrund meiner genetischen Veranlagung – wir alle sind große, rothaarige Iren – und nach jahrelangem Training in diversen Fastfood-Restaurants hat mein Körper einen recht imposanten Umfang entwickelt, groß genug für mehrere Dutzend Muttermale.

Ich musste an Dietmar denken und dass er nur *ein* komisches Muttermal entdeckt hatte. Die beiden Agentinnen fanden allein auf dem rechten Arm zwölf verdächtige Muttermale. Der alte Witzbold in mir fragte: »Kriege ich für zehn Stück Rabatt?«, und ich ahnte, dass die Exekutive unter ihrer Maske lachte: »Mal sehen.« Dann kratzte sie an ein paar Stellen herum. Sie nannte es »Gewebe sammeln«. Es sollte ins Labor geschickt werden, zwecks weiterer Untersuchungen. Ich nickte, als ob mir das völlig klar wäre, und bevor ich denken konnte, dass sie sich das eigentlich hätte sparen können, weil ich ohnehin demnächst den Löffel abgeben würde, schnitt sie mit einem Skalpell noch ein Stückchen Rücken heraus. Währenddessen fiel mir ein, dass sie mich ja vorher betäubt haben musste. Ich hatte nichts davon mitbekommen.

Gar nichts.

Njet.

Wahnsinnig geschickt diese KGB-Leute, selbst wenn sie seit Jahren nicht mehr aktiv sind im Spionagegeschäft. Ich habe einen höllischen Respekt vor Sean Connery: Dass er das alles heil überstanden hat …

Aus dem Krebs ist übrigens nichts geworden. Dietmar wird enttäuscht sein. Ich werde ihn demnächst ein wenig aufmuntern müssen, mir wird da schon was einfallen. So etwas wie »nächtlicher Harndrang« oder »Hüftsteifheit«. Verzeihung, ich meine natürlich: »Blasenkrebs« und »Hüftdysplasie«.

Dann kam ... das Leben mit dem Leiden

Freunde

Noch habe ich mehr Lebensjahre auf amerikanischem als auf deutschem Boden verbracht. Allerdings rückt mit fortschreitendem körperlichen Verfall die deutsch-amerikanische Parität – in Lebensjahren gemessen – immer näher. Ich werde immer deutscher, von Tag zu Tag. Es ist ein schleichender Prozess, der aber schon jetzt Wirkung zeigt: Ich hinterfrage viel mehr, bin pessimistischer, was meine Zukunft betrifft, und überlege stets zweimal, ob ich mir den zweiten Fleischklops im Brötchen auch noch antue – bevor ich ihn mir dann antue. Aber es wird die Zeit kommen, da werde ich auf ihn verzichten. Das wird der Tag sein, an dem sich meine restlichen amerikanischen Freunde endgültig von mir abwenden; ich würde ihnen ansonsten ein zu schlechtes Gewissen machen. Allein mein Blick, wenn sie nach einem üppigen Mahl wieder einmal nachbestellen, würde ihnen sagen: »Muss das sein? Reicht nicht ein Burger-Menü? Weißt du überhaupt, wie viel Treibhausgase dein Burger verursacht, bevor er zum Fleischklops wird?« Kein Wort müsste ich sagen: Mein deutscher Blick drückt es unausgesprochen aus. Damit würde ich ihnen unweigerlich den Appetit verderben – was für einen US-Amerikaner einer Todsünde gleichkommt. Nur vergleichbar mit dem Versuch, dem Ami die Schusswaffen wegzunehmen oder ihn zu zwingen, krankenversichert zu sein.

Ich kenne diesen deutschen Besorgnisblick, meine Frau guckt auch so. Auf jeden Fall immer, wenn ich esse, wie es mir in New Jersey beigebracht wurde. Als gelernte Ostdeutsche beherrscht sie (Achtung: Vorurteil!) den leicht depressiven Vorwurfsblick sogar noch ein wenig perfekter. Wenn sie mich nach dem Konsum des ersten Burgers und der Bestellung des zweiten mit ihrem BUND-FÜR-NATURSCHUTZ-BLICK anschaut, sage ich: »Schatz, ich will nur sichergehen, dass die Kuh wirklich tot ist und keine Treibhausgase mehr in die Luft pupst.«

Momentan darf ich das noch, also mehr essen als der Körper braucht. Noch bin ich ja ein Ami und damit irgendwie eingeschränkt zurechnungsfähig. Aber, wie gesagt, die amerikanische Seite verliert von Jahr zu Jahr an Einfluss, immer mehr bestimmt die deutsche Seite mein Leben. Und das ist gut so, denn es beschert mir einen Haufen neuer Freunde. Und dieser Erkenntnisgewinn begann in meinem Lieblingskaffeeladen. Ich saß vor einem XXL-Latte macchiato mit Vanille-Aroma und starrte auf ein leeres Blatt Papier. Eigentlich wollte ich einen witzigen Text schreiben, aber mein Nacken wollte nicht. Mein Nacken ist nicht lustig. Ihm reicht es, wenn er mich quälen kann. Und das kann mein Nacken gut.

Als ich dann anfing, meinen Nacken zu massieren, um ihn irgendwie zu besänftigen, und dabei ein seltsames Geräusch aus mir rausrutschte, ein Geräusch, das irgendwo zwischen orgastischem Höhepunkt und »Leck mich an 'ne Füße, tut das weh!« angesiedelt war, sprach mich mein Tischnachbar an: »Na, tut ganz schön weh, der Nacken, was?«

»Höllisch weh. Ich könnte schreien vor Schmerzen!«

»Kenn ich«, erwiderte mein Gegenüber mit Leidensmiene, »jeden Morgen der gleiche Mist. Krieg den Kopf gar nicht mehr gerade, so weh tut das!«

Und danach unterhielten wir uns eine halbe Stunde über die unterschiedlichsten Schmerzvarianten, die unsere gepeinigten Körper durchströmen. Es war wundervoll. Noch nie hatte mich jemand einfach so angesprochen, außer vielleicht, um zu fragen: »Hab Sie gestern beim Raab gesehen. Was kriegt man eigentlich für so 'nen Auftritt? Lohnt sich das überhaupt?« Aber ein Mensch, der mich einfach so ansprach? Mich, den Fremden, den Ami? Nein, das passiert mir erst, seitdem ich leide.

»Ich hab Rückenschmerzen!«

»Und mir tut die Hüfte wahnsinnig weh!«

»Okay, lassen Sie uns Beckenbodenübungen machen!«

So bin ich wirklich in Deutschland angekommen. Endlich. Meine Schmerzen, meine Leiden machen mich zum Gleichen unter Gleichen. Kein Wunder, lebe ich doch in einem Land, das freiwillig von einer Frau regiert wird, deren Mundfalten ein Symbol für schlechte Laune sind.

Früher, als ich jung war und schmerzfrei, dachte ich oft: So richtig freundlich sind die Deutschen nicht. Keiner redet mit mir. Ich sitze allein im Café und werde von niemandem angesprochen. Stundenlang. Nicht einmal der Kellner spricht mich an. Aber jetzt weiß ich: Das hat nichts mit Unfreundlichkeit zu tun. Nein, die Deutschen sind freundlich, ich hatte nur einfach nicht genug Schmerzen. Mein Gesicht war rund und rosig, keine Spur von Leidensmiene. Warum also soll mich jemand ansprechen, wenn ich mit leicht debilem und selbstzufriedenem Grinsen irgendwo rumlungere? Ja, so war ich: Debil, glücklich und – einsam. Jetzt ist alles anders: Ich bin kritisch, ich hinterfrage meinen Fleischklops, leide unter allen möglichen Arten von Schmerzen und habe Freunde. Und nicht alle sind Ärzte oder Physiotherapeuten.

Einer meiner neuen deutschen Freunde heißt Peter, ist 55, Werksfahrer und Meister in Schulterschmerzen. Kaum treffen wir uns, schon geht's los.

»Na, Peter, wie geht's dir?

»Beschissen! Und dir?«

»Auch beschissen. Der Nacken. Na ja, der Rücken sowieso.«

»Hast du's schon mal mit Akupunktur versucht?«

»Geht nicht. Nadelphobie.«

»Kenn ich. Hab 'ne Katheterphobie. Apropos Katheter: Brauchst du zufällig einen guten Urologen?«

»Wieso, laufe ich aus?«

»Nein, nur weil ich gerade bei einem war. Wegen dem Aufstehen, nachts. Guter Mann. Kann ich nur empfehlen.«

»Danke. Nehm ich. Hast du 'ne Telefonnummer?«

Er gibt sie mir, und ich schaffe mir die passende Krankheit an.

Solche Gespräche führe ich inzwischen täglich. Ich treffe einen völlig Fremden, und innerhalb von zehn Minuten tauschen wir Telefonnummern aus: Er kriegt die von meinem Proktologen und ich die von seinem Hals-Nasen-Ohrenarzt. Natürlich suche ich den empfohlenen Arzt dann auch sofort auf. Das ist Ehrensache. Zudem bringt so ein Arztbesuch auch immer neuen Gesprächsstoff für das nächste Treffen. Das klappt sogar mit wildfremden Frauen. Okay, die empfohlenen Gynäkologen suche ich dann eher selten auf.

Wegen meinem Rücken. Ich komm so schlecht aus dem Stuhl raus.

Keine Frage: Bandscheibenprobleme sind nichts Schönes. In der Regel sind diese Probleme nämlich mit Schmerzen, mit aufwendigen Behandlungen und mit Bewegungseinschränkungen verbunden. Aber gerade Letzteres, die zeitweilige Bewegungsunfähigkeit, hat auch positive Seiten. Zum Beispiel muss ich den Müll nicht mehr runtertragen. Wegen des Gewichts und so. Diese Aufgabe übernimmt seit längerem der junge Mann, der seit 17 Jahren ein Zimmer unserer Wohnung belegt. Er macht das gerne. Ich muss nur sagen: »Lieber Sohn, würdest du mal eben den Müll runtertragen? Du weißt ja, meine Bandscheibe ...«, und schon läuft er los. Wenn er mal nicht sofort losläuft, brauche ich nur zu sagen: »Lieber Sohn, würdest du mal eben den Müll runtertragen? Du weißt ja, dein Taschengeld ...«, und spätestens dann macht er sich auf die Socken.

Früher konnte ich ihm mit diesem Argument nicht kommen. Mit »früher« meine ich die Zeit, als er noch kein Taschengeld bekommen hat. Anlässlich einer solchen Gelegenheit habe ich mir dann notiert: »Drohkulisse aufbauen, Taschengeld einführen!« Danach war das mit dem Müll nur noch selten ein Problem. Eigentlich war es nur noch ein Problem, wenn er das Taschengeld bereits bekommen hatte.

»Quentin, trägst du den Müll runter?«

»Kann nicht, bin beschäftigt.«

»Ach was, und womit ist der Pubertierende beschäftigt? Gedichte schreiben, Hausaufgaben machen, Bushido hören?«

»Ich chille.«

»Oh, du chillst! Mensch, hätte ich das gewusst, hätte ich dich überhaupt nicht gefragt. MÜLL RUNTERTRAGEN, UND ZWAR SOFORT! Denk an *dein* Taschengeld!«

»Brauch ich nicht dran zu denken, das hab ich gestern schon gekriegt. Frag mich wegen dem Müll nächsten Monat wieder.«

Nach diesem Gespräch habe ich mir wieder eine Notiz gemacht: »Taschengeld in kleineren Raten auszahlen. Womöglich täglich.«

Manche halten meine Erziehungsmethoden für zu hart. Sie meinen, ich sollte meinen Sohn wie einen Menschen behandeln und »bitte« sagen. Das hab ich tatsächlich einmal gemacht. Ich habe »bitte« gesagt, und er guckte mich an und sagte: »Ey, Dicker, biste schwul oder was?« Für meinen Versuch, höflich zu sein, wurde meine sexuelle Orientierung in Frage gestellt! Das geht nun aber gar nicht. Ich bin ein dicker Hetero-Ami, und darauf bestehe ich!

Apropos Hetero, Apropos Sex: Es gibt noch einen weiteren Vorteil bei meinen Bandscheibenproblemen. Seit mein Rücken mir einiges im Leben versaut, darf ich beim Sex unten bleiben. Ich muss nicht mehr in ungünstiger »Obenlage« aktiv werden, was zum einen tierisch anstrengend, zum anderen schlecht für meine Bandscheibe ist. Am Anfang glaubte meine Frau, mich bestrafen zu müssen: »Solange du nicht abnimmst, darfst du nicht mehr oben liegen. Ab sofort bleibst du unten.« Ich dachte: »O nein, was für eine Strafe! Wie werde ich das ertragen?«, habe mich aber meinem Schicksal gebeugt und mich nach unten begeben, beziehungsweise mich einfach hingelegt. Was soll ich sagen: Scheiße, da unten ist es viel besser. Bessere Luft, bessere Sicht und absolut schmerzfreies Agieren. Es ist nicht nur viel weniger anstrengend, es ist sogar gut für den Rücken, und wenn man Langeweile hat, ist immer was zum Spielen da. Ich muss da einfach nur rumliegen und spüre mein Gewicht nicht mehr. Die ideale Position für einen Amerikaner. Ich weiß nicht, ob es dafür schon einen Namen gibt, aber ich nenne es die »Amerikanische Stellung«. Nicht schlecht wäre auch »Mc Sex« oder »Burger Boob«. Nicht nur ich, auch meine Frau ist glücklich. Schließlich muss sie nicht mehr befürchten, von einem beleibten Amerikaner zerquetscht zu werden.

Das positivste Erlebnis mit meiner angeschlagenen Bandscheibe hatte ich allerdings während eines Familienausflugs. Meine Frau und ich waren auf der A4 unterwegs, irgendwo zwischen Chemnitz und Zwickau. Plötzlich machte es »Peng!« – und der vordere, rechte Reifen war platt. Ich steuerte den Wagen auf den Standstreifen, während meine Frau mich böse anschaute. Sie wollte mir irgendeinen Vorwurf machen, ihr fiel nur kein guter ein. So etwas wie: »Hättest du die Reifen vorher überprüft, wäre das nicht passiert!«, war zu blöd, als dass es ihr weibliches Vorwurfsbedürfnis hätte befriedigen können. Also stiegen wir aus dem Auto und schauten uns staunend den platten Reifen an. Anfangs zeigte ich mich noch engagiert, legte selbst Hand an, aber schon beim Rausheben des Reservereifens aus dem Kofferraum machte meine Bandscheibe nicht mehr mit.

»Marita, es geht nicht. Ich krieg den Reifen nicht raus, kannst du mal?« Mangels Alternative, zum Beispiel in Form eines gelben oder irgendeines anderen Engels, tat meine Frau es. Weil ich mich nicht einmal mehr bücken konnte, überließ ich auch alle weiteren Arbeitsschritte meiner Frau, nicht ohne ihr fachmännische Anleitung zu geben: »Jetzt musst du den Wagenheber ansetzen … ja, richtig drunterschieben … nein, nicht ganz hoch, erst die Schrauben lockern. Nein, nicht die Schrauben vom Wagenheber, die Radmuttern.

Wenn es so nicht geht, musst du das Rohr als Verlängerung über das Radkreuz schieben, das erhöht die Hebelwirkung.«

Meine Frau befolgte meine Anweisungen, ihre garantiert giftigen Blicke bekam ich nicht mehr richtig mit. Weil es so heiß war, setzte ich mich ins Auto, und zur Schonung meines lädierten Rückens drehte ich den Sitz auf Liegeposition.

»John, ich hab alle Schrauben losgedreht. Was jetzt?«

»Jetzt musst du den Wagen richtig hochbocken und dann den Reifen abnehmen.«

»John, der ist total dreckig!«

»Das haben Reifen so an sich. Sie rollen ja auf der Straße, und die werden selten gewaschen.«

Ich sah ihren hasserfüllten Blick vor meinem inneren Auge und streckte mich noch einmal richtig aus. Strecken und Dehnen tut der Bandscheibe besonders gut.

»John, ich krieg das Reserverad nicht drauf. Ich treffe die Löcher für die Schrauben nicht. Die passen nicht.«

»Die passen. Definitiv. Du musst es nur einfach immer wieder probieren, irgendwann klappt es schon«, und ich wusste, dass ich damit nicht nur eine Panne behoben, sondern endlich auch das Vorwurfsbedürfnis meiner Frau befriedigt hatte. Prompt wurde ich bestätigt.

»John, eines sag ich dir: Das war das letzte Mal, dass ich so was für dich mache! Ab sofort nimmst du ab und treibst Sport. Ich habe keine Lust mehr, deine Faulheit und Fresserei auszubaden.«

Meine Frau hat vollkommen recht.

Auf der anderen Seite: Das Auto rollt wieder.

Nebenbefunde

Wenn man so liest, was ich von mir gebe, könnte man den Eindruck bekommen, dass ich gerne zum Arzt gehe, beziehungsweise zu diversen Ärzten, und dass mein Leben aus einigen weniger wichtigen und drei sehr wichtigen Dingen besteht:

1. Im Café rumhängen
2. Essen und
3. zum Arzt gehen.

Das stimmt nicht ganz. Ich streite mich auch gern mit meinem Sohn und trinke gerne Kölsch in Gesellschaft. Aber das mit dem Arzt oder von mir aus auch das mit den Ärzten stimmt schon. Je älter ich werde, desto mehr werde ich Patient. Schade, dass das nicht bezahlt wird: Ich wäre reich, glücklich und gesund. Okay, gesund nicht, dafür sind Ärzte ja nun wirklich nicht zuständig. Die sind eher fürs Panikmachen da.

Ein probates Mittel, um Patienten in Panik zu versetzen, sind die sogenannten »Nebenbefunde«: Der Arzt behandelt ein bestimmtes Leiden und findet während der Behandlung »zufällig« ein anderes, mögliches Leiden. »Möglich«, weil der Arzt von diesem Leiden keine Ahnung hat und deshalb nur einen Verdacht äußert.

»Herr Doyle, ich kann es nicht ganz genau sagen ... ich will mich da jetzt nicht festlegen, aber ich glaube, Sie sind tot.«

»Ach was? Sind Sie sich da sicher, Herr Doktor?«

»Na ja, wissen Sie, Herr Doyle, das ist nicht gerade mein Fachgebiet, aber so ohne Puls, so ganz ohne Herzschlag und dann diese Würmer ... da ergibt sich schon ein kleiner Verdacht. Ich gebe Ihnen mal besser eine Überweisung an den Bestatter mit. Alles Gute, Herr Doyle!«

Das mit den »Nebenbefunden« ist übrigens keine Erfindung unserer ansonsten so erfindungsreichen Mediziner. Urheberrecht am »Nebenbefund« hat die Gilde der KFZ-Mechaniker: Man lässt zwei neue Reifen aufziehen, will das Auto wieder abholen, und der freundliche Herr mit dem ölverschmierten Kittel und dem feisten Grinsen im Gesicht präsentiert den Nebenbefund.

»Die Reifen sind drauf, Herr Dolly, aber ich hab da 'ne schlechte Nachricht: Die Radaufhängung war leider ausgeschlagen. Ich hab versucht, Sie zu erreichen, hab aber nur Ihre Frau am Telefon gehabt, und die hat gesagt: ›Was gemacht werden muss, muss gemacht werden‹, und dann haben wir es gemacht. Das Ganze kostet dann leider ein paar Euros mehr. Statt 180 sind es jetzt 980 Euro.«

Ja, ich liebe meine Frau, und ich liebe Nebenbefunde. Ich weiß bloß nicht, wer schlimmer ist: Mechaniker oder Mediziner?

Die Unterschiede zwischen kfz-mechanischen und medizinischen Nebenbefunden sind gering, mit leichten Vorteilen aufseiten der Mediziner. Vorausgesetzt, man ist versichert, muss man beim Arzt wenigstens nicht zahlen, höchstens sterben. Nicht etwa, weil der Nebenbefund stimmt. Das ist höchst selten der Fall. Es ist vielmehr die herzinfarktfördernde Panik, die der Nebenbefund auslöst, denn eines ist immer gleich, ob in der Werkstatt oder in der Praxis: Der Nebenbefund ist immer schlimmer als das Leiden, wegen dem man den Arzt aufgesucht hat.

Meine persönliche Nebenbefund-Liga führte lange Zeit meine Hautärztin an, die ehemalige KGB-Agentin. Inzwischen wurde sie von meinem Lieblingsorthopäden Vladimir abgelöst. In dieser speziellen Ärzte-Liga geht es zu wie im Fußball: Wenn die Bayern von einer anderen Mannschaft bedrängt werden, investieren sie wie blöd in neue, teure Fußballer und – zack – sind sie wieder oben. Das klappt fast immer. Und so ist es auch bei meinem Vladimir-Orthopäden: Bis dato konnte er mir nur mit kleineren Nebenbefunden kommen wie Sehnen- oder Nervenentzündung, Durchblutungsstörung et cetera – Kinkerlitzchen halt. Aber nun hatte Vladimir investiert: Mehr als eine Million Euro in ein neues Diagnosegerät. Vladimir war von diesem Moment an Bayern München und meine Hautärztin nur noch Zweite Liga mit ihrer lächerlichen Hightech-Lupe.

Es fing an wie immer: Mit meinen chronischen Nackenschmerzen und meinem Bedürfnis, mit Vladimir darüber zu sprechen. Sonst hatte ich niemanden, dem ich vorjammern konnte; meine Frau verweigerte sich seit einiger Zeit immer öfter. Sobald ich sagte: »Marita, mein Nacken tut wieder so schrecklich weh!«, legte sie mir wortlos die Liste meiner Orthopäden vor. Ganz oben steht Vladimir. Also gut, dann eben Vladimir.

Nachdem ich als Privatpatient wie immer statt im Wartezimmer eine Stunde im Behandlungszimmer gewartet hatte, trat Vladimir ein. Irgendetwas war anders. Er wirkte größer als sonst, nicht physisch größer, es war mehr seine selbstsichere Art, die mich beeindruckte.

»Hallo, John, was kann ich für dich tun?«

»Vladimir, ich mach nun seit Jahren alles: Massage, Physiotherapie, Yoga, Muskeltraining, Sport, und nichts ändert sich, mein Nacken tut nach wie vor sauweh!«

Er überlegte ein paar Sekunden, untermalte sein Nachdenken mit einigen intellektuell klingenden »Mhms«, tatschte mir ein wenig am Nacken herum und sagte: »John, ganz ehrlich, ich hab keine Ahnung. Aber … ich hab ein neues Röntgengerät. Neueste Tomographie-Technik aus den USA.« Nach »USA« machte Vladimir eine kleine Pause. »USA« sollte mich beeindrucken. Tat es aber nicht. Wer im US-Gesundheitssystem eine Computertomographie machen lassen will, muss entweder stinkreich sein oder das Gerät klauen. Da ich nie reich und zum Klauen zu feige war, habe ich in New Jersey nie eine CT machen lassen. Allerdings brauchte ich das bisher auch nie. Ich hatte damals keine Probleme. Nur rote Haare.

»Pass auf, John«, fuhr Vladimir fort, »wir ziehen dich jetzt mal durch das neue Ding, vielleicht finden wir doch etwas, was bisher übersehen wurde.«

Das hörte sich gut an, für mich, den absoluten Technik-Freak. (Als das neue iPhone rauskam, stand ich stundenlang in der Verkaufsschlange. Gekauft hab ich's dann nicht, weil ich mich aus Versehen in einer Schlange für das neue Buch der »Super-Nanny« angestellt hatte, das Katharina Saalfrank höchstpersönlich signierte. Meines hat sie dann auch signiert, beziehungsweise das Buch für meinen Sohn: »Lieber Quentin, los, auf die stille Treppe! Deine Katharina Saalfrank.« Bislang hat es der Pubertierende nicht gelesen. Ich werde ihm den Kaufpreis wohl vom Taschengeld abziehen müssen.)

Auf jeden Fall stimmte ich der Röntgenaufnahme mit der neuen Computertomographie-Apparatur begeistert zu: »Warum nicht? Ab zum Fotoshooting!«

Im CT zeigte ich mal wieder, dass ich ein absolutes Naturtalent war, wenn es um Fotos geht. Wie bei »Germany's Next Topmodel by Heidi Klum«. Swetlana, die rassige Arzthelferin, sprach sogar Englisch mit mir, damit es authentischer wirkte: »Fantastic, Baby, fantastic! Look at the camera. Look at the camera. Very sexy. Okay, flirt with the camera, yeah, flirt with the camera!«

Nein, Quatsch, Swetlana sagte das alles natürlich nicht. Vermutlich hieß sie nicht einmal Swetlana, wahrscheinlicher Renate oder Dorothee. Und sie stand auch nicht vor mir, sondern in einem anderen Raum und sprach über Lautsprecher mit mir: »Bitte nicht bewegen, Herr Dolly.« Ich bewegte mich nicht, und dann wurden die Aufnahmen gemacht. Schicht für Schicht.

Die volle Strahlendröhnung für meinen Nacken.

Fukushima in Schichten.

Ein paar Minuten später saß ich wieder mit Vladimir im Behandlungszimmer. Vladimir schaute sich die Bilder auf seinem extragroßen Flatscreen an und wirkte nachdenklich. Er klickte sich immer weiter durch meine Schichten, sein Gesicht spiegelte echte Besorgnis, aber auch Stolz wider. Stolz, weil er so ein tolles, neues Röntgengerät hatte, Besorgnis, weil er etwas sah, was er nicht sehen wollte.

Den NEBENBEFUND nämlich.

»John, ich mag nicht, was ich da sehe.«

»Kein Problem, Vladimir« – ich ganz der lockere John –, »ich mag auch keine Bilder von mir angucken.« Vladimir lachte nicht. Er verzog nicht einmal die Mundwinkel.

»Hier, John, links und rechts im Halsbereich sind zwei weiße, eiförmige Gebilde zu sehen. Das sind die Lymphdrüsen. Und die sind viel größer, als sie sein sollten.«

»Ist das ein Problem?«, fragte ich grinsend, »mein Bauch ist auch größer, als er sein sollte. Meine Frau kann nicht gut damit leben. Ich schon.« Mein Humor kam nicht gut an.

»John, das ist kein Witz. Es besteht der Verdacht auf Lymphdrüsenkrebs!«

Das hört man nicht so gern. Und während ich noch nach irgendeiner passenden Reaktion suchte, haute er den Nächsten raus.

»Und hier, die Halsschlagadern. Ganz klar: Verdacht auf Verkalkung.«

Nichts fiel mir mehr ein, nicht einmal irgendein Gag mit »Calgon« oder »Antikalk«. Der Meister aller Hypochonder – und das bin ich, keine Frage – war sprachlos. Wie durch einen Nebelschleier hörte ich noch: »Halsschlagader … verkalkt … Durchblutung gefährdet … Hirnschlag.«

Nächster Termin auf dem Weg zum Friedhof: Ich war zu Gast bei einer Onkologin, die Vladimirs Verdacht auf Lymphdrüsenkrebs bestätigen sollte. Immerhin, meine Nackenschmerzen waren weg. Ich meine, was soll man auch mit Nackenschmerzen, wenn die Lymphe metastasieren? Jetzt spielen die großen Kinder, jetzt ist Krebs und Hirnschlag angesagt, da müssen sich die kleinen Wehwehchen, die Nackenschmerzen und Bandscheibenbeschwerden mal ganz brav hinten anstellen.

Ich saß also im Wartebereich der Onkologin. Ein geschmackvoll eingerichteter Raum mit unendlich vielen bunten Broschüren: »LUNGENKREBS!« »GALLENKREBS!« »HAUTKREBS!« »HODENKREBS!« »LEBERKREBS!« »MAGENKREBS!« »NIERENKREBS!«

Nie wollte ich beim Arzt die »Bunte« lesen. Nie wollte ich wissen, wie der spanische König Elefanten und wie Boris Becker Raumpflegerinnen jagt. Mich interessierte auch noch nie, wie glücklich Prinz William mit seiner Kate ist, ob sie oben ohne spazieren ging oder Prinz Harry in Afghanistan

Nackt-Partys feierte. Okay, der Arsch von Pippa, darüber ließe sich reden, aber sonst?

Nein, keine »Bunte« oder verwandte Blätter. Aber angesichts dieser Flut von Krebsbroschüren hätte ich mich mit jeder dahergelaufenen Oma um die »Bunte« geprügelt. Ich hätte ihr das Blatt mit Gewalt aus der Hand gerissen und geschrien: »Gib es mir, du Hexe! Lies was über Krebs und lass mir Kate!«

Wie kann man nur ein Wartezimmer für Menschen, die möglicherweise an Krebs leiden, mit Broschüren tapezieren, die in allerdicksten Lettern diese ultrafiese Krankheit auch noch anpreisen? Was dachte sich die Onkologin dabei: »Hm ja, meine Patienten werden vielleicht eine Stunde hier im Wartezimmer sitzen müssen. Ich biete ihnen hiermit die Möglichkeit, ihr Wissen zum Thema Magenkrebs zu vertiefen. Oder vielleicht Gallenkrebs. Oder beides. Man kann gar nicht genug über Krebs wissen!«

Dieses Wartezimmer war ein Paradies für Hypochonder. Dort bekam man nicht nur Geschmack auf *eine* Krebserkrankung. Dort bekam man Geschmack auf alle. »Final Destination« auf Rezept. Zum Glück hingen auch noch ein paar Fotos an den Wänden. Fotos von Menschen, die durch irgendwelche Berge wanderten. Berge, in denen es Lamas gab und kleine, hutzelige Männchen in bunten Klamotten. Hin und wieder standen neben den kleinen Bunten, große Khakifarbene: Europäer in »Outdoor«-Kleidung. Vermutlich die Onkologin mit ihrem Mann. Oder mit ihrer Freundin. Oder Großmutter. Die Gesichter waren so dermaßen von der Sonne gegerbt, dass eine Unterscheidung schwerfiel. Sie sahen alle irgendwie aus wie eine Mischung aus Dieter Bohlen und Thomas Gottschalk. Und während ich so auf die ärztliche Idylle in den Anden schaute, schoss mir ein Gedanke durch mein Hirn (das bald einen Schlag erleiden würde): Scheiße, die Leute auf den Bildern haben keinen Krebs. Die Onkologin nicht. Der ohne Zähne mit dem Lama tanzt, hat auch keinen Krebs. Der andere, der irgendwas den Berg hochträgt und ständig lächelt, hat keinen Krebs. Sein Rücken ist vermutlich im Arsch, aber Krebs hat er nicht!«

Dann war ich dran.

Um es kurz zu machen: Es war kein Lymphdrüsenkrebs, und meine Halsschlagader war auch völlig in Ordnung. Mit dem Üblichen: »Nehmen Sie ab, Herr Dolly, und ernähren Sie sich gesünder« hatten sich die Nebenbefunde erledigt.

Dafür waren die Nackenschmerzen wieder da. Mal schauen, ob Vladimir noch mal investiert hat. Sonst ist er die Tabellenführung los.

Packungsbeilagen

Ganz früher wollte ich mal Archäologe werden. Angefangen hat es im Sandkasten: Ich war ein Meister im Ausgraben längst vergessener Förmchen. Ich hab so lange gebuddelt, bis ich Förmchen aus der Zeit der ersten weißen Siedler in New Jersey gefunden hatte. Damals hatten die Kinder noch keine Fische, Blümchen oder Schmetterlinge aus Sand geformt, nein, den Sprösslingen der Siedler wurde schon im Sandkasten beigebracht, was das liebste Spielzeug für einen echten Amerikaner war (und ist): Revolver- und Kruzifix-Förmchen aus Holz oder Metall.

Später hatte ich dann entdeckt, wie spannend es war, unleserliche, alte Schriftstücke zu entziffern. Egal, ob es sich dabei um die Tagebücher meiner Schwester und ihrer Freundinnen, die handschriftlichen Notizen der Lehrer zu den bevorstehenden Klassenarbeiten oder die Liebesbriefe meiner Brüder handelte: Ich habe alles gelesen und auch verstanden und hin und wieder auch Kapital daraus schlagen können: »Okay, ich mähe den Rasen, aber wie erklärst du Mom die Sache mit den Kondomen?«

Danach entzifferte ich alles, was mir an alten Schriften vor die Augen kam: Die Zeugnisse meiner Eltern, die ganz anders aussahen, als sie uns Kindern immer erzählt hatten. Liebesbriefe meiner Großeltern und sogar die Korrespondenz meines Urgroßvaters, die der immigrierte Ire auf Gälisch verfasst hatte. Ich las und verstand alles.

Heute ist das anders. Heute verstehe ich nichts mehr, zumindest nicht, was auf den Packungsbeilagen meiner Medikamente steht. Okay, die Schrift an sich, das Lateinische eben, ist mir geläufig. Selbst die deutsche Sprache ist kein unüberwindbares Problem mehr für mich. Nein, es ist vielmehr die Schriftgröße, die mich scheitern lässt. Und natürlich die Drohkulisse, die jede gute Packungsbeilage aufbaut.

Beginnen wir mit der Schrift.

Sie ist grundsätzlich klein gehalten. Sehr klein. Man muss schon über Supermans Sehstärke verfügen, um Packungsbeilagen überhaupt erst einmal entziffern zu können – und dann hat man noch nichts verstanden. Mein Pubertierender zum Beispiel hat Augen wie Superman. Wenn er müsste, könnte er eine Packungsbeilage aus zwei Kilometern Entfernung lesen. Aber er muss nicht. Warum sollte er auch? Er hat weder schwere Beine noch Rücken-, Nacken- oder Knieschmerzen. Er hat, wenn überhaupt, nur pubertierenden Weltschmerz, der sich mit einem Außer-der-Reihe-Taschengeld hervorragend behandeln lässt.

Ich, ich muss das Zeug aber lesen können. Obwohl ich – siehe oben – Meister im Entziffern ungewöhnlicher und auch unleserlicher Schriften bin, an den Packungsbeilagen scheitere ich immer wieder. Wenn ich im TV-Werbeblock meiner Lieblingssendung (eine, in der ältere Herren osteuropäische Frauen kaufen) schon höre: »Lesen Sie die Packungsbeilage …«, denke ich: »Nö, mach ich nicht. Kann ich nämlich nicht.« Und das macht mich depressiv.

Depressiv macht mich nicht nur die Pygmäenschrift, es ist auch die Informationsflut, die mir regelmäßig eine Paranoia beschert. Als habe man Tolstois »Krieg und Frieden« auf ein DIN-A4-Blatt gepresst und dieses dann anschließend 20000-mal gefaltet. Haben Sie schon mal versucht, eine Packungsbeilage wieder zusammenzufalten? Exakt so, wie Sie das Papier aus der Packung gezogen haben? Es geht nicht. Sie müssten das Stück Papier erst falten und dann mit einem Dampfbügeleisen eine halbe Stunde lang pressen, um nur annähernd die ursprüngliche Faltung wieder hinzubekommen.

Doch die Faltung ist noch immer nicht alles. Noch schlimmer ist die Fülle an Informationen: »Wie wirkt dieses Medikament?« »Wie wird es angewendet?« »Was müssen Sie vor der Einnahme beachten?« »Welche Nebenwirkungen gibt es?« »Wie muss das Medikament aufbewahrt werden?« (*… falls sie es aus lauter Frust nicht komplett aufgefressen haben.)*

Und während ich immer wieder aufs Neue versuche, das Machwerk zu entziffern, denke ich: Scheiße! Ich brauche eine neue Lesebrille. Gibt es auch eine mit 25 Dioptrien? Wenn ich die Schrift dann schließlich mit Unterstützung mehrerer Lupen entziffert habe und über die Nebenwirkungen lese, fällt mir ein, dass der Apotheker gesagt hat, dass das ein ganz harmloses Medikament sei, ein homöopathisches Mittel. Warum lese ich dann Begriffe wie »Hirnblutung«, »Herzstillstand« und »frühzeitiger Tod«? Was bitte ist daran harmlos?

Es steht da ganz, ganz klein, aber schwarz auf weiß: »In sehr seltenen Fällen kann die Einnahme dieses Medikaments zu Hirnblutungen führen.« Außerdem zu »Atemwegsbeschwerden«, »Herzstillstand«, »Hautausschlag«, »Schlaflosigkeit« und »Depression«. Der Hypochonder in mir fragt sich: Was bedeutet »in sehr seltenen Fällen«? Jeder zweiter? Jeder zehnter? Einmal unter 10 000 000?

Ich finde, das ist eine berechtigte Frage. Ich meine, wir spielen doch auch jede Woche Lotto, und da sind die Chancen, sechs Richtige zu bekommen, auch sehr, sehr gering. Eins zu 14 Millionen. Aber jede Woche gewinnt doch einer. Oder mehrere. Hätten die mein Medikament geschluckt, wären sie jetzt wahrscheinlich tot. Schließlich finde ich in der Packungsbeilage die passende Textstelle zu meiner Panik: »In sehr seltenen Fällen«, heißt nichts anderes als »bei einer bis zehn Behandlungen auf 10 000 Fälle«.

Aha. Beim Lotto würde ich mich über diese Gewinnchancen freuen. Bei einem Medikament bin ich mir da nicht so sicher. Will ich dieses Risiko überhaupt eingehen, oder lebe ich lieber mit einem steifen Nacken?

In den USA wird das anders gehandhabt. Zwar gibt es auch da Packungsbeilagen, aber die liest keiner. Warum? Weil schon in der Werbung alle möglichen Horrorszenarien angesprochen werden. Da heißt es nicht: »Lesen Sie die Packungsbeilage und fragen Sie Ihren Arzt oder Apotheker!« Nein, in den USA hört sich das anders an. Zuerst wird beschrieben, wie toll das Medikament wirkt: »Es beseitigt nicht nur Ihre Rückenschmerzen! Es macht Sie auch schöner, schlanker und lebenslustiger!« Dann aber erklärt eine überaus sympathische Dame, dass das Medikament unter Umständen, aber ganz, ganz, ganz selten, »zu Erblindung führen und Hirntumore entstehen lassen oder zu fußballgroßen

Ekzemen im Gesicht führen kann.« Aber wirklich nur *ganz, ganz, puppi-pappi-selten.* Da braucht man die Beilage nicht mehr mühsam entziffern. Man weiß es ja schon und – hat es bei der Einnahme längst wieder vergessen.

Ich habe mittlerweile einen Entschluss gefasst: Demnächst erspare ich mir die ganze mühsame Leserei und werde einfach den Apotheker fragen. Soll ich ja tun, sagen die doch immer im Fernsehen. Ich werde ihn fragen, den Apotheker, immer und immer wieder. Bis irgendjemand die Packungsbeilagen verständlich formuliert, und das auch noch in *Arial 12.*

Notaufnahme (amerikanisch)

Für uns Deutsche – ich zähle mich ja inzwischen auch dazu – ist es völlig normal, montags zum Arzt zu gehen. Weil man krank ist oder einsam oder weil es eben Montag ist. Drei Millionen Deutsche gehen täglich zum Arzt und montags sogar sechs Millionen. Die restlichen Tage verbringen sie auf Gesundheits- beziehungsweise Krankheitsportalen im Internet. Ich weiß das, weil ich es auch so mache, und deshalb weiß ich auch, dass meine Metamorphose vom dicken Ami zum dicken Deutschen so gut wie abgeschlossen ist. So betrachtet ist es auch kein Wunder, dass »wir« Deutschen Spezialisten in Sachen »eigener Körper« sind. Das alles sind allerdings auch Gründe dafür, warum man montags kaum einen Termin beim Arzt bekommt. Weil eben *alle* beim Arzt sind. Sogar der Arzt, in dessen Wartezimmer man gerade sitzt, ist beim Arzt. Er hat sich beim Einsteigen in den 911er den Ischiasnerv eingeklemmt. Oder die Schulter beim Golfspielen verrenkt. Oder er steht noch auf dem »Green« und versucht verzweifelt, den kleinen Ball ins vierzehnte Loch zu putten. Vielleicht macht er einfach nur blau, weil er nicht mehr hören kann, wie seine Patienten klagen: »Herr Doktor, bei mir zwickt es im Knie und im Hals, vielleicht auch im Rücken. Ach, reden Sie einfach mit mir!«

Und wer ist der Leidtragende? *Ich!*

Neulich – es war natürlich ein Montag, war es wieder passiert. Ich hatte einen Termin um 14 Uhr bei meinem Lieblingsurologen. Prostata-Check war angesagt. Da freue ich mich immer ganz besonders drauf: Erst das Abtasten mit dem Zeigefinger, dann noch die Ultraschallgurke hinterher. Super. Besonders, wenn man nicht um 14 Uhr drankommt, sondern zweieinhalb Stunden warten muss. Genug Zeit, um sich in der Zwischenzeit Gedanken über das zu machen, was hinten rauskommt, wenn der Arzt reinkommt. Nach einer Stunde Warten traute ich mich endlich, mich bei der jungen Russin (die den Sprachduktus einer Erzieherin aus einem sowjetischen Umerziehungslager hatte) zu beschweren.

»Ich hatte einen Termin um 14 Uhr, und jetzt ist es 15 Uhr durch. Wann komme ich denn endlich dran?« Sie schaute gelangweilt auf die vor ihr liegenden Patientenkärtchen.

»Warum haben Tärmin?«

»Vorsorge Prostata«, antworte ich in fließendem Russisch.

Sie schaute noch mal auf ihre Unterlagen und sagte dann: »Tutt mirr leid, aber Doktor noch nicht im Haus.« So ganz hatte ich den Zusammenhang zwischen der Untersuchung, die mir bevorstand, und dem »Doktor noch nicht im Haus!« nicht verstanden. Wäre er im Haus, wenn es um eine Blasenentzündung gegangen wäre? Aber ich wollte die Russin nicht nach diesen unergründlichen Zusammenhängen fragen. Das hätte sie vielleicht verärgert, und ich müsste für 14 Tage in den Bunker: Selbstkritik üben. Also fragte ich nur: »Wie?

Noch nicht im Haus? Ich hatte vor einer Stunde einen Termin, und ER ist noch nicht da?«

»Ja. Nicht da«, sagte sie, holte ihre Peitsche raus und versohlte mir mal so richtig kräftig den Hintern. Nein, das tat sie natürlich nicht. Sie sagte nichts weiter, ging einfach in ihr kleines Labor und rührte Urinproben an.

Boah, wie frech war das denn? Du liest zwanzigmal »Bild der Frau«, »Frau im Spiegel« und Artikel über »nymphomanische Nonnen beim Töpfern« in der Hoffnung, dass du irgendwann mal dran bist und der Herr Doktor sich endlich an deiner Prostata zu schaffen macht – und was passiert? Er ist noch nicht einmal in der Praxis!

Für einen Amerikaner – wie ich mal einer war – ist es nicht normal, montags zum Arzt zu gehen. Für Amerikaner ist es normal, in dicken Autos durch »Drive Throughs« zu fahren, um Geld abzuheben, Frappachinos zu trinken, einen Burger zu verputzen, eine Bank zu überfallen oder zu heiraten. All das ist für einen Ami normal. Hauptsache, man muss nicht aus dem Auto steigen, um das alles zu tun. Ich kenne tatsächlich Leute, die haben in Las Vegas geheiratet, nur weil sie zu faul waren, ihren fetten Popo aus dem Wagen zu schwingen! Aber das beantwortet nicht wirklich die Frage, wie sich Amerikaner medizinisch versorgen. Immerhin haben trotz »Obama Care« 45 Millionen Amerikaner keine Krankenversicherung und noch ein paar mehr Millionen Amerikaner eine Krankenversicherung, die zwar alles bezahlt, nur keine Behandlung durch einen Arzt. Für Europäer und insbesondere für Deutsche ist das alles unvorstellbar. Es beginnt schon damit, wenn man einen Amerikaner in den USA nach einem Arzt fragt: »Sorry, but could you tell me, please, where there is a doctor near here?«

Wenn einen der Angesprochene dann nicht überfällt, weil

die Gelegenheit gerade günstig ist, wird er zurückfragen: »A doctor? What the fuck is that?«

Die meisten Europäer schrecken dann vor einem Besuch beim Ami-Arzt zurück, außer sie müssen unbedingt. So wie bei uns im letzten Familienurlaub in den USA, genauer, in New York.

Es war später Abend. Mein Sohn kam ins Wohnzimmer meiner Schwester und schaute mich mit großen Augen an. Beziehungsweise, er schaute mich mit *einem* großen Auge an. Tatsächlich war das rechte Augenlid doppelt so groß wie das linke. Irgendwas hatte ihn gestochen – ich tippte auf eine fliegende Klapperschlange – auf jeden Fall sah es wie ein medizinischer Notfall aus. Und das in den USA.

Ach, du Scheiße!

Aber egal. Ich bin ein verantwortungsvoller Vater und fuhr mit meinem Sohn und meiner Frau ins nächstbeste Krankenhaus. Wobei das mit dem »besten« im Wort »nächstbesten« nicht wörtlich zu nehmen war.

Wir gingen direkt in die Notaufnahme, und ich schrie wie ich es bei »Emergency Room« gelernt hatte: »Hello! I need a doctor! Please! A doctor. My son is collapsing!« Aber – ganz anders als in der Serie kam kein Arzt angerannt. Niemand rührte sich, obwohl neben reichlich Patienten auch einige blau bekittelte Menschen im Raum standen.

Nein, das stimmte nicht. Einer drehte sich um und guckte mich an, als dächte er: »Hey, du Spinner, das ist ein Krankenhaus, keine Psychiatrie!«

Wie gesagt, sonst passierte nichts. Und es saßen viele Patienten im Wartebereich. Einige lagen sogar auf den Bänken und starrten gelangweilt ins Nichts. Ein Patient schlief auf dem Gang. Er hatte offenbar eine schwerere Verletzung. Auf jeden Fall war sein T-Shirt blutüberströmt. Vermutlich eine Schussverletzung. Aber niemanden schien das zu beeindrucken. Vielleicht schlief der Mann ja auch gar nicht – vielleicht war er schon tot. Das wäre zumindest eine Begründung gewesen, warum sich niemand um ihn kümmerte, solange er keinen unangenehmen Geruch absonderte.

Ein anderer hatte keine Schuhe an und furchtbare Frostbeulen an seinen nackten Füßen. Vermutlich Erfrierungen aus dem letzten New Yorker Winter. Einige der Wartenden sprachen Spanisch, andere Arabisch. Ich glaubte, den einen oder anderen auch Englisch sprechen zu hören.

Weil mein Sohn wirklich erbärmlich aussah, ging ich zur Rezeption und sagte der Dame hinter dem Tresen: »Entschuldigung, mein Sohn ist ein Notfall.« Sie schaute kurz hoch, musterte erst meinen Sohn, dann mich. Sie drückte mir mehrere Zettel zum Ausfüllen in die Hand. *Die* erinnerten mich an Deutschland, nur nicht an eine deutsche Notaufnahme, sondern eher ans Ausländeramt und das Antragsformular zur Einbürgerung. Ich hatte das Gefühl, in der amerikanischen Notaufnahme wurde man erst einmal gemustert, um beurteilen zu können: Ist es eine Schussverletzung oder ein Messerstich? Kann beides ausgeschlossen werden, dann muss man halt warten. Ausnahmen wie der Herr, der noch immer im Gang lag, bestätigten die Regel. Aber der Mann war ja wie gesagt auch bestimmt schon tot.

Also warteten wir. Nach weiteren 30 Minuten wurden wir in einen großen Raum mit circa 300 Liegen geführt, jede einzelne konnte durch einen Vorhang abgetrennt werden. Kaum saß mein Sohn auf der Liege, kam schon eine circa vierzehnjährige Ärztin zu uns, schaute meinen Sohn kurz an, diagnostizierte eine Art exotischen Zeckenbiss, verschrieb eine Salbe und sagte: »Morgen ist die Schwellung wieder weg.«

Zack, das war's.

Nein, das war es doch noch nicht. Die 60 Sekunden dauernde Untersuchung der minderjährigen Ärztin kostete uns 300 Dollar! Das jedenfalls behauptete eine völlig gelangweilte, müde Dame Mitte 50. Sie saß an einer Kasse, die schwer an eine Supermarktkasse erinnerte, und hielt ihre Hand auf, damit ich ihr meine Kreditkarte hineinschieben konnte. Ich hatte mit 70 Dollar gerechnet, vielleicht 80, weil wir Europäer oder 100, weil wir Deutsche waren. Aber 300?

»Excuse me, please, 300 Dollars …? Wie kann ein Arztbesuch, der keine 60 Sekunden gedauert hat, 300 Dollar kosten?«

Was die Dame mir dann erklärte, war ebenso überraschend wie überzeugend: Der Besuch in der Notaufnahme wäre so teuer, weil man die ganzen anderen Patienten, die alle abhauten, ohne einen Cent vorher bezahlt zu haben, subventionieren müsste. Im Klartext: Jemand wurde angeschossen, wird anschließend in der Notaufnahme behandelt und hat die Kosten dafür natürlich nicht bezahlt. Aber wie es der Zufall so will, schneit ein paar Minuten später ein gewisser John Doyle aus Deutschland mit seinem Sohn Quentin und einem Zeckenbiss in die Notaufnahme und bezahlt ganz nebenbei die Behandlung der Schussverletzung!

Wow! Mir fiel es wie Schuppen von den Augen: In America gibt es doch ein Solidarsystem! Es funktioniert zwar ganz anders als in Deutschland, aber es funktioniert: Du hast Kopfschmerzen und bezahlst die Messerstecherei in der Nachbarschaft. Du bist aufs Knie gefallen und sorgst dafür, dass auch die Opfer des »Drive By Shootings« versorgt werden. Ein Solidarsystem wie in Deutschland, nur viel direkter. Man zahlt seinen Solidarbeitrag nicht in die Krankenkasse ein, sondern hinterlässt das Geld direkt bei den Ärzten. Trotzdem war ich ein bisschen erbost über die 300 Dollar. Zumal ich als Ausländer nichts von den liberalen Waffengesetzen in den USA habe. Höchstens als Opfer. Deshalb wagte ich noch einen Versuch, um den Preis ein wenig zu drücken.

»In Deutschland hat jeder eine Krankenversicherung und muss nicht für jede Kleinigkeit bezahlen. Und schon gar nicht 300 Dollar für 60 Sekunden Arzt!«

Jetzt wirkte die Dame dann doch ein wenig genervt. Vermutlich war ich nicht der Erste an dem Tag, der sich über die hohe Rechnung beschwerte.

»So ein staatliches System wollen wir in den USA nicht. Hier ist jeder für sich selbst verantwortlich.«

Ach was? Gerade hatte ich die Behandlung einer Schussverletzung – bei 300 Dollar war es bestimmt ein Steckschuss – für einen Fremden bezahlt, aber in Amerika ist jeder für sich selbst verantwortlich? Übersetzt hieße das nichts anderes als: »Geh nicht in die Notaufnahme.« Das sind solche Momente, in denen mir bewusst wird, wie sehr ich schon Deutscher geworden bin: Ein Land, in dem sich jeder Mensch ins Wartezimmer setzen darf und weiß, dass er irgendwann drankommt. Egal, wie lange es dauert. Und das, ohne nachher die Kreditkarte zücken zu müssen.

Das gilt auch für einen Montag.

Wann genau es am Montag gilt, keine Ahnung, spätestens nach dem achtzehnten Loch.

Personal Training

Am Anfang war die Bandscheibe.

Dann kamen die Schmerzen.

Dann der Arzt beziehungsweise die Ärzte.

Und dann endlich die Therapien. Eine davon nennt sich »Bewegung«. Das Gegenteil von »Bewegung« ist das, was ich am besten beherrsche: Sitzen, Liegen und Rumlungern. Weil Sitzen, Liegen und Rumlungern Schmerzen verursachen können, muss ich also das Gegenteil tun: Bewegen. Bewegen und nochmals bewegen. Da neben meiner Wirbelsäule auch mein Wille eingerostet ist, habe ich Susi engagiert, meine persönliche Trainerin oder, wie der Ami in mir sagt: Mein »Personal-Coach«. An Susi bin ich durch meinen Physiotherapeuten Rolf gekommen, auf den ich wiederum durch eine Empfehlung meines Orthopäden Peter gestoßen bin. Oder war es Alexander? Oder Vladimir? Auf jeden Fall einer meiner Duz-Orthopäden,

Susi, mein Personal-Coach, ist durchtrainiert, braungebrannt und sehnig. Selbst ihr Gesicht ist muskulös, jede Falte wird durch einen Muskelstrang unterfüttert.

Ihre Brüste sind nicht von Brustmuskeln zu unterscheiden, und die Adern auf ihren Armen sehen aus wie die Flusszuläufe im Mekong-Delta. Kurz: Susi sieht aus wie eine gut erhaltene Achtzigjährige, die vermutlich 60 ist und auf sportliche 40 macht. Und zweimal in der Woche läuft sie mit mir durch den Wald, immer an der Autobahn lang – wie das im Kölner Stadtwald so üblich ist.

Beim ersten Mal waren wir knapp 20 Minuten unterwegs, und schon lief mir der Schweiß in Strömen herunter. Das Problem war, dass wir noch gar nicht losgelaufen, sondern noch *auf dem Weg* zur Laufstrecke waren.

»Mensch, John«, sagte Susi, »du schwitzt ja wie ein Schwein!« Ich wusste nicht, wie ein Schwein schwitzt, aber ich liebe noch heute Susis direkte Ansprache. Ich hätte ihr gerne gesagt, dass sie aussah wie eine lebendige Moorleiche, ließ es aber, da ich Sorge hatte, sie würde mich in den Schwitzkasten nehmen und mich mit ihren Unterarmen erwürgen.

Apropos Schweiß. Ist ja eigentlich was Gutes. Der Körper schwitzt so vor sich hin, um die Körpertemperatur zu regeln. Warum der Schweiß riechen muss, leuchtet mir nicht so wirklich ein. Ich meine, um die Temperatur zu regeln, muss man ja nicht unbedingt stinken. Nehme ich auf jeden Fall mal an. Aber zurück zu meiner Pre-Jogging-Transpiration, wie ich das gern bezeichne, wenn man schwitzt wie ein Schwein, bevor man überhaupt losgelaufen ist. Es gibt außer dem sinnlosen Stinken noch einen weiteren Nachteil beim Schwitzen: Der Schweiß muss irgendwo hin. Aber wohin? Bei mir lagert er sich in den Sportklamotten ab. Im T-Shirt, in der Hose und in der Hose unter der Hose, sprich, in der Unterhose. Alle drei Sachen sind aus Baumwolle, und die kann bekanntlich sehr viel Flüssigkeit aufnehmen.

»John, der Schweiß, den du produzierst«, dozierte mein gestrenger Personal-Coach, »der wird nicht vom Körper weggetragen, sondern sammelt sich in deinen Baumwollsachen, und die hängen dann nass an deinem Körper.«

Ich dachte: Was bitte ist so schlimm daran? Davon leben ganze Miss-Wet-T-Shirt-Contests? Bevor ich die damit verbundenen Bilder vor meinem geistigen Auge vorbeiziehen lassen konnte, dozierte die Sporthexe weiter.

»Das kann zu einer Unterkühlung führen, die dann zu einer Erkältung und – wenn man Pech hat – zum Tod.«

Okay, das mit dem Tod hatte sie nicht gesagt. Sie sagte: »… zu einer Lungenentzündung«, was auch schon schlimm war, aber der Hypochonder in mir dachte natürlich konsequent zu Ende.

Irgendwann war es schließlich so weit: Wir hatten die Laufstrecke erreicht, und Susi lief sofort los. Ich brauchte eine Weile, um zu kapieren, dass sie mich nicht allein im Wald zurücklassen wollte, sondern erwartete, dass ich ihr folgte. Das tat ich dann auch, und nach fünf Minuten holte ich sie ein. Unter anderem, weil sie zwischendurch 50 Liegestütze machte. Inzwischen tropfte es aus meiner Baumwollkleidung auf den trockenen Waldboden, und ich hinterließ eine respektable Schweißspur. Sollte ich jemals aus einem Gefängnis ausbrechen wollen, die Spürhunde hätten einfaches Spiel mit mir.

»John«, sagte die drahtige Sau, äh, Frau, neben beziehungsweise vor mir, »du musst dir unbedingt richtige Sportklamotten zulegen und dazu Unterwäsche aus Merinowolle.«

Ich nickte zustimmend, wusste aber gar nicht, worüber Martina Navratilova redete. Aber eigentlich nickte ich auch gar nicht. Mein Kopf wackelte einfach unkontrolliert hin und her und hoch und runter. Muss wohl am unebenen Boden gelegen haben. Mein heftiges Nicken interpretierte MISS FIT auf jeden Fall falsch, betrachtete es als Aufforderung, mir noch mehr Wolliges zu erzählen.

»John, du brauchst leichte, atmungsaktive Klamotten, und wenn du es ernst meinst mit deiner Gesundheit, dann musst du auch bereit sein, ein bisschen mehr Geld zu investieren.«

Das ist mir nicht fremd. Also, das mit dem »mehr Geld für die Gesundheit investieren«. Alles, was über ein ärztliches »Guten Tag, wie geht's Ihnen heute?« hinausgeht, kostet Geld. Eigentlich arbeite ich nur noch für meine Gesundheit oder besser: gegen meine Leiden. Meine Bandscheiben sind meine ganz persönliche Immobilienblase: Ich stecke unendlich viel Geld rein, und am Ende ist es nichts wert.

In der Zwischenzeit wurde weitergelaufen. Aus respektvollem Abstand von circa zehn Metern konnte ich sehen, dass Susi nicht »wie eine Sau schwitzte«. Eigentlich schwitzte sie überhaupt nicht. Lag es an ihrer Wollunterhose? Oder daran, dass in ihrem Körper kein Platz mehr für Wasser war, welches sie ausschwitzen könnte? Susi ahnte nicht, was ich dachte, sie war immer noch im Merino-Modus.

»Also, John, ich empfehle dir das Drei-Lagen-Zwiebelsystem. Unten Merinowolle. Darüber eine Softshell-Jacke und oben drüber eine Hardshell-Jacke.« Das mit dem »Shell« hatte ich noch gar nicht richtig mitbekommen, ich war immer noch bei Merino.

»Was ist das Besondere an Marinowolle?« Susi verbessert mich.

»*Merino,* John, *Merino!* Die Wolle der Merinoschafe ist eine ganz spezielle Wolle. Sie hat kurze und leichte Fasern, die im Sommer hitzeabweisend wirken und im Winter kälteabweisend.«

Aha. Merino also.

Schaf. Ich mag Schafe. Und es stimmt: Ich hab noch nie schwitzende oder frierende Schafe gesehen, da muss also was dran sein.

Auf ins Sportfachgeschäft, Merinowolle kaufen. Direkt nach dem Jogging mit Susi. Also fast direkt. Zwei Tage später, nachdem ich wieder gehen konnte.

Ich liebe Sportfachgeschäfte. Kaum betritt man so ein FACH-Geschäft, kommt auch schon ein gesund aussehender Verkäufer auf einen zu und fragt Dinge, die man definitiv nicht weiß. Hier war es genauso. Der Verkäufer taxierte mich, sah einen großen, beleibten, offensichtlich schwer unsportlichen Kunden, und nach der obligatorischen Eingangsfrage: »Kann ich Ihnen weiterhelfen?«, war er auch schon in seinem Element. Er wusste, wie man Kunden erst verunsichert: »Brauchen Sie eine leichte Jacke? Wir haben Hardshell, Softshell, Aktivshell und Windstopper!«, um mich dann wieder zu beruhigen: »Kein Problem, ich erkläre es Ihnen. Man kann ja nicht erwarten, dass jeder alles kennt, aber dafür bin ich ja da. Fangen wir ganz von vorne an: Wasserdicht, winddicht, wasserabweisend, windabweisend?«

»Ich suche mehr so etwas Schweißabweisendes, und am besten auch geruchsneutralisierend, weil ich auch immer stinke wie ein altes Schwein.«

Er lachte, drehte sich aber kurz von mir weg. Ich hörte, wie er eine Duftprobe, ein Näschen »John« nahm. Proberiechen für den Ernstfall. Dann verfiel er wieder ins Sportgeschäftschinesisch: »Die Funktionskleidung funktioniert nach dem Zwiebelprinzip. Kennen Sie das *Zwiebelprinzip?*« Er wartete meine Antwort nicht ab.

»Beim *Zwiebelprinzip* trägt man verschiedene, sich ergänzende Stoffe übereinander. Unten drunter, also auf der Haut, nehmen wir Merinowolle, weil sie den Schweiß abtransportiert, und man unterkühlt nicht wie bei Baumwolle.«

»Das meint Susi auch.«

Er beachtete meinen Einwurf nicht. Ich hätte wetten können, dass er Susi kannte, dass alle »Zwiebelprinzipträger« eine große Community bildeten und sich ständig austauschten.

»Über der Unterwäsche aus Merinowolle nehmen wir dann ein Softshell-Shirt und dann ....« Ich unterbrach ihn.

»Könnten Sie mir die Merinowolle-Unterwäsche zeigen?« Er zeigte mir etwas, das ein wenig an eine Rennradlerhose erinnerte. Sportlich sah sie aus, und ich war überzeugt.

»Super, die nehme ich.«

»Eine gute Wahl, und 60 Euro sind auch wirklich ein angemessener Preis für echte neuseeländische Merinowolle.«

»60 Euro?« Ich war schockiert. »Haben Sie nicht Merinowolle aus Polen? Sechs Euro für drei Unterhosen?« Jetzt wurde er schnippisch.

»Nein, das haben wir nicht. Das gibt's vielleicht bei *Tchibo*, aber nicht in einem *Sportfachgeschäft*!«

Ich weiß, dass es das bei Tchibo nicht gibt. Ich muss es wissen, weil ich meine Unterhosen immer im Kaffeeladen kaufe. Also bohrte ich weiter.

»Aber ganz im Ernst. Wie in Gottes Namen kann eine Unterhose 60 Euro kosten?«

»Merinowolle«, antwortete er, »ist Wolle vom Merinoschaf aus Neuseeland. Das sind ganz besondere Tiere. Im Gegensatz zu unseren Schafen, die nur faul auf der Weide rumstehen und fressen, ist das Merino ein Bergschaf, das unter unterschiedlichsten Witterungsbedingungen in den Bergen herumläuft. Deshalb hat die Wolle des Merinoschafs ganz besondere Eigenschaften. Sie ist auf Hitze und Kälte, Trockenheit und Nässe optimal eingestellt. Die Fasern sind atmungsaktiv und vor allem geruchsneutral.«

Jetzt ist mir klar, warum die Unterhose 60 Euro kostet. Allein das Merinoschaf zu entwickeln, musste ein Heidengeld gekostet haben. Ein witterungsbeständiges, atmungsaktives und geruchsneutrales Schaf, das muss man erst einmal herstellen. Ich war also entsprechend begeistert und auch willig, 60 Euro zu bezahlen.

60 Euro für etwas, das höchstens meine Frau sieht, wenn ich frühmorgens und völlig schlaftrunken im Badezimmer stehe, in den Spiegel starre, weil ich vergessen habe, wer der dicke Mann ist, der mich da anstarrt.

Egal, die Merino-Unterhose wurde mein. Und damit ich vollständig befriedigt war, setzte der Verkäufer noch einen drauf.

»Was das Allerbeste ist: Bei Merinowolle hat man überhaupt nicht das Gefühl, dass man schwitzt, *während* man schwitzt. Weil der Schweiß quasi abtransportiert wird, als hätte man überhaupt nicht geschwitzt!« Super, ich war höchst zufrieden mit meiner Kaufentscheidung, trotzdem hatte ich noch eine Frage.

»Wenn mein Merino den Schweiß abweist, wo läuft der denn dann hin? In die Schuhe?«

»Nein, der verdunstet auf der Haut, während der Bewegung, sozusagen durch den ›Fahrtwind‹.«

Der Mann kannte mein Lauftempo nicht. Bei mir entsteht kein Fahrtwind. Höchstens ein Fahrthauch. Bevor ich meine Bedenken mit dem Verkäufer teilen konnte, haute er auch schon den nächsten Knüller raus.

»Das Beste ist: Jedes Kleidungsstück aus Merinowolle hat einen Computer-Code, den sogenannten »Baacode«, und wenn man nun im Internet seinen »Baacode« eingibt, erfährt man genau, wo die eigene Wäsche herkommt. Also, wo das Schaf herkommt, von dem die Wolle stammt. Ist das nicht irre?«

Stimmt, *das* war irre. Überhaupt, das *alles* war irre. Der Verkäufer und ich auch. Aber wenn ich nun meine *Body-Fit 200* anhabe und nicht mehr schwitze und stinke wie ein Schwein, dann weiß ich, dass ich das einem Schaf aus Glenmore Station im Süden Neuseelands zu verdanken habe. Vielleicht heißt es Daisy oder Harry oder sogar John – das atmungsaktive, witterungsbeständige und geruchsneutrale Schaf, das glücklich durch die Berge rennt und hin und wieder mit einem kräftigen »Mäh« seine Freude ausdrückt. Darüber, dass es ein Merinoschaf ist und kein blödes, deutsches Schaf, das dumm rumsteht und schwitzt und stinkt.

Ich war auch glücklich.

Heute müsste ich eigentlich noch zum Lauftreff mit Susi gehen. Obwohl – heute lieber nicht. Mein Schaf ist in der Wäsche.

Dr. House!

Warum habe ich nicht Dr. Gregory House als »House-Arzt«?

Ich will auch einen Mediziner, der seine Patienten durchweg beleidigt und dann kurz vor der Einäscherung durch einen genialen Einfall rettet. Der sich zwischendurch mit Drogen vollpumpt, dabei seine Mitarbeiter mobbt, die Klinikchefin poppt und sich in schummrigen Bars mit Betrunkenen kloppt.

So einen Arzt will ich haben.

Ja, ich will Dr. Gregory House.

Gregory ist immer ehrlich. Ehrlich und fies. In einer Folge sagt er zu einer Patientin mit Syphilis-Symptomen: »Sie müssen mich nicht anlügen. Wir sind nicht verheiratet.« Erst ist auch diese Patientin beleidigt, aber dann packt sie aus und erzählt, dass sie eigentlich ein Drogenproblem hat und ohne das Wissen ihres Mannes auf den Strich gegangen ist, um ihren Drogenkonsum zu finanzieren. Und Dr. Gregory House weiß nun, wie er die Patientin behandeln muss.

So was gibt es in deutschen Arztserien nicht. Nehmen wir den »Bergdoktor«. Niemals würde in seiner Praxis eine Skilehrerin mit einem vergleichbaren Problem auftauchen und sagen: »Lieber Herr Doktor, Sie müssen mir helfen. Ich habe da so komischen Ausfluss, es könnte sein, dass es von meiner Nebentätigkeit als Alm-Prostituierte kommt. Aber bitte, verraten Sie meinem Mann nichts!«

Nein! Wenn beim Bergdoktor eine Skilehrerin auftaucht, dann hat sie einen Bänderriss und fürchtet um ihr berufliches Weiterkommen. Der Bergdoktor muss nie lange rätseln, worunter seine Patienten leiden. Deshalb hat er auch die Zeit, um sich um viele andere Dinge zu kümmern, wie um Partnerschaften, Grundstücksangelegenheiten, Nachbarschaftsstreit et cetera.

Wie der Bergdoktor sind auch viele meiner vielen Ärzte. Sie sind wie die Ärzte, die wir aus biederen deutschen Arztserien kennen: Sie sehen gut aus, sind höflich, ordentlich und nehmen keine Drogen. Schön. Leider sind sie aber auch nicht in der Lage, meine *fucking* Rückenprobleme in den Griff zu bekommen. Manchmal denke ich, wenn man nicht aus allen Poren blutet, wenn nicht der Eiter aus den Wunden schießt und nicht mindestens ein Knochen aus der Haut rausragt, wo er nicht rausragen sollte, sind die Ärzte völlig überfordert. Sie haben nicht den blassesten Schimmer, an was der Patient leidet. Und dann sagen sie – wenn sie einen nicht mehr durch irgendeine Röhre schieben können, weil man schon durch 20 verschiedene Röhren geschoben wurde: »Herr Doyle, ich frage mich, ob Ihrer Krankheit nicht eine psychosomatische Ursache zugrunde liegt.«

Dr. Gregory House sagt so etwas nie. Er sagt nie: »Maybe you're just fucking crazy«, denn Dr. House weiß, dass alle Menschen irgendwie schon »fucking crazy« sind, und trotzdem haben sie verschiedene Krankheiten. Bei meinen Ärzten ist »psychosomatisch« oft gleichbedeutend mit: »Ich hab zwar keine Ahnung, was es ist, aber psychosomatisch ist es bestimmt.«

Dr. House würde dann sagen: »Mr. Doyle, you fucking bitch! Erstens: Sie sind zu fett! Aber das wissen Sie ja schon, weil Sie zwar altersweitsichtig, aber nicht blind und blöd sind. Zweitens: Sie sind seit 20 Jahren Mitglied in einem Fitnessstudio, sind aber bisher nur dreimal hingegangen!« Und dann hätte Gregory mir den Tipp gegeben: »Mr. Doyle, get off your fucking ass and go to the gym!«

Meine deutschen Ärzte würden nie so etwas zu mir sagen. Sie haben Angst, dass zu viel Ehrlichkeit dazu führen könnte, dass ich den Arzt wechsele, und das wiederum würde den Unterhalt ihres Fuhrparks gefährden.

LIEBE ÄRZTE,
ich brauche keinen Arzt, der mir einen Kaffee Latte, einen Cappuccino mit Keksen serviert oder mir seine Handynummer für mögliche Notfälle am Wochenende andreht. Ich brauche einen Arzt, der ehrlich mit mir ist, der mich beleidigt, wenn es sein muss – der also wie meine Frau ist, nur mit Doktortitel. Ein Arzt, der mir sagt: »Herr Doyle, wenn Sie Ihre Rückenschmerzen konsequent bekämpfen wollen, hören Sie auf zu meckern, fressen Sie weniger und treiben Sie Sport. Und wenn Sie das nicht können, dann saufen Sie wenigstens richtig. Von mir aus, bis Sie umfallen.«

Ich wüsste nicht, wofür ich mich entscheiden würde.

Aber immerhin: Ich hätte eine Wahl.

Manchmal, aber wirklich nur manchmal und in Ausnahmen – also irgendwie immer – hab ich das Gefühl, dass Ärzte ihren Kumpels, die zufälligerweise auch Ärzte sind, ständig Arbeit zuschieben. Nach dem Motto: »Der Kollege braucht einen neuen Turbolader, um den 911er von 500 auf 600 PS aufzublasen, und dann natürlich auch ein neues Soundsystem, weil ... bei 600 PS hörste ja sonst nix mehr!«

»Ach ja, und Rainers Segelyacht bezahlt sich auch nicht von selbst.«

Genau so bin ich an meinen neuen Kieferorthopäden gekommen.

Angefangen hat es mit den üblichen Nackenschmerzen und mit Vladimir, meinem Lieblingsorthopäden, dem »Full-Body-Facharzt« meines Vertrauens. Vladimir schaute wie immer die Bandscheiben durch, landete dann automatisch beim Nacken und entdeckte offenbar erstmalig, dass sowohl Rücken und Nacken von Haut bedeckt sind. Fünf Minuten lang beschäftigte sich der Orthopäde nun mit etwas, was ihn eigentlich nichts anging: »Oh, oh, John, deine Pickel sehen nicht gut aus. Gar nicht gut.« Recht hat er, der Vladimir. Pickel sehen meistens nicht besonders gut aus. Deshalb heißen sie ja auch Pickel und nicht Muskeln. Und deswegen sagen die Mädchen in der Schule auch: »IGITT!«, wenn sie Pickel sehen und nicht etwa: »Oh, ein eitriger Pickel, darf ich den mal anfassen?«

Um es kurz zu machen: Vladimir empfahl mir dringend, einen Hautarzt aufzusuchen, weil die Ursachen für meine Nackenschmerzen unter Umständen in meiner Haut verborgen sein könnten. Wenn Vladimir so etwas so dringend empfiehlt, folge ich natürlich seinem Rat und gehe zum Hautarzt. Der ist übrigens ein Kumpel von meinem Orthopäden, und ich richtete ihm auch gleich liebe Grüße vom Vladimir aus.

Der Hautarzt tat ganz überrascht, erwiderte den Gruß und sagte noch, dass er den Vladimir ja wirklich lange nicht mehr gesehen hätte.

Zu meinen Pickeln hatte er keine besondere Meinung, außer, dass meine Haut sehr angespannt wäre. Überhaupt würde ich einen verspannten Eindruck machen, und die Haut trüge ja nur nach außen, was innen so vor sich ginge. Für das »Innen« empfahl er mir einen Internisten, der sich seit kurzem, aber intensiv, mit Akupunktur beschäftigte. Zufällig war der »Markus« ein guter Kumpel von ihm, da war er sich ganz sicher, was die Qualität der Behandlung anging.

Tage später war ich bei Markus, dem Internisten mit Zusatzqualifikation in »Nadeln-in-die-Haut-Pieksen«. Ich lag auf einem Behandlungstisch in einem Zimmer, das mich schwer an einen nordvietnamesischen Folterkeller aus Rambo II (III oder IV ?) erinnerte. Dann stach Markus in alle nur erdenklichen Körperteile: Zwischen die Zehen, zwischen die Finger, zwischen die Augen. Überall, wo er ein freies Stückchen Haut fand – und davon habe ich reichlich – piekste er zu. Und während ich so dalag und geduldig die Folter ertrug, knackste plötzlich mein Kiefer. Ich wusste nicht, warum. Vielleicht wollte ich Markus unbewusst in den Nacken beißen, auf jeden Fall knackste es laut. »Falls Sie möchten, Herr Doyle: Ich kann Ihnen einen guten Kieferorthopäden empfehlen.«

»Wösö?«, fragte ich mit zusammengekniffenem Mund, aus Angst, er könnte auf die Idee kommen, auch da zuzustechen.

»Na, wegen der Knackgeräusche. Ihr Kiefer knackt, wenn Sie mit mir reden. Das sollte sich mal ein Spezialist anschauen.«

Ich traute mich nicht, ihm zu sagen, dass ich den Kiefer nur zusammenkniff, um ihn nicht mit einem finalen Biss in den Ärztehimmel zu befördern. Stattdessen nahm ich seinen Rat an und vereinbarte einen Termin beim empfohlenen Kieferorthopäden.

Eine Woche später saß beziehungsweise lag ich in dessen Behandlungsstuhl und konnte es mir nicht verkneifen, ihn von seinem Kollegen zu grüßen.

»Ach ja, ich soll Ihnen noch viele Grüße von den *anderen Jungs* vom 911er-Club bestellen, von Vladimir, Rainer und Markus.« Das mit dem 911er-Club war eigentlich ein Witz, aber der Kieferorthopäde, Alexander hieß er übrigens, sagte nur: »Ach, bei denen waren Sie auch schon? Na, dann grüßen Sie *die Jungs* mal zurück!«

Dann ging es los. Zuerst die Kennenlernphase, sozusagen das Speed-Dating zwischen Arzt und Patienten.

»So, Herr Doyle, Sie knirschen also mit den Zähnen. Auch im Schlaf?«

»Weiß nicht.«

»Warum nicht?«

»Weil ich dann schlafe.«

»Ah, verstehe. Und was sagt Ihre Frau dazu?«

»Nichts. Die pennt auch.«

»Ah so. Was halten Sie von einer Beißschiene, Herr Doyle?«

»Hm ... keine Ahnung. Habe mir, ehrlich gesagt, noch keine Gedanken darüber gemacht.«

Das war das Vorgeplänkel, nun untersuchte er Mund und Kiefer und demonstrierte, was er im Medizinstudium alles gelernt hatte.

»Es könnte sein, Herr Doyle, dass Sie an einer craniomandibulären Dysfunktion leiden.«

(»Könnte sein« ist die typische Wortwahl eines Arztes.

Kein guter Arzt legt sich wirklich fest. Er lässt sich vielmehr einen Spielraum, um verschiedene Behandlungsmethoden auszuprobieren und die mit der Krankenkasse abrechnen zu können. Wenn ein guter Arzt alles probiert hat, überweist er den Patienten an einen Kumpel, der wiederum alles ausprobiert und so weiter ...)

»*An was* könnte ich leiden?«

»An craniomandibulärer Dysfunktion.«

»Oh«, sage ich.

Mensch!, denk ich, das wird meine Kumpels im Wartezimmer ganz sicher schwer beeindrucken, wenn ich ihnen davon erzähle.

»Hey John, wie geht's? Was hat er gesagt?«

»Craniomandibuläre Dysfunktion!«

»Echt? Craniomandibuläre Dysfunktion? Super! Ich hab nur arschnormalen Überbiss.«

Weil der Kieferorthopäde so stolz war, dass er mein – wahrscheinliches – Leiden verletzungsfrei aussprechen konnte, erläuterte er mir sogar – natürlich erst auf Nachfrage –, was eine craniomandibuläre Dysfunktion ist.

»Eine craniomandibuläre Dysfunktion, Herr Doyle, leitet sich ab von Cranium – Schädel, Mandibula – Unterkiefer und Dysfunktion – Fehlfunktion. Also auf Deutsch: Schädelunterkieferfehlbetätigung.«

»Hm, das hört sich logisch an«, sagte ich.

»Die Ursache dafür könnten (!) eine Fehlstellung der Zähne oder fehlende Zähne oder auch fehlerhafte Füllungen sein. Ich kann Ihnen dafür einen sehr guten Zahnarzt empfehlen.« Dass er das konnte, glaubte ich ihm unbesehen. Es würde sicherlich noch ein paar 911er-Kumpel geben.

»Nein danke, ich habe schon einen sehr guten Zahnarzt, zu dem ich allerdings seit Jahren nicht mehr hingehe.«

Ich merkte, dass ihm das nicht gefiel: Ein Patient, der selbst einen Arzt kannte. Einen Arzt, der vermutlich nicht zu seinem nahen Freundeskreis gehörte und der vielleicht noch nicht einmal einen Porsche fuhr. Womöglich nur einen Audi TT, was ja gar nicht ginge. Deshalb holte er nun zum kieferorthopädischen Rundumschlag aus.

»Klar, Herr Doyle, aber gerade bei der Diagnose craniomandibuläre Dysfunktion ist eine enge Zusammenarbeit der unterschiedlichen medizinischen Disziplinen der Zahnheilkunde, der Allgemeinmedizin, der Orthopädie, der Physiotherapie und gegebenenfalls der Psychosomatik vonnöten. Da müssen die Ärzte Hand in Hand arbeiten. Ach ja, und ein guter Hals-Nasen-Ohren-Arzt sollte auch dabei sein.«

»Mensch«, sage ich, »haben Sie so viele 911er in Ihrem Club?« Jetzt musste er doch ein wenig lächeln.

»Ja klar, was glauben Sie denn?«

Wir vereinbarten einen neuen Termin. Das mit dem Termin halte ich für besonders wichtig. Hingehen werde ich aber nicht. Was ich ebenfalls für wichtig halte: Ich werde versuchen, meine Nackenschmerzen mit einer natürlichen Therapie zu bekämpfen.

Zum Beispiel mit Alkohol.

Oder Kiffen.

Mal schauen, ob mir der Pubertierende was abgibt.

Chiropraktiker

Der Tag, an dem ich zum ersten Mal einem Chiropraktiker begegnet war, hat sich in mein Gedächtnis eingebrannt. Wie der Tag, an dem ich zum ersten Mal ein Mädchen geküsst habe. Gut, das ist noch nicht so lange her, aber beim Chiropraktiker ist es trotzdem nicht viel anders. Sobald ich an »Chiropraktiker« denke, knackt es irgendwo hinter mir. Genauer, es knackt nicht wirklich hinter mir, es knackt in mir, irgendwo hinten. Da wo der Rücken ist, der Nacken, die Wirbelsäule und all die Bandscheibchen, die beim Schmerzenmachen mitreden wollen.

Bis dahin war mir die Welt der Chiropraktik völlig fremd. Warum auch nicht? Chiropraktiker sind keine Ärzte und noch nicht einmal richtige medizinische Esoteriker. Die kannte ich natürlich. Zum Beispiel die Osteopathen, die Weichei-Mediziner, die Rückenschmerzen durch Schilderung unangenehmer Kindheitserinnerungen bekämpfen, plus anschließender Light-Massage unter dem Einsatz von Duftkerzen. Übrigens ist die Osteopathie eine amerikanische Erfindung und damit ein Beweis, dass wir Amis nicht nur harte, rücksichtslose Burschen sind, sondern unter unserer rauen Schale auch einen weichen Keks haben.

Der Begegnung mit dem Chiropraktiker ging ein Radiointerview voraus. Ich saß im Studio, neben mir eine junge, hübsche Moderatorin. Weil sie so jung und so hübsch war, versuchte ich, möglichst aufrecht auf dem Stuhl zu sitzen. Bauch rein, Brust raus. Alles nur, um einen guten Eindruck zu hinterlassen. Warum ich das tat, weiß ich nicht wirklich. Es musste der Urinstinkt gewesen sein. Der Eroberungstrieb in mir. Der Eroberungstrieb im Manne, insbesondere im amerikanischen Manne.

Tatsächlich hätte ich die junge Frau nur erobern können, wenn ich sie in Vollnarkose versetzt hätte. Interviews unter Vollnarkose funktionieren jedoch nicht so gut.

Trotzdem: Bauch rein, Brust raus. Immer wieder, denn

während meiner Antworten vergaß ich meine Haltung, und der Bauch rutschte nach vorn und die Brust nach unten. Und jedes Mal, wenn die junge Dame die nächste Frage stellte, begann ich wieder von vorn: Bauch rein, Brust raus, und jedes Mal knackte es. Irgendwann war auch dieses schöne Interview vorbei, und der Techniker sagte: »Schönes Interview, leider hatten wir ein technisches Problem! Es knackte dauernd, wenn du eine Frage gestellt hast. Vermutlich ist das Mikro im Arsch.«

Nein, das Mikro war nicht im Arsch. Es war mein Arsch, der da knackte, beziehungsweise die Wirbel, die drüber sitzen. Das sagte ich auch, und die Moderatorin hatte gleich einen guten Tipp parat.

»Warst du schon mal bei einem Chiropraktiker? Ich kenn da einen, der ist super. Der renkt dich in null Komma nix wieder ein.«

So bin ich also an meinen Chiropraktiker gekommen, und eines ist klar: Chiropraktiker sind keine Weichei-Mediziner. Keine Duftkerzen, keine Meditation, kein Jammern über eine schlechte Kindheit. Nein, Chiropraktiker sind Scharfrichter. Sie töten zwar eher selten, foltern dafür aber sehr geschickt und ohne den Hauch einer Spur zu hinterlassen. Ich sage nur: ChIroprAktik.

So war es denn auch kein Wunder, dass mein Chiropraktiker Amerikaner war und besonders effektiv arbeitete. Er folterte sechs Patienten gleichzeitig. Man muss sich das mal vorstellen: Ein schalldichter Raum mit sechs im Kreis aufgestellten Streckbänken. Auf jeder Bank – der Folterer nannte sie »Behandlungstische« – lag ein Opfer und stöhnte. Nur eine Bank war frei.

Meine.

»Herr Doyle, legen Sie sich bitte dort auf den freien Behandlungstisch.«

»Och, ich kann warten«, antwortete ich generös. »Lassen Sie sich ruhig Zeit (töten Sie doch erst, äh), machen Sie erst Ihre anderen Patienten *fertig.*«

»Nein, Herr Doyle, das ist unser Prinzip: Wir behandeln hier alle Patienten gleichzeitig. Legen Sie sich bitte dort hin.«

Tatsächlich: Hier wurde im Team gefoltert. Gleich drei Chiropraktiker liefen von Liege zu Liege und schlugen auf ihre Opfer ein. Offensichtlich standen die sogenannten »Patienten« unter irgendwelchen Drogen, denn erst jetzt bemerkte ich, dass ihr Stöhnen weniger mit Schmerzen als mit Lust zu tun hatte. Dabei wurde die Gewalt nicht nur von oben ausgeübt, die Streckbänke selbst wurden an verschiedenen Stellen hoch- und runtergelassen, immer verbunden mit einem lauten Knackgeräusch. Einem doppelten Knackgeräusch – die Gelenke der Patienten knackten im Takt mit. Und dann knackte ich, während der Chiropraktiker meinen Hals würgte und durch gezielte Schläge meine Wirbelsäule brach – was er »begradigen« nannte.

Nein, das war keine Medizin für Weicheier. Osteopathen verhalten sich zu Chiropraktikern wie Appe-Ecken-Schule (Waldorf-Schule) zu »Marine Boot Camp«. Chiropraktiker sind wie U.S. Marines, die kurz vor dem Absprung aus dem Flugzeug sagen: »Who needs fucking Fallschirme! We're marines asshole!«

Aber zurück zu *meiner* Folter. Gerade wieder setzte der Herr über mir zum Würgegriff an, während er mir weismachen wollte, meinen Nacken einrenken zu wollen. Das aber war nur ein Vorwand: In Wahrheit wollte er ein Geständnis. Er wollte, dass ich sage: »Ja, ich bin ein feindlicher Kämpfer! Ja, bringt mich in die Sonne Kubas, bringt mich nach Guantanamo! Ich hab's verdient!« Auf jeden Fall schossen mir 1000 Gedanken durch den Kopf: »Shit! Hoffentlich geht das gut! Hoffentlich überlebe ich das. Wenigstens gelähmt.« Der Chiropraktiker sah meine Angst in den Augen. Ach was, er roch sie förmlich.

»Wovor fürchten Sie sich, Herr Doyle?«

»Keine Ahnung. Vor dem Tod vielleicht oder einer Querschnittslähmung?«

»Machen Sie sich keine Sorgen!« Ein schräges Lachen verzog das Gesicht des CIA-Folterknechts. »So etwas passiert bei uns ganz selten.« Der Ami in mir hätte gelacht, aber der Deutsche fragte besorgt weiter.

»Wie selten?«

»Also, *diese* Woche noch gar nicht.« Der Mann war wie eine Packungsbeilage: »In seltenen Fällen kann es zu Gehirnblutungen kommen«, und ich fragte mich: Wie selten? Einmal in fünf Fällen oder einmal in 500 Millionen?

Ich weiß nicht, warum, aber ständig treffe ich auf Mediziner, die glauben, mir gegenüber witzig sein zu müssen. Während mein Orthopäde zum Beispiel eine Spritze mit irgendwelchen Opiaten ansetzte, um sie anschließend zehn Zentimeter tief in meinem Nacken zu versenken, fragte ich ihn: »Wird es weh tun?« Und er antwortete: »Mir nicht.«

Har. Har. Har.

Der Schlimmste von allen ist jedoch mein Proktologe, der »Popo-Arzt«. Offenbar ist für ihn ein Tag ohne einen Arsch-Witz ein verlorener Tag. Ich trat eines Tages in sein Büro und fragte ihn: »Wie geht es Ihnen, Herr Doktor?«, und er zog sich eine Art Mini-Kondom über den Zeigefinger und antwortete mit versteinerter Miene: »Ach, Herr Doyle, der Tag ist im Arsch.« Fast brach er vor Lachen zusammen, und ich lachte mit. Es war sozusagen ein vorauseilendes Mitlachen. Denn was wäre passiert, wenn ich nicht mitgelacht hätte und er sich bei meinem nächsten Termin daran erinnerte?

Mein Termin beim Chiropraktiker ist letztlich glimpflich verlaufen. Es tat weh, ja, es knackte überall, auch an Stellen, an denen ich nie Knochen vermutet hätte, aber ich habe nichts verraten. Und nach der Folter brauchte ich noch nicht einmal einen Rollstuhl. Vorne, am »Counter« beim Bezahlen, strahlte ich übers ganze Gesicht. Die Kassiererin (Arzthelferin) fragte: »Na, Herr Doyle, Sie sehen glücklich aus. Alles gut?«

»Yes, alles is good. I'm still alive. Everything is in butter. I'm not rolling out of here! I'm WALKING out of here!«

Sie schaute mich komisch an. Irgendwie verwundert. Ein kurzer Moment der Irritation. Schnell hatte sie sich wieder im Griff und kassierte hochkonzentriert ab. Kein Wunder, schließlich wurde sie von einem CIA-Mann ausgebildet. Vermutlich in »Guantanamo Bay« oder auf der »Bagram Air Base«.

Man weiß es nicht. Beim nächsten Mal werde ich sie fragen. Oder besser nicht:

Man soll solche Menschen ja lieber nicht reizen.

Es folgte ... das Lernen

Fitnessstudio

Wer einmal von einem Chiropraktiker gefoltert wurde, wird mich verstehen. Freiwillig setzt man sich dem nicht ein zweites Mal aus. Also verzichtete ich auf weitere Maßnahmen zur Bekämpfung meiner Leiden und pflegte stattdessen mein schlechtes Gewissen. Und davon hab ich viel. Also vom schlechten Gewissen.

Ständig, von morgens bis abends. So stand ich einmal in der Frühe vor dem Spiegel, hatte ein schlechtes Gewissen, und dann redete das schlechte Gewissen mit mir.

»John, du wirst immer fetter! Tu endlich was!«

»Aber was soll ich denn machen?«

»Friss nicht so viel und beweg dich, du faule Sau!«

WOW! Wie kann ein Gewissen nur so bösartig sein? Wie kann es nur so mit mir reden? Mich so dermaßen beleidigen? Aber das Schlimmste ist: Mein Gewissen hatte auch noch einen Sohn. Meinen.

»Dickie, warum meldest du dich nicht endlich im Fitnessstudio an? Der Urologe hat dir doch gesagt, dass du unbedingt Sport treiben musst!«

Tja, da stehen sie nun: Mein schlechtes Gewissen und mein Sohn und schauen mich mit einer Mischung aus Mitleid und Resignation an.

»Erstens war das nicht der Urologe, der das ansatzweise

so gesagt hat, sondern der Orthopäde. Beim Urologen bin ich erst am Mittwoch. Zweitens bin ich schon längst angemeldet.«

Das war nicht einmal gelogen. Ich bin Mitglied in einem Fitnessstudio. Ich zahle sogar 39 Euro im Monat. Und das mache ich seit drei Jahren, also das Zahlen. Hingehen tue ich eher selten bis nie. Obwohl? Nie stimmt auch wieder nicht, denn einmal war ich da, zum Probetraining. »Individuelle Trainingsanalyse« nannte sich das. Ein netter Trainer, vermutlich arbeitsloser Diplom-Sportlehrer, führte mich von Gerät zu Gerät, ließ mich radeln, Gewichte stemmen und Sit-Ups machen und legte dann meine Schlagzahl für künftige Besuche im Fitnessstudio fest. Allerdings gab es kaum künftige Besuche. Immer nur neue Probetrainings-Einheiten. Aber – ich *könnte* hingehen, wenn ich denn hingehen *wollte*. Ich *könnte* jederzeit hingehen, egal wann, denn ich bin Mitglied. Und so ganz anders als die anderen verhalte ich mich nun auch wieder nicht. Laut Statistik kündigen mehr als 50 Prozent der Besucher eines Fitnessstudios ihre Mitgliedschaft innerhalb der ersten drei Monate, weil sie halt nicht hingehen. So etwas würde ich nie machen, dafür bin ich zu bodenständig und habe meine Prinzipien. Ich bleibe und zahle. (Außerdem weiß ich gar nicht, wie ich aus dem Vertrag kommen soll.)

Aber dann wollte ich es tun. Ich wollte ins Studio gehen. Also sagte ich zu meinem schlechten Gewissen: »Okay, Quentin, ich gehe ins Fitnessstudio. Heute noch. Ich werde ab sofort an mir arbeiten!« Und mit diesen ebenso markigen wie interpretationsfähigen Worten machte ich mich schnurstracks auf den Weg zum Fitnessstudio. Es war ja nicht nur mein schlechtes Gewissen und mein Sohn, die mich antrieben. Es war auch einer meiner Orthopäden. Bei meinem letzten Besuch hatte der freundliche 911er noch einmal eindringlich darauf hingewiesen, wie wichtig ausreichende Bewegung ist.

»Herr Doyle, das ist wie im Krankenbett: Wenn man zu lange liegt und die Muskeln nicht benutzt, werden sie schlapp und nutzlos und nach kurzer Zeit verschwinden sie einfach. Herr Doyle, Sie müssen sich bewegen. Sie müssen Muskeltraining machen. Warum melden Sie sich nicht einfach in einem Fitnessstudio an?«

Na, weil ich doch schon angemeldet bin! Aber das hatte ich ihm nicht gesagt. Bei meinen diversen Arztbesuchen hatte ich ohnehin schon die Rolle des Deppen angenommen. Mehr Depp muss ja nicht sein.

Fitnessstudio ist einfach nicht so mein Ding. McDonald's? Okay! Burger King? Klaro! Aber Fitnessstudio? Eher nicht. Wenn es ein »Fitness-Drive-In« gäbe, dann würde ich ganz sicher hingehen beziehungsweise hinfahren. Man stelle sich das mal vor: Irgendwann in der Zukunft fährt man ins Fitnessstudio in einem Elektro-Stretch-Hummer, und eine freundliche Frauenstimme würde aus den Lautsprechern ertönen.

»Herzlich Willkommen bei McFitness! Ihre Bestellung, bitte.«

»Ich hätte gern ein Sixpack und zehn Kilo Fettabsaugung.«

»Möchten Sie für 1000 Euro extra auch eine Vollrenovierung inklusive Gesichtsstraffung und Penisverlängerung?«

»Ja, warum nicht? Man lebt nur einmal.«

»Ich darf notieren: Einmal Sixpack, zehn Kilo Fettweg, Facelifting und Penisverlängerung. Dazu gibt es noch eine große Cola gratis. Macht insgesamt 14 000 Euro. Fahren Sie bitte zum nächsten Fenster.«

Leider gibt es das »Fitness-Drive-In« oder »Fitness-Drive-Thru« noch nicht. Es gibt nur Studios, die zwar vielversprechend heißen wie zum Beispiel »McFit«, in denen man aber trotzdem alles selbst machen muss.

Mein letzter Besuch im Fitnessstudio war vor ungefähr sieben Monaten, zum x-ten Probetraining. Ich betrat den Raum, der abgesehen von einer Fensterfront nur verspiegelte Wände hatte, und sah mich: Groß, plump, rothaarig, rotwangig. Ungefähr aus der Mitte meines Körpers trat eine Wölbung hervor. Alle anderen im Raum sahen fit und sportlich aus und hatten schicke, ebenso sportliche Klamotten an. Ich sah Männer in farbigen Unterhemden, die ihre darunter liegenden Muskelstränge nur mühsam verbergen konnten – was sie wahrscheinlich auch gar nicht verbergen wollten. Und wo waren die Dicken, die Fettleibigen, hinter denen ich mich verstecken konnte? Ah ja, einen sah ich. Im Spiegel. Mich. Alle anderen joggten, strampelten, steppten oder stemmten Gewichte: 100 Kilo, 200 Kilo, eine Tonne. Und alles stöhnte vor sich hin. Männer stöhnten, als hätten sie Presswehen, und Frauen, als wären sie beim Pornodreh. Ein Gedanke durchströmte mein Hirn: »Hau ab, John! Hau so schnell wie möglich ab! Das ist nichts für dich!«

Zu spät! Schon kam meine neue Trainerin auf mich zu. Sonja hieß sie. Oder Nadja. Oder Tanja. Irgendwas mit »ja« am Ende. Sie war natürlich schwer durchtrainiert und sah verdammt streng und entschlossen aus. Auf der Stelle wünschte ich mir eine Trainerin, die Gertrud hieße oder Gudrun, von mir aus auch Mechthild. Gertrud-Gudrun-Mechthild hätten mir kein Turbotraining abverlangt. Sie hätten erst eine halbe

Stunde mit mir geredet und dann Beckenbodenübungen verordnet. Das Training für fettleibige Amerikaner, die es langsam angehen wollen. Aber meine Trainerin hieß wie gesagt Sonja, Tanja oder Dunja und legte sofort richtig los.

»Möchten Sie an der Kondition arbeiten, Herr Doyle, oder Kraft aufbauen?«

»Gibt es noch eine Alternative?«

Sie schaute mich irritiert an. Ihre Sehnen am Hals spannten sich an und setzten ihren Kopf in Bewegung. Es war eindeutig ein nonverbales Nein.

»Okay«, sagte ich, »dann lieber Kondition.«

»Wunderbar, dann kommen Sie mal mit zum Fahrrad.«

»Fahrrad« klang gut. Fahrrad fahre ich hin und wieder. Ist in Köln auch relativ einfach: Es gibt keine Berge, und wenn man nicht am Rhein entlangfährt, stört auch kein Wind. Auf dem Fitnessfahrrad weht einem zwar keine Brise entgegen, dafür gibt es allerdings Berge: Ich war kaum drei Minuten geradelt, da kam Dunja-Sonja-Tanja an und drückte irgendwelche Knöpfe auf dem Display. Plötzlich wurden aus dem netten Dahinradeln die letzten drei Kilometer einer Bergankunft bei der Tour de France. Während ich mich also – ungedopt – zum »Grand Prix Montagne« hinaufquälte, begann ich nachzudenken: Viele von den neben mir Dahintrampelnden sind mit dem Fahrrad zum Fitnessstudio gefahren, um dann auf das Fitnessfahrrad umzusteigen. Warum sind sie nicht einfach weitergeradelt? Also richtig geradelt. Mit Sonne und Vogelgezwitscher in frischer Luft. Das Einzige, das man hier zum Schnuppern bekam, waren stinkige Socken und verschwitzte Unterhemden. Und du hörst keine Vögel, sondern etwas, das sich anhört wie das, was man macht, wenn man ein »n« an unsere gefiederten Freunde hängt.

Nach dem Fahrradfahren sollte ich Gewichte stemmen. Das war mir dann doch zu viel. Ich simulierte eine schmerzhafte Muskelzerrung – glaubhafte Krankheitssimulationen liegen mir im Blut – und verschob meinen Probetermin mit Sonja-Tanja-Dunja auf die nächste Woche.

Seitdem waren – wie bereits erwähnt – sieben Monate vergangen.

Nach der Auseinandersetzung mit meinem schlechten Gewissen und seinem Freund, dem Pubertierenden, beschloss ich, ohne Fitnesstrainer fit zu werden. Ich ging ins Studio, einfach so. Kein Probetraining, nichts, ich wollte einfach nur anfangen, fit zu werden.

Kaum betrat ich den Raum, merkte ich, wie mich alle anstarren. Ich war ein bisschen stolz darauf und dachte: Hey super, die kennen mich alle aus dem Fernsehen oder von der Bühne. Wie geil ist das denn? Bestimmt fragt gleich einer nach einem Autogramm. Bis ich feststellen musste, dass sie nicht wirklich *mich* anstarren, sondern eher meinen Bauch. Es würde nicht lange dauern, bis mich jemand ansprach,

»Ach, das ist ja schön, in welchem Monat sind Sie denn?«

»Junge oder Mädchen?«

»Darf ich mal anfassen?«

Das Problem sind meine T-Shirts. Sie sind einfach zu eng, um den Bauch zu verdecken. Keine Ahnung, warum sie so eng sind. Wenn ich sie kaufe, passen sie noch. Ich habe den Verdacht, dass meine Frau die T-Shirts zu heiß wäscht, damit sie einlaufen und ich ein noch größeres schlechtes Gewissen bekomme. Meine Frau bestreitet das.

»Marita, du darfst die T-Shirts nicht so heiß waschen! Die laufen alle ein.«

»Ich wasche die T-Shirts bei 40 Grad – da läuft nichts ein.«

»Vielleicht ist die Waschmaschine kaputt?«

»John, die Waschmaschine ist nicht kaputt. Es liegt am Kühlschrank.«

»Liebe Marita, bitte bleib sachlich! Was bitte hat der Kühlschrank mit meinen T-Shirts zu tun?«

»Na ja, du leerst ihn dauernd und füllst damit deine T-Shirts.«

Ich hasse es, wenn meine Frau versucht, lustig zu sein. Genauso wenig mochte ich die Bauchblicke der anderen »Fitnesser«. Ich versuchte also, meinen Bauch einzuziehen, aber so viel Bauch konnte man nicht auf einmal einziehen, und außerdem musste ich ja auch irgendwann wieder atmen. Um nicht weiter an meinen Bauch zu denken, verwickelte ich einen der Bodybuilder-Schränke in ein Gespräch.

»Hallo, was sind das für Dinger da an deinen Armen?«

»Das sind Muskeln. Und was ist das da an deinem Bauch?«

Ich schaute runter: »Das da? Das ist mein Bauch. Mal im Ernst, warum hast du so viele Muskeln und ich nicht?«

»Ich hab genauso viele Muskeln wie du. Deine sind nur unter einer dicken Fettschicht verborgen«, und dann zeigte mir der Schrank ein Gerät, an dem man den Fettanteil im Körper messen kann. »Body-Index-Messung« nennt man das. Ich brauche das Ding nur anfassen, und innerhalb weniger Sekunden sagt es mir, wie fett ich bin.

»Du musst nur Alter und Größe eingeben«, klärte mich der Schrank auf.

»Muss ich ›Amerikaner‹ oder ›Nicht-Amerikaner‹ auch eingeben?«, fragte ich, aber er reagierte nicht. Also fasste ich das Ding an, und sofort leuchtete die LED-Anzeige auf: »26 Prozent Körperfett«.

26 Prozent? Das ist doch nichts, ich hatte 100 Prozent erwartet. Oder 200.

»26 Prozent? Das ist doch nicht viel, oder?«, fragte ich den Wandschrank.

»Na ja, eigentlich sollte man nur zehn Prozent Körperfett haben. Wenn man fit ist.«

»Und wenn man nicht fit ist und dazu noch Amerikaner? Und wenn man nur so fit sein möchte, um keine Schmerzen zu haben und nicht an einem Herzinfarkt zu sterben?«

»Dann solltest du so unter 20 Prozent haben, das kriegst du durch Training und richtige Ernährung relativ schnell hin. Wie oft in der Woche isst du denn Obst und Gemüse?«

»Obst und Gemüse? Zählen Pommes auch dazu?«, fragte ich hoffnungsvoll, aber der Schrank schüttelte den Kopf.

»Was ist mit Müsli?«

»Müsli? Nicht so oft. Einmal hab ich Studentenfutter gegessen.« Der Schrank gab auf.

»Pass auf: Das hat alles so kein Zweck. Wir machen jetzt erst mal was für den Muskelaufbau am Rücken.«

Er setzte mich an ein Gerät mit dem verheißungsvollen Namen »LAT-Presse«: Dabei nimmt man eine lange Stange und zieht diese nach unten. Das ist unglaublich anstrengend.

»Eins. Zwei. Eins. Zwei. Super!«, munterte mich der Schrank auf. »Das machst du wirklich sehr gut. Und jetzt probieren wir das Ganze mal mit Gewichten.«

Ich glaube, das nächste Mal werde ich mal wieder eine Muskelzerrung simulieren.

Es ist etwas passiert, von dem ich annahm, dass es mir nie passieren würde: *Ich, John Doyle, mache den Haushalt!* Derselbe John Doyle, aufgewachsen in New Jersey im Schatten einer wohlbeleibten Mutter, die ihrem Sohn *alles* hinterhergetragen hat. Eine Mutter, die ihm noch das Butterbrot schmierte, als der kleine John schon 23 war und sich ansonsten nur von Fastfood ernährte.

Ach ja, bevor ich's vergesse. Ich hab ja eine eigene Theorie, wie der American Way of Fastfood überhaupt entstanden ist. Also, das war vermutlich so: Ronald McDonald war ein verwöhntes Blag. Alles, was er sich wünschte, ging in Erfüllung, weil seine Eltern, insbesondere seine dominante Mutter, ihm jeden Wunsch von den Lippen ablas. Auch im Haushalt musste er nie mit anpacken. Hatte er etwas gegessen, zack, schon stand seine Mutter da und räumte den Teller weg. So war Ronald McDonald lange Zeit nicht bewusst, dass benutzte Teller nach dem Essen wieder in den ursprünglichen, sauberen Zustand versetzt werden müssen. Oder nein, er war sich schon bewusst, dass dreckige Teller irgendwie gesäubert werden müssen, hatte aber keine Vorstellung von diesem Vorgang. Sein Teller war ja immer sofort verschwunden, sobald er ihn geleert hatte. »Vielleicht«, dachte er, »wandern die Teller einfach nach dem Essen wieder in den Schrank und reinigen sich von selbst?« Irgendwann kam dann der Tag, an dem Ronald McDonald begriff, dass die Welt ganz anders ist, als er dachte. Ronald war nun Student, saß in seiner Studentenbude und aß ein Sandwich. Als er das Sandwich gegessen hatte, stand der Teller einfach so vor ihm. Leer und schmutzig. Er starrte den Teller an. Nichts geschah. Er starrte weiter.

Nichts. Er versuchte, den Teller mit der Kraft seiner Gedanken zurück in den Schrank zu bewegen. Aber sosehr er auch starrte, der Teller blieb auf seinem Platz. Leer und schmutzig. Lange dachte Ronald McDonald über dieses Phänomen nach. Irgendetwas stimmte hier nicht, irgendetwas war nicht so, wie es sein sollte. Nachdem er drei Stunden vor dem Teller gesessen hatte, gab er auf. Er nahm den Teller, ging damit zur Studentenbudeneinbauküche, schaute sich um, ob es hier irgendwo einen Hinweis gab, wie er den Teller zu behandeln habe, damit er wieder benutzbar werde, fand aber nichts. Also warf er den Teller in den Mülleimer. Als sich die Klappe des Treteimers schloss, fühlte er sich plötzlich frei, völlig frei. Stundenlang hatte er auf dem Problem »Schmutziger Teller« herumgekaut, nun war es mit einem Tritt erledigt. Es war ein tolles Gefühl. Ein wahnsinnig tolles Gefühl. Manchmal ist das Leben so einfach, man muss nur nach der einfachsten Lösung suchen. Und er wollte, dass auch seine Mitmenschen dieses Gefühl der absoluten Freiheit kennenlernen. Sie sollten auch essen und sich danach frei fühlen.

Tja, so hat es angefangen mit dem American Way of Fastfood: Essen und den Teller einfach wegschmeißen. Später hat Ronald das noch verfeinert und gleich die Teller weggelassen. Noch freier.

Aber, das ist gar nicht das Thema. Das Thema dieses Buches ist Rücken und wie ich die permanenten Schmerzen loswerde. Und weil ich ein verantwortungsvoller Autor bin, streue ich hin und wieder auch mal einen Tipp ein. Hier ist einer:

Machen Sie den Haushalt, oder machen Sie sich wenigstens im Haushalt nützlich, das hilft. Kein Witz: Die Rückenschmerzen werden weniger. Klar wäre es netter, wenn Biertrinken gut für den Rücken wäre oder Erotikfilme gucken.

Von mir aus auch ganz normale Filme, Hauptsache etwas, was Spaß macht. Aber nein, es sind die Hausarbeiten, die die Rückenschmerzen lindern.

Angefangen hat es mit der Spülmaschine. Ich war allein zu Hause. Meine Frau stockte unser Haushaltsgeld (also 70 Prozent davon) durch abhängige Lohnarbeit auf, mein Sohn verprasste unser Haushaltsgeld (0,05 Prozent davon) mit irgendeinem Mädchen, das ihn noch nicht kannte und deshalb nicht wusste, worauf es sich einließ. Und ich war, wie gesagt, ganz allein. Allein heißt bei mir auch: Allein mit der Tiefkühlpizza.

Die bruzzelte also im Backofen so vor sich hin. Ab und zu überzeugte ich mich vom ordnungsgemäßen Zustand des Fertiggerichts, und als ich mir sicher war, dass sich die Pizza der Verzehrreife näherte, öffnete ich den Küchenschrank, um einen Teller herauszuholen. Da fand ich allerdings keinen, auf jeden Fall keinen in Pizzagröße.

»Mhm«, dachte mein Magen, »wo sind denn all die großen Teller hin?«

Ich suchte in der ganzen Küche. Nichts, nirgendwo war ein großer Teller zu finden. Überhaupt war auffallend wenig Geschirr in den Schränken. Einen kurzen Moment dachte ich, meine Frau hätte ihre schon öfters geäußerte Drohung wahrgemacht und wäre zu ihrer Mutter gezogen. Wobei mir gleich der nächste Gedanke durch den Kopf schoss: Hatte sie den Pubertierenden mitgenommen? Und wenn ja, hatte der seine X-Box mitgenommen? Bevor ich mich jedoch noch ausgiebiger mit den Folgen einer solchen Entscheidung auseinandersetzen konnte, entdeckte ich in einem kleinen Raum neben unserer Küche einen grauweißen Kasten. Ohne weiter darüber nachzudenken, klappte ich die Tür des Kastens auf, und siehe da: Da war unser ganzes Geschirr. Ich folgerte, dass es sich hier um eine Art Geschirrspülmaschine handelte. Ehrlicherweise musste ich mir eingestehen, dass mir der Kasten nicht ganz fremd war, schließlich hab ich ihn vor Jahren gekauft, ihn dann aber aus meinem Gedächtnis gestrichen. Nun musste ich mich mit ihm beschäftigen, schließlich beherbergte er den Pizzateller. Ich bückte mich herunter, holte die gespülten Teller heraus, meinen geliebten Happy-Meal-Becher und die Colagläser, die mir Ronald McDonald als Gratisbeigabe zu einigen Big-Mac-Menüs geschenkt hatte. Und weil ich gerade dabei war, räumte ich die komplette Maschine aus und verstaute das gesamte Geschirr in den Schränken: Oben. Unten. Mitte. Ich bückte mich, dehnte und streckte mich, bückte mich wieder, und als die Maschine ausgeräumt war, spürte ich meinen Rücken nicht mehr.

Na ja, den Rücken spürte ich schon noch, aber er tat nicht mehr weh. Die Schmerzen, die ich noch beim Warten auf die Pizza gehabt hatte, waren verflogen. Wahnsinn. Mit beinahe 47 musste ich feststellen, dass ich den falschen Beruf gewählt hatte: Putzfrau hätte ich werden sollen!

Nach dem Ausräumen war ich mehr als nur schwer begeistert und berichtete meiner Frau davon.

»Schatz, ich muss dir was erzählen. Erstens, warum hast du mir nicht gesagt, dass wir eine Spülmaschine haben? Zweitens, ich hab kaum noch Rückenschmerzen!«

»Warum? Nimmst du jetzt Morphium?«, säuselte meine Gattin eher beiläufig.

»Quatsch, ich hab einfach nur die Spülmaschine ausgeräumt und die Teller in die Schränke gestellt, und dadurch sind die Rückenschmerzen wie weggeblasen.« Das erregte dann doch die Aufmerksamkeit meiner Frau. Offenbar sah sie wieder eine Zukunft für unsere Ehe.

»Toll, John, dann darfst du die Spülmaschine von jetzt an immer ausräumen!«

»Kein Problem. Mach ich. Wenn's dem Rücken hilft, warum nicht? Mach ich jetzt jeden Tag!«

Ganz offensichtlich eine Antwort unter Einfluss eines Adrenalinschubs. Nach zwei Tagen war mein Adrenalinspiegel wieder auf Normalmaß gesunken, und die Lust auf Spülmaschineausräumen war merklich geringer geworden. Meinem Rücken ging es zwar besser, trotzdem hatte das Ausräumen der Spülmaschine dann doch einen zu geringen Spaßfaktor, als dass ein Comedian, wie ich einer bin, das länger als zwei Tage durchhalten könnte. Da passte es ganz gut, dass auch der Pubertierende keine Lust mehr hatte, mir beim Spülmaschineausräumen zuzuschauen. Im Gegenteil, er war äußerst angefressen, weil ich ihm seine Kinderarbeit streitig machte. Schließlich hatte er sein Taschen- beziehungsweise Biergeld mit kleineren Haushaltsarbeiten wie eben dem Ausräumen der Spülmaschine aufgebessert.

»Okay, Quentin«, sagte ich gönnerhaft. »Du darfst es wieder machen. Aber mach es ordentlich, denk dran, ich weiß nun, wie es geht! Außerdem gibt es für mich genug andere Trainingsmöglichkeiten im Haushalt.«

Der Sohn meiner Frau schaute mich an, wie man jemanden anschaut, den man für zumindest geistig minderbemittelt hält, aber das juckte mich nicht. Es stimmte nämlich: Es gibt wahnsinnig viele Möglichkeiten, den Rücken mit Haushaltsarbeiten zu stärken. Bei uns liegen zum Beispiel immer irgendwelche Klamotten auf dem Boden rum. Unterwäsche, Socken, T-Shirts. In dem einen Zimmer findet man eine Socke, im anderen die zweite. Komischerweise handelt es sich dabei immer um meine Klamotten. Bislang war das tatsächlich ein Problem. Nicht, weil die Sachen da einfach rumliegen, das

Problem ist vielmehr, wie sie da wieder wegkommen. Seit ich aber die heilende Kraft des Bückens für mich entdeckt habe, freue ich mich, wenn ich wieder mal eine Socke unter dem Wohnzimmertisch liegen sehe: »Komm, John, bück dich«, sagt dann mein innerer Orthopäde, »bück dich, du Sau, und heb das Zeug auf!«

»Du Sau«, sage ich nur, um den Reiz des Ganzen zu erhöhen. Man muss ein wenig Abwechslung ins Aufräumen bringen, sonst wird es zu schnell zu eintönig. Ich mache das jetzt seit einer Weile, und – kein Witz! – das Bücken hat mein Leben verändert. Manchmal verteile ich abends meine Sachen in der ganzen Wohnung, damit ich morgens ordentlich was zum Bücken habe. Meine Frau behauptet zwar, das hätte ich schon immer so gemacht, nun gut, jetzt mache ich es aber bewusst. *Gesundheitsbewusst.*

Ansonsten halten mich meine Frau und ihr Kind für einen Spinner. Wahlweise auch für einen Penner oder geistig Verwirrten. Egal. Hauptsache Rücken, Hauptsache Bücken.

Ja, es hat sich einiges verändert. Früher bin ich aufgestanden und habe mich sofort wieder hingesetzt. Erst auf die Toilette, dann an den Küchentisch. Kein Wunder, dass ich bei so viel Herumsitzen Rückenschmerzen bekommen habe. Das ist nun vorbei. Jetzt stehe ich auf und sammle erst einmal in gebückter Haltung meine Klamotten ein. Ich bin sogar schon kurz davor, nicht mehr im Sitzen zu pinkeln: »Back to man's nature!«, schreit es in mir, aber noch hab ich zu viel Angst vor meiner Frau.

Ja, es gibt nichts Besseres für den Rücken, als sich zu bücken und dann automatisch wieder zu strecken. Es lockert die Lendenwirbel, es streckt die Brust- und Nackenwirbel. Und das alles ohne einen Cent für irgendwelche Therapien auszugeben, einfach nur, weil die Boxershorts von vorgestern auf dem Boden liegt und entsorgt werden muss: *Fantastic!* Wenn ich nun sehe, wie sich meine Frau oder der junge Mitbewohner anschicken, etwas vom Boden aufzuheben, schreite ich sofort ein: »Nichts anfassen. Das ist mein Sportprogramm für morgen!«

Noch besser: Wenn man sich nicht nur bückt, sondern sich anschließend auch streckt, ist das ein super Workout für Schultern und Arme. Deshalb hab ich auch eine neue Leidenschaft entdeckt: Das Staubsaugen! Es ist noch nicht lange her, da habe ich gedacht, die einzig wahre Funktion eines Staubsaugers sei, mich beim Fernsehgucken zu stören. Weil meine Gattin grundsätzlich während gute Filme laufen mit dem Staubsauger zwischen mir und Angelina Jolie rumfuchtelt.

Jetzt kann ich die Funktionsweise des Gerätes besser beurteilen. Beim Staubsaugen geht es in Wahrheit ums Bücken. Um das Vor- und Zurückwippen mit den Lenden und das Strecken, während man den Staubsauger über Kopf hält und die Spinnweben aus den Ecken saugt. Ich mache das inzwischen täglich. Ach was, mehrmals am Tag. Ist der Teppich verstaubt? Ist das Sofa voller Milben? Nicht? Egal, ich sauge trotzdem!

Man muss nicht ins Fitnessstudio gehen, um etwas für den Rücken zu tun. Man muss nicht einmal mehr die Ehefrau um Sex bitten, um den Kreislauf in Schwung zu bringen. Das kann man alles auch so haben. Nur mit einem Sauger. Und meine Frau mache ich damit auch viel glücklicher.

Ich kann ihr jetzt Putztipps geben.

Natürlich ist es bequem, sich über sich selbst und über alle möglichen Gesundheitsratschläge lustig zu machen. Wenn ich etwas außer essen, auf dem Sofa liegen und schlechtes Fernsehen gucken richtig gut beherrsche, dann das.

Irgendwann aber ist immer der Punkt erreicht, an dem man sich den Tatsachen stellen muss. Das kann zum Beispiel das morgendliche Spiegelbild sein, das einen dümmlich angrinst: *»Hallo, John! Hallo, Bauch! Hallo, Doppelkinn! Habt ihr alle gut geschlafen?«*

Oder eine Begebenheit wie diese: Ich ging in ein Laufschuhgeschäft, um mir neue Alibi-Joggingschuhe zu kaufen. Der superkompetente, astrein gebaute Dreitagebart-Verkäufer bat mich aufs Laufband, um den individuell passenden Schuh für mich zu finden. Also stieg ich aufs Laufband, zwei Stufen, und musste danach erst einmal fünf Minuten Pause machen, um wieder richtig durchatmen zu können. Am Ende kaufte ich bequeme Schuhe für ausgedehnte Spaziergänge durch den Entenpark.

In diesem Moment hat es dann in mir »Klick« gemacht. Ich hab kurz gewartet, ob das »Klick« vielleicht ein eingeklemmter Nerv war, der sich nun gelöst hatte. Weil sich aber körperlich nichts veränderte, musste ich einsehen, dass es nicht mehr reichte, sich einzugestehen, ein fauler Fettsack zu sein. Das »Klick« bedeutete: Ich bin bereit, etwas gegen das Klicken zu tun – und zwar täglich.

Zuerst zog ich zum x-ten mal Bilanz: Ich wusste, dass meine Bandscheibenprobleme mit meiner schlechten Körperhaltung zu tun hatten, und ich wusste ebenfalls, dass meine schlechte Körperhaltung mit meiner Fettleibigkeit zu tun hatte und meine Fettleibigkeit mit Bewegungsmangel. Weil ich ein schlaues Bürschchen bin, fing ich also mit Bewegung an. Nicht einfach nur im Fitnessstudio oder durch Jogging, ich bewegte mich ab sofort immer und überall.

Zum Beispiel: Egal, wo ich hinkomme, immer lockt ein Fahrstuhl. Der alte John wäre sofort eingestiegen, hätte auf die »Sieben« gedrückt und wäre mit dem Aufzug nach oben gefahren. Der neue John entscheidet sich nun für das Treppenhaus. Zwar wird der neue John unterwegs noch von subversiven, amerikanischen Gedanken geplagt: »Sag mal, John Doyle, bist du blöde oder was? Fahrstühle sind ein Zeichen des Fortschritts. Sie wurden nicht erfunden, um still im Schacht zu stehen. Fahr endlich damit! Du bist Amerikaner!« Aber ich trotze meinem amerikanischen Unterbewusstsein und steige weiter die Treppenstufen nach oben.

Bis vor kurzem stellten Treppenhäuser für mich nur Fluchtwege dar, falls es mal irgendwo brennt. Dass man sich darin auch ohne Panik bewegen kann, war mir nicht bewusst. Das Treppenhaus als Trainingsparcours? Um Herz und Kreislauf in Schwung zu bringen? *Mein* Herz und *meinen* Kreislauf? Niemals! Am Anfang hatte ich auch echte Probleme. Ich musste unterwegs immer wieder Pausen einlegen und durchschnaufen – und das bereits auf dem Weg in die erste Etage. Aber heute ist das anders. Heute ist der neue John unterwegs. Ein Gebäude mit fünf Etagen, eines mit sechs und als Krönung der Mont Blanc der Treppenhäuser: eines mit sieben Etagen. Vor zwei Monaten hätte ich gefragt: »Sieben Etagen? Zu Fuß? Warum?« Heute frage ich nicht mehr nach dem Warum, jetzt sage ich: »Warum nicht? Fuck the fucking Aufzug!« – und eile in die siebte Etage hinauf und denke: Okay, fünf hätten auch gereicht. Dann trockne ich mich mit einem Handtuch ab, ziehe mein Ersatz-T-Shirt an und träume von

Thomas Dold. Wie? Sie kennen Thomas Dold nicht? Den sechsfachen Meister des Treppenhochhaus-Rennens im New Yorker Empire State Building? Er schafft 86 Stockwerke beziehungsweise 1576 Stufen in wenig mehr als zehn Minuten. Wahnsinn! Thomas Dold ist mein Hero, mein Treppenhaus-Idol. Wenn ich jetzt im Kaufhaus oder in einem Gebäude mit mehreren Etagen bin, frage ich nicht mehr: »Entschuldigen Sie, wo bitte geht's hier zum Fahrstuhl beziehungsweise zu den Süßigkeiten?«

Nein, ich stelle nun die eine und entscheidende Frage, die Frage, die auch Thomas Dold stellen würde: »Entschuldigen Sie bitte, wo ist hier das Treppenhaus?«

»Das Treppenhaus? Wieso?«

Eine berechtigte Frage, auf die ich keine wirkliche Antwort habe. Also sage ich: »Meier. Feuerwehroberhauptmann. Muss einen Kontrollgang machen.«

Dann werde ich jedes Mal von oben bis unten gemustert. Der Typ schätzt ab, ob ein großer, rothaariger, irisch aussehender Mann mit amerikanischem Akzent und einem Badetuch mit Hawaii-Motiv in der Hand in etwa dem Bild eines deutschen Feuerwehroberhauptmanns entspricht. Kommt dann offenbar zu dem Ergebnis, dass ihm das irgendwie scheißegal ist und zeigt mir mit dem Finger den Weg zu meiner Sportarena, dem Treppenhaus. Ich stürze hin und nehme die nächsten vier Etagen im Laufschritt.

Seit das Treppensteigen zu meinem Alltag gehört wie der Streit mit meinem hormongesteuerten Sohn fühle ich mich gesünder und viel fitter. Heute muss ich schon drei Minuten auf dem Laufband joggen, um aus der Puste zu kommen. Weil ich so stolz darauf bin und wie jeder erfolgreiche Sportler auch für meine Leistung bewundert werden will, gehe ich jetzt zweimal pro Woche ins Laufschuhgeschäft. Meine mittlerweile 20 Paar Joggingschuhe werde ich sicherlich irgendwann benutzen.

Garantiert.

Übrigens: Für eine Studie der Universität Genf hat man zwei Testgruppen von Universitätsmitarbeitern gebildet: Eine Gruppe hat zwölf Wochen lang auf alle Aufzüge verzichtet, die andere ist nur mit Aufzügen und Rolltreppen gefahren. Die Bilanz: Die Treppensteiger hatten im Durchschnitt 8,6 Prozent mehr Sauerstoff im Blut, 1,7 Prozent weniger Körperfett, 1,8 Prozent weniger Hüftumfang, niedrigeren Blutdruck und weniger Cholesterin im Blut. Ich bin kurz davor, meine neuen Joggingschuhe für den »stairway-sport« einzusetzen.

Vor kurzem hatte ich Besuch aus den Vereinigten Staaten. Natürlich war eine meiner ersten Amtshandlungen, meine Freunde zum Dom zu führen.

»Wow, John, what a fucking big building«, sagten sie beim Anblick der zwei mächtigen Kirchtürme.

»Wow, John, what a fucking enormous church!«, entfuhr es ihnen im inneren der riesigen Kirche.

»Wow, John, you're fucking crazy!«, sagten sie, als ich mit ihnen die gut 500 Stufen zur Aussichtsplattform hochsteigen wollte. Während ich also munter hinaufkletterte (und zwischendurch die eine oder andere Brechattacke überwinden musste), suchten meine amerikanischen Freunde nach dem Fahrstuhl. Sie haben ihn nicht gefunden.

Es gibt nun einmal keinen Fahrstuhl neben den »Stairways to Heaven«.

Fahrradfahren

Für mich gab es bis vor kurzem drei Fortbewegungsarten:

1. Gehen – circa 70 Meter bis zum Coffee-Shop.
2. Gehen – circa 30 Meter bis zum Auto in der Tiefgarage.
3. Gehen – circa 40 Meter bis zur U-Bahn.

Das war nicht besonders viel. Dazu kam zwar auch noch partiell bewegungsintensives Zwangsjoggen im Park und Zwangslaufen auf dem Laufband im Fitnessstudio, aber das Wörtchen »Zwang« drückt schon aus, dass dahinter wenig Begeisterung steckte. Nun endlich habe ich eine Fortbewegungsart entdeckt, die gesund ist, die ich über längere Zeit durchhalte und die mir sogar Freude bereitet: das Fahrradfahren!

Die Entscheidung, das zu tun, fiel mir relativ leicht, schließlich besaß ich bereits ein Rad, und vor meiner Haustür sind Straßen, auf denen man das Rad tatsächlich benutzen kann. Es passt also. Noch besser: Es gibt in Köln keine Berge, nicht mal den Hauch eines Berges. Der gern verwendete Spruch »Ich geh mal eben runter zum Rhein!« bedeutet nichts anderes als die Überwindung von zwei Höhenmetern, egal von welchem Punkt aus in Köln man »runter zum Rhein« geht.

Zurück zum Radfahren. So schnell ging es dann doch nicht, denn am Tag des Radkaufes hatte ich das Gefährt im Fahrradkeller abgestellt – und seither nicht mehr gesehen. Da dies aber nun einige Jahre her war, wusste ich weder, wie es aussah, noch, wo sich der Fahrradkeller überhaupt befand. Der Hausmeister war dann so freundlich und begleitete mich nach unten. Natürlich erst, nachdem er sich überzeugt hatte, dass ich es ernst meinte und tatsächlich so dämlich war und nicht mehr wusste, wo ich mein Rad abgestellt hatte. Ausgenommen der entscheidenden Information, dass es im Fahrradkeller sein musste.

»So, Herr Doyle«, fragte der Hausmeister, »könnte das Ihr Rad sein?«, und deutete auf ein Fahrradgestell. Zu sehen war nur ein Rahmen ohne Räder, Lampen, Bremsen und was an einem Fahrrad üblicherweise angebracht ist.

»Glaub ich nicht«, sagte ich, »mein Fahrrad hatte Räder und einen Lenker.« Daraufhin schaute er mich mit seinem »Ist-der-Kerl-eigentlich-nur-blöd?-Blick« an und führte mich zu den anderen angeketteten Fahrradleichen. Es gab sogar ein einzelnes angekettetes Laufrad. Ein bisschen sah der Keller aus wie Folterverliese aus der Zeit der Inquisition: Manche waren scheinbar schon seit ewigen Zeiten angekettet und hatten mehr oder weniger deutliche Folterspuren. Manchem Fahrrad waren die Gliedmaßen vom Leib gerissen, andere wiederum schienen noch nicht lange in den Fängen der Fahrradinquisition gewesen zu sein. Sie waren noch komplett, nur ein bisschen eingestaubt.

Mein Fahrrad gehörte zum Glück zur letzten Gruppe. Ich erkannte es allerdings nur, weil mein Schlüssel in das Schloss passte. Der Hausmeister lieh mir noch seine Fahrradpumpe, ich hauchte meinem Rad wieder Leben ein, und los ging's: Auf zur ersten Fahrradtour (nachdem ich fünf Minuten Pause gemacht hatte, um nach dem Pumpen ebenfalls Luft zu holen). Es war meine erste Fahrradtour seit der Geburt Jesu, und nach zwei Minuten dachte ich: Verdammte Kacke, warum tut mein Po so schrecklich weh? Da war ich gerade mal zwei Minuten unterwegs, und schon registrierte mein Körper den ersten Neuschmerz. Gleichzeitig begannen die obligatorischen Selbstgespräche.

»Mensch, John, warum tut dir bloß der Arsch so weh?«

»Keine Ahnung, John, vielleicht ist kein Sattel drauf?« –

»Nein, kann nicht sein. Das Gefühl kenne ich vom Urologen, das fühlt sich anders an.«

»Na ja, vielleicht fehlt nur die Polsterung vom Sattel? Schau doch mal nach!«

Ich schaute nach, die Polsterung war einwandfrei. Das Problem war nicht die Polsterung oder der Sattel an sich, das Problem war die körpereigene Polsterung. Ich hatte einfach keine. Beziehungsweise, ich hatte mal eine, aber die war weg. Jetzt passte die Redewendung »Kein Arsch in der Hose!« auf mich wie der Spruch: Passt wie'n Arsch auf Eimer.

Was für eine bodenlose Frechheit: Überall hatte ich Fett: am Bauch, zwischen meinen inneren Organen, am Hals, im Gesicht, überall, nur nicht am Arsch. Das Popo-Fett hatte offenbar am Bauch eine neue Heimat gefunden.

Spontan dachte ich an Jennifer Lopez. Normalerweise möchte ich wenig von dem, was Frauen an ihrem Körper haben, an meinem eigenen sehen. Brüste zum Beispiel stehen mir gar nicht. Eine Ausnahme würde ich nur bei Jennifer Lopez' Hintern machen. Ich meine nicht die Wölbungen zur Seite, sondern die nach hinten – die würde ich ihr abnehmen, zumindest fürs Fahrradfahren! Die Form meines Hinterteils ist denkbar ungeeignet fürs Radeln, außer man fährt im Stehen. Wie einst Lance Armstrong: Im Stehen, vollgepumpt mit EPO und bis zum Rand gefüllt mit sauerstoffangereichertem Blut.

Um ehrlich zu sein: Der Grund, warum ich mich überhaupt entschlossen hatte, aufs Rad zu steigen, war, dass ich Sport im Sitzen betreiben wollte. Aber wie sollte das gehen, wenn man nichts hatte, auf dem man sitzen konnte?

Weil ich jedoch Amerikaner bin und wir Amerikaner uns immer irgendwie durchbeißen, »tough guys« eben, radelte ich einfach weiter. Trotz höllischer Schmerzen. Und: siehe oder spüre da! Schon bald wurde es hintenrum besser. Ich fuhr also aus der Stadt raus, vorbei an einem von circa zwei Dutzend Kölner Kunstgewässern, dem »Aachener Weiher«, dann links Richtung Uni, vorbei an herumlungernden Studenten, die mich an meinen Sohn erinnerten und daran, dass ich ihn auch demnächst fürs Rumlungern bezahlen müsste, anschließend durch den »Volksgarten« und dann in die Südstadt bis »runter zum Rhein«. Ich fuhr noch ein paar Kilometer Richtung Bonn, weil ich vergessen hatte, dass ich links abbiegen musste, um nach Hause zu kommen. Danach aber schnurstracks Richtung Dom und ab nach Hause. Insgesamt saß ich eine Stunde auf dem Rad und – war nicht tot. Also, nicht richtig tot. Auf jeden Fall tat weder meine Bandscheibe weh noch mein Nacken. Und weil das so war, entschloss ich mich, jeden Tag eine solche Tour zu machen.

Eine Woche lang ziehe ich es tatsächlich durch. Ich steige also jeden Tag aufs Rad, jeden Tag fällt es mir leichter. Meinen Hintern spüre ich kaum noch, und mein Rücken ist in Topform: Kein Witz, es geht ihm viel besser. Abgenommen habe ich auch noch. 50 Gramm in einer Woche. Egal, Kleinvieh macht auch Mist.

Aber das ist noch lange nicht alles und auch nicht das Wichtigste: Ich fühle mich auch geistig wie befreit. Wenn ich mit meinem Rad unterwegs bin, denke ich nur ans Radfahren. Nur an die Straße. Der einzige weitere Gedanke, der mir durch den Kopf geht, ist nur noch: Bitte, lieber Gott, mach, dass mich der Autofahrer da vorne sieht!

Nein, ich denke auch an vieles andere. Ich denke an die Rennradfahrer, die mich vom Fahrradweg schubsen wollen. Ich denke an die Fußgänger, besonders die Rentner, die, ohne zu gucken, einfach so über den Radweg latschen, noch geistesabwesender, als ich es bin. Plötzlich tauchen sie aus dem Nichts auf, gucken mich mit einem Blick an, der vermutlich so ähnlich wie ein Voodoo-Todesfluch wirken soll. Und während ich so etwas denke, so völlig in der Gegenwart, im »Hier und Jetzt«, mit all den Radfahrern, Autofahrern und umherirrenden Rentnern, habe ich kaum Gelegenheit, über Vergangenes zu lamentieren oder mir Sorgen um Zukünftiges zu machen. Ich habe keine Zeit, mich zu fragen: Wird meine Show heute Abend gut laufen? Oder: Gibt es einen bestimmten Grund, warum mich meine Frau permanent »Dicker« nennt, obwohl ich von Tag zu Tag dünner werde? Oder: Warum wohnt mein pubertierender Sohn immer noch bei uns? Weiß er denn nicht, dass es sehr viele gute Kinderheime gibt?

Wenn man sich auf so viele Dinge im Verkehr konzentrieren muss, bleibt keine Zeit, um über Probleme nachzudenken. Das ist herrlich! Völlig asoziale Autofahrer lenken mich von meinen Problemen ab! Dafür, liebe motorisierte RTL 2-Zuschauer, habt Dank!

Und ich danke auch meinen Mit-Radfahrern: Eure nervige Klingelei, immer von hinten und immer eine Nano-Sekunde, bevor ihr an mir vorbeizieht, nervt zwar tierisch, erinnert mich aber auch daran, dass nicht nur Autofahrer Arschlöcher sind. Danke!

Und die vielen Rentner und Mütter mit Kinderwagen, die meinen Weg kreuzen, ohne überhaupt auf mich zu achten – auch ihnen gilt mein Dank, dass sie mich mit ihrem schwachsinnigen Verkehrsverhalten immer wieder in die Gegenwart befördern und mir zeigen, dass Vergangenes und Zukünftiges nicht zählt. Das Radfahren ist nicht nur gut für mein körperliches Wohlbefinden, es ist auch eine Rehabilitation für meine Birne.

Und wir wissen doch alle: Ist der Kopf gesund, freut sich der Rücken.

Oder so ähnlich.

Steinzeit

Hab ich schon meinen Rentnerkumpel Heinz erwähnt? Ganz bestimmt, schließlich ist Heinz mein kostenloser Gesundheitsratgeber. Einmal pro Woche gibt er mir einen zumindest sensationellen Gesundheitstipp. Letzte Woche ging es um die beste Strategie zur Vermeidung eines Hirnschlags. Wenn man 30 Jahre jung ist, denkt man vielleicht: Warum soll ich mir über einen Hirnschlag das Hirn zerbrechen? Warum? Ich bin noch jung, knackig und mein Hirn ist erst am Anfang einer Entwicklung, die ganz sicher mit dem Nobelpreis endet!

Mit Anfang 40 denkt man schon etwas konkreter darüber nach. Mit Ende 40, einer Altersstufe, der ich mich unaufhaltsam nähere, hört man gespannt zu, wenn jemand sehr altes und sehr weises Wissenswertes über einen Hirnschlag mitzuteilen hat. Und was mein Rentnerkumpel Heinz gesundheitstechnisch referiert, ist immer von Belang.

»Das Wichtigste ist, Jooon, du darfst nicht verkalken. Achte immer drauf, nicht zu verkalken, Jooon!«

»Heinz, ich heiße nicht ›Jooon‹. Ich heiße John.«

»Tut mir leid, vergesse ich immer. Aber wie gesagt, Jooon, nicht verkalken. Geistig immer fit bleiben und körperlich nicht zu viel Fette und Kohlehydrate spachteln. Das ist das Wichtigste, Jooon.« Das war der Gesundheitstipp von letzter Woche. Vor ein paar Monaten war das Thema Steinzeit dran.

»Jooon, du musst zurück in die Steinzeit!«, begann Heinz sein Referat, »wenn du richtig gesund leben willst, wie ein richtiger Mensch eben, dann musst du im wahrsten Sinne des Wortes *in Richtung Steinzeit* laufen.«

Erst dachte ich, er macht einen Witz und meint Urlaub in Mecklenburg-Vorpommern.

(Obwohl, das kann ich nur empfehlen. Ich war gerade ein paar Tage oben an der Ost-Ostseeküste. Phantastisch. Morgens beim Bäcker eine 30 Meter lange Schlange. Eine einzige Bäckereifachverkäuferin versuchte, des Ansturms urlaubender Sachsen Herrin zu werden. Ihre Kollegin stand währenddessen in der Küche und schmierte Brötchen. Sie hatte schon sechs Bleche à 20 geschmierter Brötchen fertig und hörte trotzdem nicht auf. Vermutlich war der »Geschmierte-Brötchen-Plan« noch nicht erfüllt, sicher musste sie noch 200 schmieren, und – scheiß was drauf, wie viele Sachsen anstehen – sie schmierte weiter. Und die Leute in der Schlange? Sagten nix. Kein Wort. Meine Frau, gebürtige Ostdeutsche, war schwer begeistert.

»Guck mal, John, wie früher!«

»Ja bekloppt, ne? Fast ein Vierteljahrhundert später, und sie stehen immer noch an!«

»Wieso«, erwiderte meine Ostbraut, »ich finde das toll, wie geduldig die hier sind. In Köln hätten schon mindestens zwei Leute 'nen Tobsuchtsanfall gekriegt.«

Ich schwieg und unterdrückte *meinen* Tobsuchtsanfall. Abends wollten wir dann in eine Pizzeria. Vor dem Restaurant stand ein Grüppchen Leute. Ich ging an ihnen vorbei, um mich auf der großzügigen Außenanlage nach einem freien Tisch umzusehen. Drei Meter weit kam ich, dann wurde ich von einer Kellnerin zurückgepfiffen.

»Hey! Sie da! Hier wird sich hinten angestellt!«

Tatsächlich! Erst jetzt sah ich, dass das Grüppchen am Eingang eine Warteschlange war. Hier suchte man sich keinen Platz, hier wurde einem der Platz zugewiesen. Wie daheim in den USA – die ich genau aus diesem Grund verlassen hab.

Meine Frau, die sich ihren angeborenen Instinkten folgend direkt hinten angestellt hatte, war noch begeisterter als am Morgen beim Anblick der Bäckerei-Schlange. Sie holte sofort ihr Handy raus und rief ihre Mutter an.

»Mama, rate mal, wo wir gerade stehen?« Es folgte eine kurze Pause und dann: »Nö, wir stehen vor 'ner Pizzeria und warten, dass uns ein Platz zugewiesen wird! Ist das nicht irre?«)

Ja, das war irre, so irre wie mein Rentnerkumpel Heinz. Der meinte aber mit »zurück in die Steinzeit« nicht Mecklenburg-Vorpommern, sondern die tatsächliche Steinzeit.

»Weißte, Jooon, ich hab ein Video gesehen über Leute, die so leben wie die Menschen in der Steinzeit. Die essen nur Fleisch und Fisch und Beeren und Nüsse, und das Wichtigste: Sie tun noch etwas dafür, um an die Nahrung zu kommen. Also nicht wie bei uns einfach bestellen und reinschieben! Das Problem ist nämlich, dass wir modernen Menschen allen möglichen Scheiß essen, aber immer noch denselben Körper haben wie unsere Vorfahren. Deshalb sind wir zu dick, zu träge, verkalken schneller und haben überall Schmerzen, weil unser Körper die ganzen Sachen eigentlich gar nicht ab kann.«

Kein Zweifel: Mit dem »modernen« Verkalkten, dem Menschen mit den Schmerzen und dem Zuviel an Fett hatte er mich ganz gut beschrieben. Sein Rat lautete: »Jooon, mach 'ne Steinzeitdiät. Tu was für dein Essen und iss nur das, wofür dein Körper gemacht ist!«

Ich nahm mir zu Herzen, was Heinz referiert hatte, und

kaum zu Hause angekommen, gehe ich ins *worldwideweb*, um mir das Video anzusehen, von dem Heinz gesprochen hatte. Ich musste einige Zeit suchen und war fasziniert, wie viele Videos es gab, die nichts mit erotischen Themen zu tun hatten. Mein Sohn, der aus irgendwelchen unerfindlichen Gründen annahm, ich würde etwas Ferkeliges tun, sobald ich mir Videos im Internet anschaue, rief quer durch die Wohnung: »Mama, der Dicke guckt wieder Pornos!«

»Nein, tu ich überhaupt nicht«, sagte ich wahrheitsgemäß, »ich suche nach einem Film über Menschen, die wie in der Steinzeit leben.«

»Sag ich doch«, setzte der ehemalige Zwerg noch einen drauf. »Dickie guckt Pornos!«

Ich überlegte kurz, ob es sich noch lohnen würde, einen Siebzehnjährigen zur Adoption freizugeben, fand dann aber das Video, über das Heinz so begeistert erzählt hatte. Es begann mit einem Mann, der barfuß durch eine deutsche Stadt lief. Frankfurt? Egal. Es ging darum, dass unser Fuß eigentlich so gebaut ist, dass unser Gewicht beim Gehen auf den harten Außenkanten der Füße liegt. Dadurch, dass wir die Füße in Schuhe packen, treten wir mehr mit der Ferse und insgesamt sehr unvorsichtig auf. Wir lassen uns sozusagen »voll auf die Füße fallen«. Das führt zu Haltungsschäden.

Ich war begeistert und entschied mich, den Rest des Videos barfuß zu gucken. Wer gesünder leben will, muss Opfer bringen. In dem Fall war mein Opfer allerdings eher gering, wobei meine Frau und mein Sohn das anders sahen. Beziehungsweise gerochen haben. Ich jedenfalls fühlte mich schon viel gesünder ohne den lästigen Ballast an den Füßen und konzentrierte mich weiter aufs Steinzeitvideo. Das mit dem Barfußlaufen war nur der Anfang, weiter ging es mit der Nahrungssuche.

Steinzeitmenschen mussten sich bewegen, um an Nahrung zu kommen. Sie liefen ihrer Nahrung sprichwörtlich hinterher. Hm, dachte ich, das habe ich ja bislang auch schon getan. Wenn ich zum Beispiel durch die Fußgängerzone laufe, auf der Suche nach Pommes und Burgern oder Pizza, denn Abwechslung ist wichtig.

Das Video lief weiter: Nun ging es um einen mehr als 70 Jahre alten Amerikaner aus Utah. Art De Vany hieß er und sah phantastisch jung aus, und das offenbar ohne Lifting oder Fettabsaugen. Seine Lippen waren eben, seine Wangen glatt, es gab nicht einmal den Anschein einer chirurgischen Vollrenovierung. Kein Botox, keine Implantate. Kein dicker Bauch. Nichts! Nicht einmal Man-Boobs hatte der alte Mann. Und das alles offenbar nur, weil Art De Vany so lebte, wie es schon die Steinzeitmenschen getan haben. Weil er so lebt, wie es sein und unser Körper vorgibt.

Ich betrachtete den Prospekt zum »mobilen Fettabsaugen«, den ich ein paar Tage zuvor in den USA bestellt hatte. Das Wunderwerk der Do-it-yourself-Verschönerung hatte ich auf einem der US-Verkaufskanäle gesehen und war total begeistert von dem Werbespruch: »YOU EAT! WE SUCK!« Jetzt kam ich mir angesichts des zweiundsiebzigjährigen Steinzeitmenschens klein und mickrig vor. Der Fettabsauger wurde sofort wieder abbestellt.

Mit diesem Entschluss widmete ich mich wieder dem Video und meinem neuen Hero: Art De Vany. Weil der moderne Mensch in unserer Überflussgesellschaft seinem Essen nicht mehr hinterherlaufen muss, simulierte Art De Vany diese steinzeitliche Nahrungssuche. Er lief regelmäßig durch die Wüste Utahs, immer auf der Suche nach Beute: Bisons, Bären, Säbelzahntigern oder – ersatzweise – dicken Touristen. Natürlich tötete er sie nicht, schließlich lebte er in Utah und nicht in Texas. Man sah Art auf seiner imaginären Jagd nach schmackhaften Beutetieren, wie er zuerst viele kleine, schnelle Sprints machte, dann stoppte er und lauschte. Danach trabte er im mittleren Tempo weiter, als ob er das Wild über eine längere Strecke verfolgen müsste. Dann wieder ein Sprint, und irgendwann stand er kurz vor seiner Beute und hoffte, dass sie erschöpfter war als er. Was sie war, denn er war *Art De Vany:* Ein Zweiundsiebzigjähriger mit der Kraft eines Fünfundzwanzigjährigen.

In diesem Moment sah ich es klar und deutlich vor mir: Wenn ich so werden wollte wie dieser Mann, wenn ich so gesund wie ein Steinzeitmensch werden wollte, musste ich meinen Alltag total umkrempeln. Kein Fastfood mehr. Keine Schuhe mehr. Kein Auto, mit dem ich Rehe auf Landstraßen jage. Wenn Rehfleisch, dann musste ich das süße Tier mit meinen eigenen Händen erwürgen.

Der Entschluss war gefasst: Auch ich wollte ab sofort sein wie Art De Vany! Ich wollte wie ein Steinzeitmensch leben. Ich wollte meinem Körper nur noch das geben, wofür er geschaffen ist. Erst einmal wollte ich es einen Monat lang versuchen. Dann entschied ich anders: Eine Woche müsste reichen. Ich einigte mich schließlich auf einen Tag.

Meine Steinzeit begann damit, dass ich meine Turnschuhe entsorgte. Keine Nikes mehr, keine Adidas- oder Pumas und erst recht keine Converse. Drei Stunden später dachte ich: Bist du nur blöde, John? Warum hast du alle deine Turnschuhe sofort weggeworfen? Zwischen dem Wegwerfen und diesem Gedanken war ich drei Stunden lang auf der Suche nach Beeren und Nüssen. Barfuß! Weiß eigentlich jemand, wie schwierig es ist, in Köln *barfuß nach Beeren und Nüssen* zu suchen? Ich denke, man hat bessere Chancen, einem Bison über den Weg zu laufen, als irgendwelche gottverdammten Beeren zu finden!

Es fängt damit an, dass man während der gesamten steinzeitlichen Beerensuche nach unten schauen muss. Wenn man es nämlich nicht tut, schneidet man sich innerhalb kürzester Zeit in der »Stadt der zerschepperten Kölschflaschen« alle Zehen ab. Das »Nach-unten-Schauen« hat viele Nachteile und einen ganz besonders großen: Du siehst die Beute nicht mehr, nach der du gerade suchst. In Fußgängerzonen wachsen wenig Beeren und auf dem Boden liegen noch weniger herum. Schließlich landete ich in einem Supermarkt an der Obsttheke. Gerade als ich mir ein Schälchen Himbeeren schnappen wollte, raunzte mich ein Verkaufsoffizier an: »Hey, Sie da, wir sind ein Lebensmittelhandel. Barfuß einkaufen ist hier nicht erlaubt! Verlassen Sie bitte den Laden!« Im selben Moment schauten alle Umstehenden auf meine nackten Steinzeitfüße. Ich auch. Und ich sehe, dass ich eine Blutspur hinterlassen hatte.

»Das ist ja eklig«, bemerkte eine eklige Vollverschminkte. Keiner sagte: »Kann ich Ihnen helfen?« Oder: »Brauchen Sie einen Arzt? Ich bin zufällig einer!« Nein, sie alle sagten und meinten: »Das ist ja eklig!«

Ich flüchtete barfuß auf die Straße und setzte mich auf die nächstbeste Bank, um meine Wunden zu lecken. Das war zwar nicht wörtlich gemeint, aber schon stand der nächste Steinzeitmensch-Rassist vor mir.

»Eh, hau ab, wir dulden hier keine Penner!« Ich schaute mir den Kerl, Typ Finanzamt Köln-Süd, genauer an. Hat der mich gerade Penner genannt? Hat der Penner mich gerade Penner genannt? Ich tue was für meine Gesundheit, und er nennt mich einen Penner?

Mein zweiter Gedanke war, ihn anzuzeigen, doch das wäre nicht korrekt. Schließlich lebte ich in der Steinzeit, jenseits aller Beleidigungsparagraphen. Konsequenterweise hätte ich ihn also erlegen müssen, aber auch das hätte Nachteile. Ganz sicher würde kein Richter meiner Argumentationskette folgen.

Nach nur drei Stunden Steinzeitleben stieß ich bereits an meine Grenzen: Meine großen Vorbilder »Homo sapiens sapiens« und »Homo sapiens Neanderthalensis« mussten sich vermutlich nicht als »Penner« beschimpfen lassen, nur weil sie barfuß durch die Gegend liefen. Und das bisschen Blut an den Füßen hätten ihnen sicher fürsorgliche Steinzeitbräute einfach weggeleckt. Ganz sicher hatte jeder Steinzeitmann drei oder vier Fußableckerinnen.

Im großstädtischen Deutschland des 21. Jahrhunderts ist Steinzeitleben weniger einfach. Niemand leckt einem die nackten Füße ab, und man darf keine dicken Touristen oder pöbelnde Finanzbeamte erlegen. Nicht einmal aus Gesundheitsgründen. Um als Steinzeitmensch in Köln überleben zu können, musste ich meine Jagdtechniken dem »Hier und Jetzt« anpassen und nahrungstechnisch improvisieren. Weil ich keine Beeren und Nüsse in der Natur fand, switchte ich um. Nicht etwa auf Brot: Getreide und Getreideprodukte, Nudeln oder Brot kannten die Steinzeitmenschen nicht, aber Fleisch kannten sie, viel und verschiedenes Fleisch. Allerdings ist das Fleischangebot in Kölner Fußgängerzonen eingeschränkt: Außer Menschen gibt es nur Hunde und vereinzelt Katzen. Alle drei Fleischsorten mag ich nicht. Also pirschte ich mich an einen »Burger King« heran. Ganz langsam, damit ich meine Beute nicht verschreckte. Ich nutzte die Techniken, die mir Art De Vany beigebracht hatte: Erst langsame Schritte, dann schnellere. Dann einmal horchen, Witterung aufnehmen und zum Sprint ansetzen: Und – zack – schon stand ich in einer Schlange vor dem »Burger-Counter«. Keiner bemerkte, dass ich barfuß unterwegs war. Sofort passte ich mich blitzartig meiner Umgebung an, guckte blöd auf das Whopperangebot und hin und wieder auf die anderen Warteschlangen. Es war der obligatorische »Geht es in der anderen Schlange vielleicht schneller?«-Blick. Beinahe perfekt praktizierte ich die »Art De Vany-Schule«: Sei unauffällig, warte still und geduldig, bis der Moment des Zuschlagens gekommen ist.

»Zwei Doppel-Whopper, bitte!«, schleuderte ich der Verkäuferin entgegen und ergänzte: »Aber nur das Fleisch. Ich bin ein Steinzeitmensch und brauche Fleisch. Kein Getreide, das gab es zu meiner Zeit noch nicht.«

Die Frau guckte mich an, als hätte ich nicht gesagt, was ich gerade gesagt habe. Kurz: Sie guckte, als wäre ich zumindest blöd, wenn nicht gar doof.

»Tut mir leid, den Whopper gibt es nur mit Brötchen. Wenn Sie nur das Fleisch wollen, müssen Sie das Brötchen selber wegschmeißen!«

Das habe ich dann auch getan, und es war der beste Burger, den ich je gegessen hatte. Danach klaute ich noch ein paar Äpfel und ein paar Nüsse und Rosinen von einem Caféhaustisch im Hilton. Was soll ich sagen: Mein Steinzeittag war der volle Erfolg. Ich bewegte mich viel und aß nahrhaft und nicht zu viel. Und ich war mir auch sicher, dass die Schnittwunden an den Füßen in zwei, drei Wochen verheilen würden. Bis dahin lebte ich wieder ein bisschen in der Gegenwart.

Ernährung

»Mein Bauch gehört mir!«

In den siebziger Jahren, als sich viele Frauen öffentlich dazu bekannten, schon einmal abgetrieben zu haben, war das der Leitspruch der Protestbewegung gegen den Paragraphen 218. In meinem Fall stimmt das zwar auch, ich aber könnte mir vorstellen, meinen Bauch einfach abzugeben. Ja: Ich verschenke meinen Bauch. Gerne an meinen ärgsten Feind. Besser noch: Ich gebe meinen Bauch denjenigen zurück, die ihn erschaffen haben: McDonald's, Burger King und die gesamte Fleisch- und Süßwarenindustrie, ach überhaupt allen, die Lebensmittel herstellen, die niemand wirklich braucht. Außer Fressjunkies, wie ich einer bin.

Leider ist das mit dem »Bauch-Abgeben« nicht so einfach, denn mein spezieller Bauch fühlt sich unterhalb meiner »Man-Boobs« äußerst wohl. Im Gegenteil: Mein Bauch gibt überhaupt nichts gern ab, der Rest von mir ist nämlich eher dünn. Meine Beine, mein Po, meine Arme, alles ist eher im normalen Bereich. Okay, ein bisschen Fett ist hochgewandert, zum Hals und ins Gesicht, besonders in die Nähe des Kinns, aber sonst ist alles schlank. Nur der Bauch eben nicht. Er ist mindestens zehn Kilo dicker, als er eigentlich sein sollte. Zwanzig Pfund Fett schleppe ich seit Jahren mit mir herum, ins Kino, ins Restaurant, zu Auftritten, und obwohl ich weiß, dass eine 20-Pfund-Extraportion Fett mehr als genug ist, höre ich da immer wieder eine Stimme in meinem Kopf, die mir zuflüstert: »Komm, John! Einer geht noch – einer geht noch rein. Einer geht noch – einer geht noch rein!«

Und was mache ich? Ich befolge den Rat dieses schizophrenen Bauchredners und schiebe noch etwas hinterher. Egal was.

Beim Grillen zum Beispiel: Man ist bei Freunden eingeladen, nacheinander werden Würste, Steaks, Spieße und Spare-Ribs über den Grill gezogen, und man langt zu. Irgendwann ist man satt. Pappsatt. Schon vor einer Stunde hat man den obersten Knopf der Hose geöffnet, vor einer halben Stunde den zweiten. Inzwischen steht man nur noch, weil das Völlegefühl im Sitzen nicht mehr zu ertragen ist. Und genau in diesem Moment wird die chillige Party-Stimmung durch den Ruf des charmanten Gastgebers und Grillmasters unterbrochen: »Alle mal herhören! Hier ist noch eine Wurst! Wer möchte die letzte Wurst?« Und – zack – da ist sie wieder, diese Schizo-Stimme, und sie flüstert: »DU, JOHN, DU MÖCHTEST DIE LETZTE WURST! SAG ES! KOMM, SAG ES!« Ich sage es: »Hallo, hier, ich nehme sie … also, wenn kein anderer möchte!«, und halte dem »Master of Grill« meinen Teller entgegen. Natürlich möchte kein anderer. Also nehme ich die letzte Wurst in Empfang, schlinge sie hinunter und öffne nun jeden Knopf meiner Hose, weil jetzt sowieso alles scheißegal ist. Hinter mir steht meine Frau und schämt sich in Grund und Boden, und mein Sohn macht Fotos von meiner offenen Hose, um sie bei Facebook zu posten.

Andere Situation, an der Wursttheke: Vor mir steht eine Mutter mit zwei quengelnden Kleinkindern. Bevor Mama ihre Bestellung aufgeben kann, bekommen die Kleinen von der rosawangigen Fleischfachverkäuferin jeweils eine Scheibe Mortadella in die Patschhändchen gedrückt. Mir passiert das nie, egal wie treudoof ich gucke. Das Schlimmste aber ist, dass die Rotzgören die Wurst meistens gar nicht haben wollen. Sie haben noch keine Stimme in ihren kleinen Köpfen, die ihnen zuflüstert: »Nimm die Wurst! Iss sie! Heule und fordere noch eine!« Nein, sie spielen mit der leckeren rosa Scheibe rum, bis sie auf den Boden knallt.

Was dann? Nichts. Niemand sagt: »Pech gehabt, junger Mann, das war's erst mal mit Wurst.« Nein, niemand sagt so etwas. Im Gegenteil. Der zwergwüchsige Wurstvernichter bekommt noch eine Scheibe in die Hand gedrückt, und es beginnt dasselbe Spiel von vorn. Doch diesmal schreite ich ein: Während Mama ihre abendliche Aufschnittplatte zusammenstellt und die Verkäuferin hinter der Wursttheke Scheibchen für Scheibchen auf die Waage legt, reiße ich dem kleinen Kostverächter die Mortadella aus der Hand. Sofort fängt das Blag an zu schreien. Mama und Verkäuferin wenden sich besorgt dem weinenden Wurm zu und fragen: »Was hast du denn, ist deine Wurst wieder runtergefallen? Nein, hier liegt nichts. Hast du sie etwa schon aufgegessen? Möchtest du noch eine?«

Zum Glück ist der noch bildungsferne Nachwuchs nicht in der Lage, sich zu artikulieren, und kann den wahren Sachverhalt nicht schildern. Ich stehe also ebenso unbeteiligt wie kauend daneben, und die Stimme in meinem Kopf sagt: »Gut gemacht, John, weiter so!«, und mein Bauch stimmt zu: »URPS!«

Aber das ist jetzt vorbei beziehungsweise, das soll jetzt vorbei sein. Ich will nicht mehr, dass mein Wohlbefinden von der letzten Wurst auf dem Grill oder von einer Scheibe Mortadella abhängt. Insbesondere, weil die Wurst gar nicht dauerhaft zu meinem Wohlbefinden beiträgt. Diese eine, mehr als nur überflüssige Fleischration verschafft mir stets nur einen kurzen Kick, ähnlich der »Koks-Line«, die sich jeder gute Kreative mal eben auf dem Toilettendeckel in die Nase zieht (wobei ich sehr froh bin, dass man Mortadella nicht schnupfen kann).

Nein, mein Wohlbefinden ist von einem positiven Körpergefühl abhängig, und davon habe ich momentan nicht allzu viel. Mein Bauch, der so imposant aus meiner Körpermitte herausragt, spricht gegen ein positives Körpergefühl. Der Bauch sieht nicht nur scheiße aus, er vermasselt mir auch meine Körperhaltung und belastet meine Bandscheiben. Ich bin fest davon überzeugt: Ohne diese Zehn-Kilo-Wanne, die ich da vor mir rumschleppe, hätte ich das eine oder andere Rückenproblem weniger. Weil ich das erkannt habe, hier nun meine Aufgabenliste für die nächsten Monate:

1. Weniger Essen.
2. Mehr Bewegung.
3. Mehr Information über das Innenleben meines Bauchs, denn nur, wer den Feind kennt, kann ihn besiegen.

Weil es leichter ist, an Informationen zu kommen, als abzunehmen oder sich mehr zu bewegen, fange ich mit Punkt 3 an:

Es gibt nicht nur eine Sorte von Bauchfett. Fett wäre nicht Fett, wenn es nicht ein paar gute Kameraden hätte, mit denen es sich austauschen könnte. Da ist erst einmal das »subkutane Fett«. Das sitzt zwischen Haut und Muskeln; in diesem Fall zwischen Haut und Bauchmuskeln, in meiner Muttersprache liebevoll »Love Handles« genannt. Das »subkutane Fett« ist ganz okay. Viel gefährlicher ist eine andere Fettsorte, das »viszerale Fett«. Etwas, von dem ich besonders viel gesammelt habe. Das »viszerale Fett« ist fies, weil es tiefer im Bauchraum liegt und sich zwischen den Muskeln und den inneren Organen ablagert. Noch fieser ist, dass das gelbe, glibberige Zeug, lange bevor es außen sichtbar wird, schon den Bauchraum vollstopft. Man gefährdet also die Gesundheit, bevor man überhaupt sieht, dass man die Gesundheit gefährdet. Wenn der Bauch erst einmal da ist und sich der

Umwelt in seiner ganzen Pracht präsentiert, ist es fast schon zu spät. Das ist wie beim Trinken. Wenn man erst trinkt, wenn einen der Durst quält, ist man eigentlich schon ausgetrocknet. Deshalb sollte man ständig etwas Flüssigkeit mit sich führen.

Freunde von mir, die meistens vor dem Bahnhof rumlungern und Reisende anpöbeln, wissen genau, wie wichtig eine ständige Versorgung mit Flüssigkeit ist, auch wenn sie eher selten Wasser trinken.

Mit dem Fett ist es ähnlich: Man muss mit dem Abnehmen beginnen, bevor dich jemand als »Fette Sau« bezeichnet. Nur dann wird das böse »viszerale Fett« auch wirklich angegriffen. Damit mir mein Bauch so richtig fremd wird, ergänze ich die fettige Sachinformation mit ein paar ebenso ekligen Statistiken:

1. Menschen, die kiloschweren Bauchballast mit sich führen, bekommen häufiger Herzinfarkte, Schlaganfälle, Arteriosklerose und Bluthochdruck als Normlagewichtige.

2. Menschen mit Bauch erkranken eher an Alzheimer.

3. Bauchträger haben ein erhöhtes Thromboserisiko. (Auch nicht so doll.)

4. Menschen mit Bauch kriegen keine Frauen ab oder nur welche, die auch einen Bauch haben, oder sie haben – so wie ich – die Frau *vor* dem Bauch gefunden.

Und: 70 Prozent der Bevölkerung der westlichen Länder wie der USA, Australiens, Englands, inzwischen auch Italiens und natürlich Deutschlands haben Probleme mit zu viel Körperfett, und es ist kein Zufall, dass dieselben Menschen ab einem gewissen Alter Bandscheibenprobleme haben.

Wie ich. Aber das werde ich ändern. Ich werde abnehmen. Ich werde es tun!

Ja.

Ja?

Ja!

Weniger essen!

Das wirklich Gemeine an Rückenschmerzen, verursacht durch überlastete Bandscheiben, ist nicht die Beschwerde an sich. Viel schlimmer ist die Tatsache, dass man eigentlich genau weiß, warum der Rücken weh tut. Bei mir ist zumindest die Diagnose einfach zu stellen:

Ich bin zu fett.

Meine Wirbelsäule ist ursprünglich für siebzig, vielleicht für achtzig Kilo gebaut worden, muss aber inzwischen 110 bis 120 Kilo herumtragen! Irgendwann ist dann halt der Zeitpunkt gekommen, an dem die Wirbelsäule mit mir kommuniziert. Und, keine Frage, meine Wirbelsäule ist schlecht gelaunt: »Fuck you, asshole! Ab sofort werde ich bei der Bandscheibe eine offizielle Beschwerde einreichen. Sie soll dir volle Kanne auf die Nerven drücken. Ich hab dich gewarnt, Fettsack. Nimm endlich ab!«

Zugegeben, meine Wirbelsäule redet gerne Klartext, und das manchmal auch in etwas deftiger Umgangssprache, aber wo sie recht hat, hat sie recht. Ich bin zu dick, ich esse zu viel. Dabei sammelt sich bei mir wie gesagt das meiste Fett in der Körpermitte und ein wenig rund um den Hals, um dort ein veritables Doppelkinn zu formen, der Rest ist eigentlich relativ normal. Was das Ganze zwar unproportionierter, aber nicht besser macht. Aber egal, auch ohne den drastischen Appell meiner Wirbelsäule habe ich gewusst, dass meine Bandscheibenprobleme in Wahrheit Futterprobleme sind.

Trotzdem esse ich einfach weiter. Immer weiter. Ich esse

mich durchs Leben, und ich liebe es sogar. Oder anders ausgedrückt: Irgendwann sagte etwas in mir, vermutlich mein amerikanisches, etwas lockereres Gewissen: »John, du isst, weil du es liebst zu essen!«

Tatsächlich esse ich, wenn ich Hunger habe. Und ich esse, wenn ich keinen Hunger habe. Hauptsache, ich esse. Ich gehe auf eine Party, betrachte das Büfett mit den Vorspeisen und denke: Oh, das sieht aber lecker aus! Dann gehe ich ein paar Schritte weiter zum Tisch mit den Hauptspeisen und denke: das auch!

Und um mich nicht entscheiden zu müssen, häufe ich mir Berge von Futter auf die stets viel zu kleinen Teller, setze mich in ein stilles Eckchen und kämpfe mich durch den Nahrungsmittel-Himalaya. Und – keine Frage – ich bezwinge ihn jedes Mal.

Ähnlich verhält es sich mit Nachtisch in den heimischen vier Wänden. Ich esse ein Stück Kuchen und fühle mich gut. Ich esse ein zweites Stück und fühle mich besser! Ich esse weiter, bis ich den ganzen Kuchen meinem Stoffwechselkreislauf zugeführt habe. Dann platze ich aus allen Nähten und denke: Mist, schon wieder sind meine Sachen eingelaufen!

Okay, ich gebe es zu: In Sachen Essen bin ich »out of control«. Inzwischen versteckt meine Frau den Kuchen sogar vor mir. Es ist wie bei einem Junkie, nur mit dem Unterschied, dass man in meiner Wohnung keine Drogen oder Alkohol in den hinterletzten Ecken findet, sondern höchstens Kuchenreste. Einmal hatte sie einen Schokokuchen in unserer Putzkammer versteckt, zwischen Besen, Schrubber und Staubsauger. Aus irgendeinem unerfindlichen Grund glaubte sie, dass ich – meinen natürlichen männlichen Instinkten folgend – niemals in die Putzkammer schauen würde. Hab ich auch nicht. Es war der Pubertierende, der den

Kuchen entdeckte – durch Zufall! Minuten zuvor hatte er wieder mal ein Glas Cola über seinen Computer gekippt und damit die Chipskrümel in die Tastatur gespült. Auf der Suche nach einem Lappen stieß er dann auf den Kuchen, und mein ausgeprägt guter Geruchssinn führte mich sofort zu der Leckerei.

Ja, ich bin ein Junkie, ein Schokokuchen-Junkie! Ich bräuchte dringend Hilfe. Einen Kurs für »Anonyme Kuchenabhängige« ...

»John, bitte stell dich mal den anderen vor.«

»Hi, ich bin John. Ich bin Schokokuchen-Junkie.«

Alle anderen: »Hi, John!«

»Ich bin Jim, meine Schwäche ist Schwarzwälder Kirsch.«

»Hi, Jim!«

»Und ich bin Helen. Ich hab Probleme mit Tiramisu und ... äh ... mit noch mehr Tiramisu.«

»Hi, Helen.«

»So«, sagt die gertendünne Kursleiterin, »weil der John neu in unserer Runde ist ...«

Alle anderen: »Hi, John!«

»Weil also der John neu in unserer Mitte ist, erzähl doch mal, was dir gestern widerfahren ist!«

»Ich? Hm ... ich weiß nicht, wie ich es sagen soll ... ich schäme mich ein bisschen.«

Alle anderen: »Schäm dich nicht John, wir sind alle gleich!«

»Na gut. Also meine Frau hat einen Kuchen gebacken. Ich hab es gerochen, bin in die Küche rein, und als sie meinen Blick gesehen hat, hat sie den Kuchen schnell vor mir versteckt – im abschließbaren Kühlschrank. Ich hab sie angefleht, mir die Zahlenkombination des Schlosses zu verraten, aber sie hat sich geweigert. Dann hab ich ihr in die

Hand gebissen, weil noch Schokosoße dran war. Ich schäme mich!«

»Schäm dich nicht, John, wir sind alle gleich!«

Leider gibt es keine »Anonymen Kuchenabhängigen«, aber es gibt die Kuchensucht. Vor kurzem konnte ich wegen des Schokokuchen-Entzugs wieder mal nicht schlafen. Also hab ich mich vor die Glotze gepflanzt und mir eine Dokumentation über den *Weißen Hai* angeschaut – die gefährlichste Fressmaschine der Welt. Ich hätte mir auch noch eine Doku über Amis in Todeszellen anschauen können, aber Dokus über Amis in Todeszellen gibt es inzwischen inflationär viele, deshalb entschied ich mich für den *Weißen Hai*. Es war die richtige Entscheidung, denn jetzt weiß ich: Der Weiße Hai und ich haben vieles gemeinsam.

Während die gefährlichste Fressmaschine der Welt durch die Weltmeere schwamm, sagte eine angenehme, männliche Stimme: »Der Weiße Hai verbringt die Hälfte seines Lebens mit Fressen und die andere Hälfte mit der Suche nach Fressen.« Ich dachte: Hey, das kenne ich! Früher, als Steven Spielbergs Weiße-Hai-Filme noch *die* Sensation waren, war mir nicht bewusst, wie viel ich mit dem eleganten Tier gemeinsam hatte.

Ich dachte immer, wenn der Weiße Hai mal wieder irgendjemanden gebissen hatte: »What an asshole this great white shark is! A real asshole!«

Aber jetzt verstehe ich ihn besser, den Weißen Hai. He's not an asshole! He's just hungry! All the time! Just like me!, und ich fühlte mich beim Anblick dieser auf einmal so menschlich wirkenden Kreatur wie ein Teil der Natur: Ich leide gar nicht an Fresssucht, meine Aufgabe ist es, überflüssige Nahrung zu vernichten.

Zugegeben, das ist alles Blödsinn. Für mich, nicht für den Weißen Hai. Der muss sich ständig bewegen, und weil er sich ständig bewegen muss, muss er ständig fressen. Ich aber muss mich nicht ständig bewegen und fresse trotzdem ständig. Ich muss dabei nicht einmal wie der Weiße Hai nach Futter suchen, mir springt das Zeug einfach ins Maul: Ich stehe an der Bushaltestelle, und nebenan ist eine Bäckerei mit verlockenden Teilchen: »Einen Berliner, bitte!«

Ich stehe auf dem Bahnsteig, warte auf den Zug, und ein Mann verkauft leckere Würste: »Eine Currywurst, bitte!«

Es ist immer und überall so: Das Nahrungsangebot für menschliche Weiße Haie ist einfach zu groß. Ich mache das Maul auf und zack, schon ist was drin. Wenn das dem Weißen Hai passieren würde: Einfach so durchs Meer zu schwimmen, Maul auf und die Robben schwimmen rein, sähe dieser elegante Raubfisch auch anders aus. Vermutlich mehr so wie ich. Mit Bauch.

Und er hätte Schmerzen. Vermutlich an der Rückenflosse.

Obstdiät

Hab ichs schon erwähnt? Ja, hab ich schon: Ich habe meinem Bauch den Krieg erklärt. Endgültig. In einer ruhigen Minute, als wir zwei gemeinsam auf dem Sofa fläzten, eröffnete ich ihm, was in den nächsten Monaten geschehen würde:

»Großer, ehrwürdig fetter Bauch, der du mich seit beinahe zwei Jahrzehnten treu begleitest, es naht die Zeit der Trennung. Ich werde dich nicht mehr ernähren. Ich werde mich nicht, nur um dir zu dienen, durch das Burger-Angebot fressen, und ich werde keinen Kuchen mehr anrühren, nicht einmal, wenn er aus Schoko ist. Es wird eine harte Zeit für dich, du wirst kleiner und kleiner werden und irgendwann ganz verschwinden. Es tut mir leid für dich, aber es muss sein.«

Mein Bauch antwortete mit einem durchdringenden Glucksen. Ich interpretierte das als Lachen, und eine leise innere Stimme sagte: »Na, John, jetzt noch naiv geworden auf deine alten Tage?«

Ich kenne meinen Bauch und die mit ihm verbrüderte innere Stimme. Sie versuchen es immer wieder, aber diesmal hörte ich an der Art des Glucksens und an der Stimme in meinem Kopf: Sie waren sich nicht so wirklich sicher, ob ich es nicht doch ernst meine. Dazu hatten sie allen Grund, denn schon am nächsten Tag stand meine erste Diät an: die Obstdiät.

Obst, weil ich mich dunkel daran erinnern konnte, dass ich als Kind recht gern Obst gegessen habe. Obst in Form von Äpfeln, Bananen, Pfirsichen und was es sonst noch so gab, was nicht in Ställen gezüchtet wurde.

Also beschloss ich, eine Obstdiät zu machen. Das bedeutete: Eine Woche lang wollte ich nur Obst zu mir nehmen. Dreimal am Tag frisches Obst.

Der erste Tag war ein Kinderspiel. Ich bereitete mir einen Teller mit Kiwis, Blaubeeren, Erdbeeren, Bananen und Weintrauben zu. Ich aß und dachte: Wow! Das schmeckt ja so was von genial! Nichts gegen einen guten Burger oder belgische Pommes, aber das hier, das ist das pure Geschmackserlebnis! Und nicht mal fettig. Es kam mir vor, als hätte ich soeben meine Geschmacksnerven entdeckt. Es war grandios, aber auch verwirrend. Jahrelang war meine Zunge nur mit fettigem Fleisch und Tiefkühlpommes in Berührung gekommen, und jetzt auf einmal – Kiwi und Banane. Ich aß mit geschlossenen Augen, und meine Geschmacksnerven mussten raten, was gerade über die Zunge in Richtung Rachen wanderte.

»Banane?«

»Richtig!«

»Kiwi?«

»Falsch, Mango!«

»Kenn ich nicht.«

Auch die Nerven haben mitgespielt: Erst voller Begeisterung, dann von Tag zu Tag etwas weniger euphorisch. Das Schwierige bei solchen Mono-Diäten ist nämlich, die Begeisterung hochzuhalten. Meine Freundin Linda, die wenig von Mono-Diäten hält, hatte mich schon vorher gewarnt.

»Pass auf, John, dass du nicht nach vier oder fünf Tagen regelrechte Aggressionen gegenüber dem Obst entwickelst. Du wärst nicht der Erste, der durchdreht, wenn er vor der fünfzehnten Obstschüssel sitzt.«

Ihre Bedenken kamen mir kindisch vor: Wieso sollte ich durchdrehen? Wegen Obst? Quatsch. Niemals, ich bin doch kein Idiot. Am dritten Tag war es dann so weit, ich saß vor einer neuen Obstschüsselvariante: Ananas, Mango, Kirsche gemischt mit dem Saft und den Kernen einer frischen Maracuja (manche sagen auch »Passionsfrucht«, aber ich bin Agnostiker).

Ich saß also da, starrte auf meine Schüssel und begann zu zittern. Vor meinen Augen verschwamm das kleingeschnittene Obst. Für einen kurzen Moment nahm es die Gestalt von »Züricher Geschnetzeltem« an. Doch der erste Löffel katapultierte mich zurück in die Realität frischen Obstes. Erschwerend kam hinzu, dass meine Frau und unser Sohn zwei Tage bei der Schwiegermutter in Berlin (Currywurst!) verbrachten, dann hungrig aus dem Zug gestiegen sind und sich beim nächstbesten Fastfood-Dealer Schnitzel mit Pommes besorgt hatten. Nun saßen sie mit mir am Tisch und fraßen wie die Schweine Schwein. Aber ich blieb stark. Ich konzentrierte mich auf meinen appetitlichen Obstsalat, starrte ihn an, als wollte ich die Ananas hypnotisieren: »Schau mir in die Augen. Schau mir tief in die Augen. Und wenn ich bis drei gezählt habe, verwandelst du dich in Pommes!«

O Gott. Das wollte ich nicht sagen, ich wollte sagen: »Du schmeckst auch als Obst gut, bleib, wie du bist.«

Zu spät, ich hatte »Pommes« gesagt. Fast automatisch wanderten meine Augen von Ananas und Mango zu den Schnitzeln mit Pommes Mayo.

»Hey, Dickie, glubsch nich so auf mein Essen, das macht mich nervös«, sagte mein siebzehnjähriges Dreckschwein, Verzeihung: Sohn, und schirmte seinen Teller mit dem linken Arm ab.

»Mama, ich glaub, unser Dickie setzt jetzt gleich zum Sprung an.«

»Quatsch«, log ich, »jedem das Seine. Ich habe meinen gesunden Obstsalat, ihr habt euer ungesundes, dekadentes Schnitz… Schnitz… Schnitzel.«

Meine Sau, Verzeihung: Frau, mischte sich nun ein.

»John, was ist los? Hast du dich verschluckt? Soll ich klopfen?«

»Nein, nein, alles in Ordnung, hab nur 'n Frosch im Hals«, erwiderte ich und beugte mich vor, als würde ich mich vom Frosch (Schenkel!) befreien wollen. Dabei passierte es: Ohne mein Zutun, ohne dass mein Gehirn das Kommando dafür gegeben hätte, landete ich mit meiner Nase in den Pommes meiner Frau.

Das war der dritte Tag.

Am vierten Tag, irgendwann zwischen Obstschüssel Nummer zehn und Nummer zwölf, begann das, wovor mich meine Freundin Linda gewarnt hatte: Ich entwickelte Aggressionen gegenüber bestimmten Obstsorten. Mein größtes Hassobjekt waren Kiwis. Eigentlich wollte ich eine Kiwi in meinen Salat schnippeln, aber ohne es zu wollen, hatte ich sie in der Hand zerquetscht. Überhaupt nahm ich nur noch wenig von meiner Umwelt bewusst wahr. Den Installateur zum Beispiel, der unsere Toilette reinigen musste, weil ich eine komplette Ananas darin versenkt hatte, griff ich mit einer Gabel an. In seiner grünen Kluft hatte ich ihn mit einem Obstbauern verwechselt. Ich versuchte daraufhin, mein Aggressionspotential durch den Kauf neuer Obstsorten herunterzuschrauben: Brombeeren, Johannisbeeren, Sternfrucht, Grapefruit, Papaya ... Zu spät. Mein Körper verlangte nach Fleisch. Mein Bauch röhrte wie ein Hirsch angesichts einer Herde alleinerziehender Bambi-Mütter. Aber noch war ich nicht am Ende, noch war da ein Hauch Willen in mir, den ich dann auch zu nutzen verstand: Nach vier Tagen Obst-Obst-Obst stellte ich mich auf die Waage – und siehe da: Ich hatte ein halbes Kilo abgenommen.

Ein *halbes* Kilo.

Immerhin, es hätte ja auch weniger sein können. Tatsächlich hab ich auch die restlichen drei Tage Obstdiät überstanden, indem ich einfach gar nichts mehr gegessen habe. Am Ende war ich ein ganzes Kilo leichter.

Mein Fazit? Mono-Diäten sind nichts für mich. Weder Obst-, Reis- noch Kartoffel- oder Ananasdiäten. Man nimmt ab, ja, aber ich will den friedlichen Dicken nicht gegen einen aggressiven Dünnen tauschen. Außerdem machen Mono-Diäten einsam. Du triffst Freunde auf einer Grillparty, und der Gastgeber fragt dich: »Wurst oder Steak?« Und du sagst entgegen deiner Gewohnheit nicht: »Erst mal beides«, sondern: »Nein, danke, ich hab mir einen leckeren Obstsalat mitgebracht!« So etwas macht vielleicht schlank, aber verdammt einsam. Nein, ich werde mir eine neue Diät suchen müssen …

Warum eigentlich nicht die »Brigitte-Diät«? Brüste hab ich ja schon.

Werbung

Auch wenn ich unter den diskret vorgetragenen Anfeindungen meiner engsten Umgebung (»He, Dickie, wo ist die Tonne Chips, die wir gestern gekauft haben?«) ein wenig leide, so bin ich doch eigentlich gut dran. Sogar als übergewichtiger Amerikaner. Und das, obwohl ich in Amerika ja gar nicht als übergewichtig gelten würde. Dort würden meine Bauchringe glatt als Sixpacks durchgehen.

Hier in Deutschland aber bin ich dick, habe kaum Haare auf dem Kopf und trage ein Doppel- bis Dreifachkinn – und werde trotzdem in Ruhe gelassen. Auf jeden Fall von der Werbung.

Bei Frauen ist das anders. Die werden von der Werbung tagtäglich schönheitstechnisch gefoltert. Wenn du eine Frau bist, musst du eigentlich der Überzeugung sein, dass nichts stimmt: Haare, Haut, Gesicht, Figur, alles ist irgendwie daneben, irgendwie nicht richtig, denn Frauen in der Werbung sind immer hübsch, schlank und gutaussehend. Egal, ob sie für ein Parfüm werben, für eine Geldanlage oder für eine überflüssige Versicherung.

Männer in der Werbung sind in der Regel Allerweltsmänner.

Sie sind gerne etwas älter, wirken seriös langweilig, haben einen Bauchansatz, wenig Haare oder heißen Jörg Pilawa, Thomas Gottschalk oder Dieter Bohlen. Männer müssen nicht gut aussehen. (Okay, beim Jörg sind die Meinungen geteilt.)

Es gab und gibt Ausnahmen. Ich erinnere mich an den Sixpack-Bauarbeiter im schweißbefleckten T-Shirt, der beim ungelenken Cola-Schlucken von irgendwelchen (natürlich hübschen) Sekretärinnen beobachtet wurde. Das war 'ne harte Zeit für Männer wie mich, als dieser ungelernte Schulabbrecher dauernd über die Bildschirme flimmerte. Das aber hat sich zum Glück wieder gelegt. Heute dominieren zwar unattraktive, aber äußerst solide wirkende Männer die Werbebreaks. Kein Mann muss mit seinem Doublechin, Hängebauch, seiner pickeligen Haut oder Glatze hadern, schließlich sehen die im Fernsehen genauso scheiße aus. Aber: Diese unattraktiven Männer legen ihr Geld erfolgreich an, schließen supergeile Versicherungen ab oder moderieren RTL-Shows.

Wäre ein Mann allerdings eine Frau, dann müsste er sagen: »O Gott, meine Glatze! Sie glänzt wie bekloppt. Ich muss sie abpudern, brauche ein Toupet oder wenigstens eine neue Versicherung.« Weil der Mann aber ein Mann und keine von der Werbung geprügelte Frau ist, denkt er: »Hey cool, coole Glatze! Glänzt genau wie bei Detlef D. Soost! Und so bekloppt tanzen kann ich auch.«

Nein, das denkt er nicht.

Niemand will so tanzen.

Aber es gibt natürlich auch unter uns Männern welche, die mit ihrem Aussehen hadern: schwule Männer. Schwule Männer sind wie Hetero-Frauen, nur schlimmer! Ich weiß es. Ich kenne mich aus. Ich bin zwar nicht schwul, aber als Comedian und Mensch im Unterhaltungsgeschäft kriegt man – backstage – so einiges mit.

»Sag mal, Schätzchen, hast du den Thomas gesehen? Boah, ich sag dir, der sieht so fett aus. Unfassbar.«

»Ja, nicht? Total unappetitlich ist der geworden!«

Und wer trägt die Schuld, dass viele Frauen und schwule Männer unter Komplexen leiden? Hab ich's schon gesagt? Hab ich. Richtig, die Werbung! Sie hat sich so heftig auf die Frauen eingeschossen, auf ihre Haare, ihre Haut, ihre Figur, ihr Gewicht, dass fast alle Frauen inzwischen überzeugt sind: »Bei mir stimmt nichts, gar nichts!« Und schwule Männer denken: »Bei uns auch nicht!«, während dicke, glatzköpfige Hetero-Männer denken: »Gott sei Dank, wir haben keine Probleme!«

Bei dem Thema »Frauen und Gewicht« ist meine Frau das beste Beispiel.

»John, guck dir meinen Hintern an! Der wird immer dicker.« Ich schaue mir den Hintern meiner Frau an und sehe – nichts. Also, ich sehe schon was, aber keinen zu dicken Hintern.

»Ich sehe nix«, sage ich also folgerichtig und wahrheitsgemäß und führe weiter aus: »Wenn du mal einen dicken Hintern sehen willst, dann stell dich hinter mich!«

Das tröstet sie nicht, im Gegenteil: »Bei dir ist das ja auch egal, du bist ein Mann.«

Ha! Da haben wir es wieder. Beim Mann darf der Arsch ruhig dick sein, bei der Frau muss er Idealmaßen entsprechen. Idealmaße, die von der Werbung vorgegeben werden: Frauen haben lange, schlanke Beine, Frauen haben einen runden, festen Po, und Frauen haben keinen Bauchansatz. Zwar gibt es Ausnahmen wie Vera int Veen, die Menschennachstellerin von RTL, aber alle anderen Werbefrauen haben Idealmaße, egal ob sie 20 oder 60 Jahre alt sind.

Ich habe eine Freundin, die vielleicht ein Kilo zu viel Fett am Bauch spazieren trägt und deshalb behauptet: »Das ist meine Problemzone.« Gleichzeitig kenne ich ein Dutzend Männer, deren ganzer Körper eine einzige Problemzone darstellt, die aber diesen Körper durch die Gegend tragen, als sei er das Untergestell von Brad Pitt!

Ich denke, es wird Zeit für Werbung, in der ein Mann mit Hängebauch sich darüber beschwert, dass er einen Hängebauch hat: »Ich hab schon alles versucht, aber das Ding geht nicht weg. Ich sehe aus wie ein Schwein vor der Schlachtung, nein, ich fühle mich wie ein Schwein vor der Schlachtung. Aber damit ist jetzt Schluss, ich nehme …«

Nur dann würden dicke Männer auch im realen Leben spüren, was Frauen ständig durchmachen, dass eben ein Hängebauch scheiße aussieht, selbst mit bester Geldanlage. Oder man würde einen Bauarbeiter in der Werbung zeigen, einen fetten verschwitzten, der offen gesteht: »Ich bin mit meinem Hängebauch überhaupt nicht zufrieden!« Dann käme ein Kumpel dazu: »Ja, Heinz-Dieter, und schwabbeln tut er auch!« Und ein Dritter würde ergänzen: »Du, ich kenn das. Ich konnte meine Füße schon nicht mehr sehen, geschweige denn meinen Lolli. Aber ich tu jetzt was gegen meine Problemzone: Ich esse Gemüse. Echtes Gemüse.«

Daraufhin würde das Gemüse eingeblendet, und die drei Fettsäcke wüssten nun, wo es langgeht. Und die fetten Männer zu Hause vor den Bildschirmen wüssten es auch. Übrigens: Hiermit bewerbe ich mich für die Rolle des Bauarbeiters.

Dasselbe gilt für die Haare. Frauen beschäftigen sich ständig mit ihren Haaren: »Guck mal John, schau dir nur meine Haare an!« Ich schaue und sehe – Haare.

»Marita, ich guck mir deine Haare an. Was jetzt?«

»Fällt dir nichts auf?«

»Hm, sie sind braun und ... äh ... mittellang.«

»Quatsch. Sie sind strähnig, splissig und ohne Form.«

Aha, ist mir entgangen. Für mich sind Haare irgendwie Haare. Ich könnte noch den Unterschied zwischen langen und kurzen, blonden und braunen Haaren erkennen, das war's dann aber. Ich bin eben nur ein Mann, und Männern will die Werbung nicht ständig irgendwelche Haarpflegeprodukte verkaufen. Klar, auch da gibt es Ausnahmen wie das mit dem »Doping für die Haare«, aber in der Regel sollen in erster Linie Frauen alles kaufen, was Haare länger, blonder, fülliger, seidiger, kämmbarer, strapazierfähiger, wetterfester und wer-weiß-was machen soll. Ein Mann könnte nur noch zwei Strähnen auf dem Kopf haben, die er von einer Seite zur anderen Seite kämmt, trotzdem wäre er überzeugt: »Hey, sieht doch super aus!«

Und warum? Weil die Werbung sich nicht traut, ihm zu sagen: »Hey, Alter, du mit deinen zwei dämlichen Strähnen, du siehst so was von blöde aus, da hilft eigentlich nur noch eine Notschlachtung.«

Weil die Werbung eben nicht ehrlich ist, tragen viele Männer ihre fettigen Strähnchen mit einem unverdient großen Selbstbewusstsein durch die Gegend. Ich habe so einen Kumpel mit nur drei Strähnen auf dem Kopf. Er ist sich völlig sicher, dass das spärliche Vogelnest über seinem Gesicht eine Elvisfrisur ist. Elvis würde sich im Grab umdrehen, wenn er das wüsste.

Obwohl, er weiß es ja. Denn: Elvis lebt!

Yoga

Es soll ja keiner sagen: »Der John stöhnt nur rum und tut nix!« Nein, das soll keiner sagen. Auch meine Frau und der Pubertierende nicht. Denn ich tue etwas für meinen Körper. Außer Esser, Sportgucker und Zum-Arzt-Geher bin ich jetzt auch noch Yogi.

Weil man Menschen *Yogi* nennt, die Yoga praktizieren. »Yogi« war ich allerdings schon früher in der Schule in New Jersey, jedoch mit dem ebenso kleinen wie unbedeutenden Zusatz »Bär«, oder »Bear« – wie wir Anglophilen sagen.

Auf jeden Fall habe ich jetzt meinen ersten Yogakurs gemacht und überlebt – und das nur mit einer klitzekleinen Bänderdehnung!

Leicht war es nicht. Zwar nannte sich der Kurs »Yoga für Anfänger«, aber es war kein richtiger Anfängerkurs im Sinne von Anfängern, die keine Ahnung von Yoga haben. Es war vielmehr ein Anfängerkurs für Anfänger, die viel Ahnung von Yoga haben und hauptberuflich Bergsteiger, Zirkusakrobaten oder Pornodarsteller sind.

Wie jedes Mal, wenn ich irgendwo neu bin und mich in luftigerer Kleidung zeigen muss, verstecke ich mich erst einmal in der hintersten Reihe. Dort, wo sich für gewöhnlich die Dicken aufhalten. Leider war ich der einzige Dicke im Raum. Alle anderen waren zwar ähnlich alt wie ich, aber schlank. Und alle hatten Hightech-Klamotten an.

Ich nicht. Ich trug H&M, C&A und Socken vom Grabbeltisch bei P&C.

»Sind das atmungsaktive Socken?«, fragte mich eine Mitvierzigerin, die mehr Falten im Gesicht hatte als ich Bauchringe. Ich schaute auf meine Socken herunter: Nein, die sind alles, nur nicht atmungsaktiv.

»Atmungsaktiv?«, fragte ich zurück und lief rot an. »Nein, ich wäre schon froh, wenn sie ungefähr dieselbe Farbe hätten.«

Nach dieser ersten Kennenlernphase betrat die Yogameisterin den Raum. Sie vermittelte mir sofort ein gutes Gefühl, ihre Klamotten waren höchstens von C&A, wenn nicht von KiK, und dann hieß sie auch noch »Esther« und nicht etwa »Sonja« oder »Tanja«. Eine Frau, die »Esther« heißt, bereitet keine Schmerzen. Esther klingt nach Entspannung und innerem Frieden, nicht nach Schmerz.

Eine Fehleinschätzung. Vermutlich ist der Name nur Tarnung und ihr richtiger Name ist doch Tanja, Sonja oder Nadja, denn die Yoga-Esther bereitete viele Schmerzen. Ich kann (und möchte) mich jetzt nicht an alle Folterstellungen erinnern, deshalb hier nur die absoluten Highlights: Wir begannen mit einer Dehnübung namens »Flamingo«: Das Ziel dabei ist, den eigenen Fuß um den eigenen Kopf zu wickeln. Toll. Aber warum? Warum, bitte, sollte ich das tun? Im Normalfall bin ich schon froh, wenn ich mit beiden Füßen auf dem Boden stehen kann.

Im Yoga-Raum aber herrschte Konsens: »Ja, wir wollen, dass unsere Körperteile an ganz andere Stellen geschoben und hingebogen werden. Ja, wir wollen unsere Füße über den Kopf wickeln, wir wollen mit dem linken Fuß das rechte Ohrläppchen streicheln.«

Die anderen Yogis fragten nicht nach dem »Warum«, sie taten es einfach, und die Yoga-Inquisitorin war glücklich: »Sehr gut, sehr gut, aber vergessen Sie nicht zu atmen. Sehr gut.«

Während ich gerade versuchte, mit dem großen Zeh des linken Fußes mein rechtes Ohr zu reinigen, stellte ich mir vor, wie es wäre, wenn hier jemand wirklich das Atmen vergessen würde. Was stände am nächsten Tag in der BILD? »Tod durch Yoga!« »Erstickt als Flamingo!«

Aber das war nur die erste Tierposition! Nach dem Flamingo kam die Schlange: auf dem Boden winden wie im Diarrhoe-Krampf. Und schließlich der Hund: auf allen vieren hocken und immer wieder ein Bein heben. Ich versuchte es. Anstrengende Sache, insbesondere, wenn kein Baum in der Nähe ist. Weil ich ein Muster-Yoga-Schüler bin, schnupperte ich noch kurz am Hinterteil meiner Nachbarin zur Linken, was Esther allerdings mit einem todverheißenden Blick quittierte.

Ich fragte mich, warum es immer so anstrengende Tiere sein mussten. Warum ahmen wir nicht das »Walross« nach? Beim Walross wäre ich ein Vorzeige-Yogi:

»So, meine Lieben, jetzt gehen wir alle ins Walross: Wir legen uns auf den Bauch, schnaufen einmal kurz durch und machen ein kleines Nickerchen.«

Niemand könnte mir beim »Walross« das Wasser reichen. Niemand. Leider gingen wir nicht ins Walross, Sonja-Esther wollte, dass wir noch einmal »in den Hund gehen« und dabei abwechselnd das linke und das rechte Beinchen heben. Eigentlich war das der Moment, in dem ich einmal hätte knurren, dann aufstehen und gehen sollen. Tat ich aber nicht, »ich ging in den Hund«. Und wieder fragte ich mich: Warum? Warum gehe ich in den Hund, wozu ist das gut? Esther, die professionelle Tierquälerin, konnte auch Gedanken lesen: »Der Hund ist ein guter Ersatz für den Kopfstand.«

Aha! Verstanden. »Ein guter Ersatz für den Kopfstand.« Alles klar. Nur: Wer braucht einen »Ersatz für den Kopfstand«? Ich nicht, auf jeden Fall eher selten. Weil aber alle brav in den Hund gingen, folgte ich folgsam. Und weil ich ein guter Wachhund bin, bellte ich sogar noch.

»Sie brauchen nicht zu bellen! Es reicht, wenn Sie die Stellung richtig umsetzen«, klärte Esther mich auf.

»Ich belle gar nicht«, log ich, »ich hechle. Wie ein Hund eben.«

Nach 45 Minuten war die Tierschau vorbei. Esther hatte uns schon vorgewarnt, dass beim nächsten Mal der klassische Frosch im Mittelpunkt der Übungen stehen würde.

»Können wir nicht mal etwas ohne Tiere machen?«, fragte ich, aber Esther lachte nur. Wieder zu Hause fragte mich meine Frau, wie es gewesen wäre.

»Gut war es. Ich war Flamingo, Schlange und Hund.«

»Und – war es schwer?«

»Das Dehnen ein bisschen. Das Bellen war kein Problem.«

Ich wusste noch nicht, ob ich zum Frosch auch noch hingehen würde. Vielleicht wechsele ich auch den Yoga-Kurs. Vielleicht gehe ich auch zum »Hot Yoga« – eine Empfehlung von Svetlana, der Assistentin meines Lieblingsorthopäden Vladimir. »Hot Yoga« hört sich nicht nach Tierstellungen an, und falls es doch welche geben sollte, dann sind es bestimmt schmutzige Tiere.

Karnickel oder so ...

Hot Yoga

Keine Frage, ich mag Tiere. Schon immer. Besonders Tiere mit dickem, weichem Fell. In Amerika hatten wir Bären. Also nicht nur im Zoo. Ich brauchte nur ein paar hundert Meilen fahren, dann konnte ich die Bären in freier Wildbahn abschießen. Quatsch, ich hab noch nie in meinem Leben einen Bären abgeschossen. Ich weiß gar nicht, wie so ein Bär schmeckt.

Außerdem, wie gesagt, mag ich Tiere mit viel Puschelfell. Ich mag aber auch halbe Hähnchen. Trotzdem käme ich nie auf die Idee »in ein halbes Hähnchen zu gehen«. Das zum Thema »Yoga« und den ganzen schönen Tierübungen.

Während des »Yoga-Kurses für Anfänger« musste ich übrigens auch noch in die Schildkröte gehen. Ich ging also in die Schildkröte, so wie ich mir eine Schildkröte vorstelle, die gerade ein Nickerchen macht, da rief Esther schon: »Nein, John, das ist keine Schildkröte, das ist ein Fisch.«

Scheiße, du denkst, du tust was für deinen Rücken, und in Wahrheit belegst du einen Kurs in Zoologie. Deshalb war ich ebenso überrascht wie glücklich, als mir Svetlana, wie gesagt, die Arzthelferin vom Orthopäden Vladimir, von einer Alternative berichtete, von Hot Yoga!

Ich war wieder einmal zum Nacken-Röntgen in Vladimirs orthopädischer Praxis und schilderte Svetlana meine tierischen Yoga-Erfahrungen:

»Mr. Doyle, das hätte ich Ihnen gleich sagen können«, zwitscherte Svetlana, »normales Yoga ist nichts für Sie. Sie müssen Hot Yoga machen. Das bringt wenigstens was.«

»Hot Yoga?«, zwitscherte ich zurück, »was ist denn da der Unterschied zu normalem Yoga?«

»Das muss man erlebt haben, ist schwer zu beschreiben. Wissen Sie was? Ich gehe heute Abend sowieso hin. Kommen Sie doch einfach mit.«

Es passiert mir eher selten, dass junge Frauen mich zu etwas einladen, also warum nicht? Svetlana war aber nicht nur jung, sondern auch sexy und obendrein freundlich. Drei gute Gründe, um zum Hot Yoga zu gehen. Obwohl? Für meine Frau wären das drei gute Gründe, um nicht zum Hot Yoga zu gehen. Aber ich hatte mich entschieden, denn meine Gesundheit war mir wichtig. Ich musste es nur meiner Frau irgendwie vermitteln. Also schonend beibringen, oder am besten gar nicht erzählen und lieber eine schlechte Ausrede erfinden.

Am Ende musste ich gar nichts erzählen, denn als ich nach Hause kam, war meine Frau nicht da. Nur der Pubertierende lungerte vor dem Fernseher rum. Eher gelangweilt schaute er mir zu, wie ich meine Sporttasche packte: »Hey, alter Mann, wo gehst du hin?«

»Ich gehe jetzt mit der schönen Svetlana zum Hot Yoga – und du nicht!«

Es ist wichtig, mit pubertierenden Menschen stets ehrlich umzugehen.

Nun also Hot Yoga: In meiner Vorstellung geisterten spärlich bekleidete, heiße und in der Mehrzahl weibliche Menschen um mich herum, die bei intensivem Körperkontakt irgendetwas schrecklich Gesundes tun und dabei ins Schwitzen kommen.

Spärlich bekleidet und schwitzend stimmte.

Das mit dem Schwitzen begann schon beim Betreten des Raumes. Obwohl draußen frühlingshafte Temperaturen herrschten, bullerten drinnen die Heizkörper. Hot Yoga heißt nichts anderes als Yoga bei 39 Grad Raumtemperatur!

Entsprechend spärlich bekleidet waren auch die Kursteilnehmer. Sie sahen aus wie die aus dem herkömmlichen Yoga-Kurs, nur mit verschwitzten T-Shirts und verschwitzen Stretch-Hosen. Man betritt den Raum mit 100 Kilo – man verlässt den Raum, und man wiegt nur noch 80. Es schwappte verdammt viel Körperflüssigkeit herum. Überall auf dem Boden hatten sich kleine Schweißlachen gebildet, und ich hüpfte durch den Raum wie eine Gazelle, um nicht in die Ausdünstungen meiner Mitschwitzer zu treten.

Apropos Gazelle: Natürlich ging es auch beim Hot Yoga

um Tiere. Wir »gingen in die Kobra, ins Krokodil und in die Heuschrecke«. Bei letzterem Tier legten sich alle auf den Boden und wedelten wie blöd mit Armen und Beinen. Wie das Heuschrecken eben so den lieben langen Tag lang machen. Oder Kakerlaken. Auf jeden Fall wirkte die Ansammlung schwitzender, menschlicher Küchenschaben sehr realistisch. Ich rechnete fest damit, dass irgendwann ein Kammerjäger die Tür aufreißen und uns der Reihe nach zu Tode treten würde.

Vor dem Kakerlaken-Haufen stand die Hot-Yoga-Meisterin, und weil das ganze »hot« war, schrie sie nicht einfach durch den Raum, sie schrie vielmehr in ein Headset. Ihre schrille Stimme wurde durch vier Mega-Lautsprecher noch einmal um 1000 Watt verstärkt.

»Ihr müsst atmen. Vergesst nicht zu atmen. Immer atmen!«

Falls jemand vergessen haben sollte, wie Atmen funktioniert, machte sie es uns einfach vor: Sie zog stoßweise und heftig Luft ein. Immer in kurzen Zügen.

»So merkt ihr gar nicht, wie ihr zwischendurch ausatmet«, schrie sie uns an. Tatsächlich vergaßen einige Kursteilnehmer offenbar das Ausatmen und begannen zu hyperventilieren. Das aber fiel kaum auf, weil ihre Atem- und Körperkrämpfe denen einer hilflos auf dem Rücken strampelnden Kakerlake sehr ähnelten.

»Weiteratmen! Weiteratmen!«, schrie die Königin aller Küchenschaben, »und schön schwitzen«, ergänzte sie noch. Eine überflüssige Anweisung, denn der Boden sah ohnehin aus, als hätte es einen mittelschweren Wasserrohrbruch gegeben.

Zum Glück war die Kakerlaken-Übung bald vorbei, nun war der Adler dran: Man steht auf beiden Beinen und versucht, ein Bein um das andere Bein zu wickeln und verschränkt dabei den linken Arm mit dem rechten. Ich war einigermaßen verunsichert: Von unserem US-Wappentier weiß ich, dass zumindest der Seeadler ein stolzes, aufrecht stehendes Tier ist, das eher selten Arme und Beine beziehungsweise Flügel miteinander verknotet. Beim Hot Yoga muss es sich um eine Adler-Unterart gehandelt haben. Die Yoga-Queen erklärte, dass diese Übung dem Gleichgewicht diene.

In Amerika wäre so etwas ein Alkoholtest.

Nach dem Adler kam der Pistolengriff. Ich dachte: Den kenne ich, der ist mir seit meiner Kindheit vertraut. Doch weit gefehlt: Der »Yoga-Pistolengriff« ist im Alten Europa eher pazifistischer Natur. Man streckt die Arme nach oben, verschränkt die Hände und dreht diese dann nach innen. Dabei werden die Zeigefinger ausgestreckt. Dem Amerikaner in mir war das fremd. Mit diesem Griff würde man niemals etwas anpeilen, geschweige denn erschießen können.

»So, alle mal herhören«, schrie die Yoga-Meisterin in ihr Headset, »jetzt gehen wir ins Kamel und danach ins Kaninchen!«

Endlich, dachte es in mir, endlich kommen die schmutzigen Tiere dran. Ich schaute mich um, auf der Suche nach Svetlana. Wenn ich »ins Karnickel gehe«, wollte ich auf jeden Fall in ihrer Nähe sein. Aber ich konnte sie nicht sehen, denn in der Zwischenzeit waren die Schweißlachen auf dem Boden ins Stadium der Verdunstung übergegangen. Der ganze Raum war völlig vernebelt. Dazu kam noch mein eigener Schweiß, der mir in Rinnsalen über die Stirn in die Augen floss: Ich war blind wie ein Maulwurf. Aber den machten wir dann nicht mehr. Die Hot-Yoga-Stunde war beendet.

Kaum schloss ich die Haustür auf, stand auch schon meine Frau vor mir: »Wo warst du? Und wer ist die ›schöne Svetlana‹?«

Aha, der Pubertierende hatte gepetzt. Jetzt saß er grinsend auf dem Sofa und triumphierte. Na warte, Bürschchen, noch bin ich der Herr über das Taschengeld.

»Darling«, säuselte ich, »Svetlana ist nur die Arzthelferin vom Vladimir, und die hatte mich zum Hot Yoga mitgenommen und …«

Schon wieder kam ich ins Schwitzen.

Massage

Was gibt es Schöneres als körperliche Betätigung, die man nicht selbst ausüben muss? Zum Beispiel Tennis oder Fußball im Fernsehen. Man liegt auf dem Sofa, fiebert mit Roger Federer oder Mesut Özil, fühlt sich angesichts deren Leistungen selbst ein wenig sportlich, muss aber nicht wirklich aktiv werden.

In eine ähnliche Kategorie fällt die Massage: Man liegt einfach da, ein anderer müht sich ab, und man fühlt sich danach, als habe man sich selbst sportlich betätigt. Für einen chronischen Rückenpatienten wie mich ist Massage die schönste aller denkbaren Schmerztherapien. Neben Kölschtrinken natürlich.

Egal, ob Chinesische Massage, Thai-Massage, physiotherapeutische Massage, Reiki-Massage oder Indische Kopfmassage: Hauptsache Massage! Allein an der flüssigen Aufzählung der diversen Knettechniken wird der geneigte Leser erkennen, dass ich nicht nur firm in der Pathologie bin, sondern auch beim Thema Massage. Bevor ich im Folgenden einige Massage-Arten näher beleuchten werde, vorweg noch ein paar Bemerkungen zum Massage-Ambiente.

Zu einer guten Massage gehört Buddha. Buddha ist aber

nicht gleich Buddha. Die Chinesen haben dicke Buddha-Figuren. Sie zeigen einen wohlbeleibten Buddha, der bereits das Härteste hinter sich hat und ganz entspannt im Hier und Jetzt vor sich hin meditiert. Dagegen bevorzugen die Thailänder den schlanken Buddha, der noch auf Erleuchtung wartet. Er ist sozusagen die Fit-for-Fun-Version für junge, sportliche Massage-Kunden. Bei der Reiki-Massage gibt es meist einen Buddha, egal ob dick oder dünn. Diese Buddhas stammen von »Yellow-Möbel«, und da nimmt die Reiki-Masseurin (grundsätzlich eine ehemalige Diplom-Sozialpädagogin) halt, was gerade im Angebot ist. Bei Physiotherapeuten sind die Buddhas in der Regel im »Billy-Regal« versteckt. Sie sind klein, aus Speckstein und stammen aus dem nächsten China-Laden oder aus dem Duty-free-Shop im Flughafen Bangkok.

Buddhas sind wichtig, denn meine Erfahrung sagt: Eine Massage-Praxis ohne Buddha ist unbedingt zu meiden.

Hier nun meine Lieblingsmassagen:

Chinesische TCM-Massage

Ist gut, tut aber weh! Wenn man jedoch auf Schmerzen steht, dann sind die Chinesen top. Wenn Schmerzen nicht so das Ding sind, dann TCM unbedingt meiden. Bei dieser Art der Massage werden sogenannte »Druckpunkte« gesetzt. Der Masseur oder die Masseurin drückt mit den Fingerspitzen, mit der Faust, mit den Ellenbogen, Knien und gerne auch mal mit den Füßen auf den Körper. Besonders Letztere können höllische Schmerzen verursachen, zumindest wenn es sich um große Füße handelt. Wie bei meiner ersten TCM-Massage: Die Frau, die mich massierte, war gnadenlos. Zuerst bearbeitete sie meine Schultern. Dann noch ein wenig fester die Gegend rund um meine Wirbelsäule. Kurzzeitig dachte ich, ich hätte der Dame vielleicht aus Versehen mal ein Unrecht angetan, vielleicht in einem früheren Leben. Vielleicht war ich vor 900 Jahren ein mongolischer Krieger im Gefolge von Dschingis Khan und habe die Familie der massierenden Chinesin massakriert. Weil die Dame aber durchweg freundlich lächelte, verwarf ich diesen Gedanken wieder. Sie lächelte auch noch, als sie über meinen Rücken wanderte. Offenbar fand sie, dass es Zeit war für einen ausgedehnten Spaziergang auf dem Rücken eines großen Amerikaners. Noch ein Gedanke schoss mir durch den Kopf: Vielleicht ist das hier eine ideologische Auseinandersetzung: Der imperialistische US-Amerikaner liegt hilflos auf dem Bauch, während die kommunistische Massage-Funktionärin ihn platt trampelt.

Aber ihr Gesicht verriet keinen Hass auf mich – auf einen Vertreter der anmaßenden, selbsternannten Weltpolizei. Ich musste mich an den Gedanken gewöhnen, dass das hier tatsächlich Massage war. Verdammter Mist, warum geriet ich ausgerechnet an eine Chinesin mit großen Füßen? Wahrscheinlich war die Dame die einzige Großfüßige unter 1,2 Milliarden Kleinfüßlern.

Alles tat mir weh. Das einzig Gute war: Ich hatte vergessen, was mir *vor* der Massage weh getan hatte. Und gerade, als ich dachte, sie hätte das Ziel ihrer Wanderungen erreicht, ging es von neuem los. Dann konnte ich mich nicht mehr zurückhalten.

»AUA! Aua! Tut das weh! Muss das sein?«

»Wenn nicht weh tut, nicht gut!«, lächelte mich die wandernde Weisheit Asiens an und marschierte weiter. Zwanzigmal in einer Stunde wiederholte ich die Frage, und zwanzigmal antwortete sie: »Wenn nicht weh tut, nicht gut.« Beim einundzwanzigsten Mal übernahm ich plötzlich ihren Slang, völlig unbewusst.

»Wenn zu viel weh tut, nicht gut.«

»Aber wenn nicht weh tut, auch nicht gut.«

Na super! Jetzt hatte ich nicht nur Schmerzen an Körperteilen, die mir bis dato völlig unbekannt waren. Nun wurde mein ohnehin schlechtes Deutsch noch schlechter. Bevor ich jedoch weiterjammern konnte, überraschte sie mich mit einer neuen Redewendung: »Rücken verspannt. Sie haben viel Wut.«

Sie konnte nicht nur gut wandern, sie konnte anscheinend auch Stimmungen gut deuten. Und so ging es weiter, 60 Minuten lang. Dann endlich war es vorbei.

»So, zwei Minuten jetzt Augen zuhalten. Ausruhen. Hat weh getan?«

»Ja!«

»Gut. Wenn weh tun, tut gut.«

Thai-Massage

Thai-Massage ist Chinesische Massage für Weicheier, oder wie der Pubertierende sagt: »Massagen für Missis!«

Egal. Die Hauptsache ist: Nach einer Thai-Massage kann man einfach wieder aufstehen und ohne fremde Hilfe nach Hause gehen. Was die Thai-Massage relativ schmerzfrei macht, ist Öl. Literweise Öl. So viel Öl, dass man automatisch denkt: Ein wenig Essig dazu wäre auch nicht schlecht.

Nein, so was denkt *man* nicht. So was denke nur *ich*. Ansonsten ähnelt die Thai-Massage schon der Chinesischen Massage, denn auch der Thai versucht Druckpunkte zu setzen, um anschließend mit allen zur Verfügung stehenden Gliedmaßen auf diesen Punkten herumzudrücken. Das klappt allerdings nie, weil die Thai-Masseure durch das viele Öl dauernd abrutschen. Für den Massierten ein angenehmer Effekt, weil dadurch weniger Schmerzen verursacht werden. Und so bin ich zum Liebhaber der Thai-Massage geworden. Sobald ich den Massage-Salon betrete, betrete ich eine andere Welt. Es sieht hier anders aus und riecht auch anders. Überall duften Räucherstäbchen, und das Licht von Dutzenden von Kerzen verbreitet eine angenehm entspannte Atmosphäre. Beim ersten Mal dachte ich, nein, hoffte ich, dass Thai-Massage auch etwas mit dem zu tun hatte, was man sonst auf RTL 2 nach 22 Uhr sieht, aber dem ist nicht so. Es gibt keine leichtbekleideten Thai-Frauen, stattdessen mindestens 20 freundliche, schlanke Buddhas und eine züchtig angezogene Dame, die einem einen aromatischen Tee reicht. Dazu spielt jemand im Hintergrund Blockflöte, und irgendwo plätschert ein sanfter Wasserfall. Dann wird man in ein Kämmerchen geführt und auf ein Futon-Bett gelegt. Keine Krankenhausliege wie beim Physiotherapeuten, keine Liege mit Loch für den Kopf wie bei der TCM-Massage. Nein, man bekommt ein richtiges Bett.

»Ist das von IKEA?«, fragte ich. Die Massagefrau lächelte: »Ich nicht so viel Deutsch sprechen.«

»Egal, Hauptsache ich muss das Ding nicht zusammenschrauben!« Die Frau lächelte wieder und nickte.

Dann endlich ging's zur Sache: Ich wurde von oben bis unten eingeölt. Das Öl roch nach Minze und war ganz warm. So muss es im Himmel sein: Eine hübsche Thailänderin, die schlecht Deutsch spricht, ölt einen von oben bis unten ein. An der Damen-Oberbekleidung müsste man allerdings noch arbeiten.

Dann wurde ich massiert, eine halbe Stunde lang. Immer, wenn die Dame versuchte, etwas härter zu drücken, rutschte sie ab. Herrlich. Anschließend gab es noch ein bisschen Yoga, denn eine Thai-Massage ohne Yoga ist wie ... na ja, wie eine Thai-Massage ohne Yoga. »Passives Yoga« nennt es sich, und es wurde für Menschen wie mich erfunden: Ich saß einfach nur da, atmete ein bisschen vor mich hin, während die hübsche Thailänderin meine Gliedmaßen dehnte.

Was Thai-Massagen noch sympathischer macht, ist ihre Entstehungsgeschichte: Angeblich wurde sie von buddhistischen Mönchen entwickelt, die einen Ausgleich für ihre stundenlangen Meditationsübungen brauchten. Einfach ausgedrückt: Die Jungs saßen zu lange einfach nur rum und bekamen tierische Rückenschmerzen. Weil die Schmerzen selbst durch intensivstes Beten nicht vergingen, haben sie, so die Legende, die Thai-Massage erfunden.

Nach meiner – keine Ahnung wievielten – Thai-Massage fragte ich die Chefin:

»Ist das mit dem vielen Öl eigentlich normal, gehört das immer zur Thai-Massage?

»Nein«, antwortete sie mit einem breiten Grinsen, »Öl ist nur für Europäer. Europäer wollen sanft. In Thailand kein Öl, in Thailand will hart.«

Massage beim Physiotherapeuten

Klingt nicht so sexy wie Thai-Massage, ist nicht so schmerzhaft wie eine Chinesische Massage und ist auch ambientetechnisch ganz schwach. Räucherstäbchen? Begrüßungstee? Fehlanzeige. Und den Buddha gibt es wie gesagt nur in Miniaturausgabe im Billy-Regal.

Der Unterschied wird schon im Wartezimmer sichtbar: Alles ist völlig nüchtern eingerichtet: An den Wänden hängen

Bilder vom letzten Familienausflug des Physiotherapeuten, und zum Lesen gibt es nur die einschlägigen Fachzeitschriften von Gala bis Bunte. Die anderen Wartenden sehen auch nicht besonders entspannt aus. Sie schauen ins Nichts, lesen im Nichts, kurz, sie sehen nicht aus wie Menschen, die gleich eine entspannende Massage bekommen, sie sehen vielmehr aus wie – Patienten. Patienten mit Stützstrümpfen.

Trotzdem haben Massagen beim Physiotherapeuten auch Vorteile. Erst einmal übernehmen die Krankenkassen hin und wieder die Kosten, was bei thailändischen, chinesischen oder indischen Massagen so gut wie nie vorkommt. Zweitens sprechen die Physiotherapeuten besser Deutsch als ihre asiatische Konkurrenz. Während die Asiatin meist freundlich vor sich hinlächelt, erklärt der Physiotherapeut gerne und ausführlich, warum er dem Patienten Schmerzen verursacht:

»Ich versuche gerade, die Brustwirbelsäule in die Extension zu mobilisieren. In die Aufrichtung. Wegen Ihrer starken Kyphose, Herr Doyle.«

Auch wenn ich bis heute nicht weiß und eigentlich auch gar nicht wissen will, was eine »starke Kyphose« ist – auf so was kann man bei einer Thai-Massage lange warten, und übersetzt heißt das bei der Chinesischen Massage: »Wenn nicht weh tut, nicht gut.«

Auch die restliche »deutsche« Massage wird gerne verbal untermauert. Es fallen Wörter wie: »Völlig verspannt!«, »Verkalkung« und »verhärtet« – begleitet von Appellen, doch mehr für den eigenen Körper zu tun. So etwas sagt eine Thai- oder chinesische Masseurin nicht, abgesehen davon, dass diese wunderschönen Begriffe in ihrem Wortschatz ohnehin selten vorkommen.

Mein Fazit: Die physiotherapeutische Massage ist manchmal ein wenig schmerzhaft, aber insgesamt angenehm und entspannend. Wenn man die Verbalattacken gegen ein paar mehr Buddhas, Räucherstäbchen und Tee eintauschen würde und den deutschen Masseur gegen eine Thailänderin, würde diese Massageart den Spitzenplatz bei mir einnehmen.

Tantra Massage

Dazu kann ich leider nicht viel sagen; wurde mir von meiner Frau verboten.

»Wenn du ein Happy End willst, John, guck dir einen Disneyfilm an!«

Indische Kopfmassage

Dafür durfte ich immerhin eine »Indische Kopfmassage« machen. Vermutlich, weil der zu massierende Körperteil in größtmöglicher Entfernung vom »Happy Ending« liegt.

Eine indische Kopfmassage ist etwas Wunderbares, wenn man nichts gegen intensives Einölen des Kopfes und der Haare hat, und wenn man nichts dagegen hat, dass der Kopf noch Tage später nach Avocado- oder Kokosnussöl riecht. *Ich* roch noch zehn Tage nach Avocadoöl. Ziemlich intensiv sogar. So intensiv, dass man mich auf einer Party am gleichen Abend fragte: »Hey, John, können wir dich mit Chips servieren?« (Man macht immer gerne Witze über mich, weil man glaubt, dass ich das als »witziger Typ« auch immer witzig finde. Das stimmt nur bedingt. Wenn der Witz gut ist, klau ich ihn für mein Programm.).

Die indische Kopfmassage fördert nicht nur die Durchblutung der Kopfhaut, sie ist auch gut für die Kopfbehaarung.

Das jedenfalls behauptete mein indischer Kopfmasseur. »Öl ist gut für Haare. Aber ich sehe, haben nicht viele Haare … macht nix, dann besser noch für Kopfhaut.«

Zum Glück hatte und habe ich viel freie Kopfhaut, auf der sich mein Masseur 20 Minuten lang austoben konnte: Reiben, streichen, halten, kratzen, drücken. Es fühlte sich ziemlich gut an. Sehr gut sogar. Schade nur, dass ich die ganze Zeit dachte: Na, prima, jetzt kriege ich auch noch eine Glatze!

Schlaf

Mittagsschlaf? Den kenne ich noch. Aus meiner Kindheit in New Jersey.

Immer pünktlich um 13.00 Uhr fielen mir die Augen zu, und ich verbrachte selige zwei Stunden im Reich der Träume. Das Problem dabei war: Pünktlich um 13.00 Uhr saß ich noch in der Schule … aber das ist eine andere Geschichte.

Heute hat mich der Mittagsschlaf wieder. Angefangen hat es mit Dr. Schäfer, einem meiner allgemeinmedizinischen Hausärzte, der nebenbei Schlafmediziner ist. Schlaf ist aber nicht nur sein Spezialgebiet, es ist sein Steckenpferd. Er kann stundenlang und ohne Unterbrechung über den Stellenwert gesunden Schlafs reden – und zwar mit Erfolg: Nach zehn Minuten Schlafreferat penne ich regelmäßig ein. Er wechselt dann einfach das Behandlungszimmer und rechnet später meinen Schlaf als Beratung ab.

Ach, was rede ich da? Das macht der Dr. Schäfer natürlich nicht, er verdient sich seinen 911er auf ehrliche Art und Weise. Auf jeden Fall hat mir der Doktor geraten, täglich einen mindestens halbstündigen Mittagsschlaf zu machen.

Das diene der körperlichen und geistigen Regeneration und würde so entspannend wirken wie guter Sex.

Das letzte Argument hat mich schließlich überzeugt, und weil ich ein gehorsamer Patient bin, habe ich mir vorgenommen, die doppelte Portion Schlaf zu nehmen, also eine Stunde statt einer halben. Ich legte mich also Punkt 13.00 Uhr aufs Sofa und dachte: Ich bin überhaupt nicht müde. Warum auch, es ist mitten am Tag? Und zack, nach fünf Minuten erfüllten meine dezenten Schlafgeräusche die Wohnung, das Haus, die Siedlung, die Stadt und den Erdkreis.

Herrlich! Ich legte mich nun jeden Tag um dieselbe Uhrzeit aufs Ohr, versank für zwei Stunden in tiefsten Schlaf (je mehr, desto besser), stand auf, fühlte mich wie neu geboren und hatte kein schlechtes Gewissen dabei. Schließlich tat ich etwas für meine Gesundheit. Beim ersten Mal kam meine Frau nach Hause, nach acht Stunden Arbeit und zwei Stunden Zugfahrt und fragte mich: »Na, John, was hast du denn heute gemacht?«

»Och, ganz viel für meine Gesundheit.«

»Warst du etwa beim Sport?«

»Nein, viel besser: Ich habe geschlafen.«

»Hat man gehört! Sehr deutlich sogar!«, rief der Halbling aus dem Kinderzimmer.

Aber es stimmt: So ein Mittagsschlaf hilft. Das ist erwiesen. Vermutlich sind zwei Stunden ein bisschen viel, weil man dann in der Nacht vielleicht nicht mehr so gut schlafen kann. Aber für diesen Fall wurde ja das Fernsehen erfunden. Ansonsten gilt, was die Schlafforscher sagen: Menschen, die zwischendurch mal ein Nickerchen machen, haben seltener Herzprobleme, einen niedrigeren Blutdruck, können sich besser konzentrieren, haben weniger Stress, fühlen mehr innere Harmonie und haben gesündere Haut. Außer man macht das Nickerchen während der Autofahrt. Dann hat man zwar weniger Herzprobleme und einen sehr viel niedrigeren Blutdruck, aber das mit der Haut könnte schwierig werden.

Mir auf jeden Fall tut mein Mittagsschlaf richtig gut. Quentin, der junge Mann, der gerade schwer mit einer Hormonumstellung zu kämpfen hat, glaubt mir allerdings kein Wort. Er denkt, dass die Geschichte mit dem Mittagsschlaf nur eine Ausrede ist.

»Dickie ist nur zu faul, um Sport zu machen.« Deshalb versucht er auch ständig, meinen mittäglichen Gesundheitsschlaf zu stören. Um ihm keine Gelegenheit mehr zu geben, sich über seinen Vater lustig zu machen, bin ich für den Mittagsschlaf ins Schlafzimmer ausgewandert. Aber kaum dass ich versuche, Körper und Seele schnarchend in Einklang zu bringen, schreit er durch die Wohnung: »Mach die Tür zu, Dickie, ich kann die Glotze nicht hören!«

Was für ein komischer Traum! Der Typ hört sich an wie mein Sohn!

»Boah«, schreit es weiter. »Das ist schon kein Sägewerk mehr. Das ist die komplette IKEA-Jahresproduktion!«

Schließlich wache ich auf, keine drei Minuten nachdem ich die Säge an einen Mahagoni-Baum angesetzt habe. Ich stehe auf, schleppe mich schlaftrunken ins Wohnzimmer, und da liegt der Halbwüchsige auf dem Sofa und guckt irgendeine Sendung über andere Halbwüchsige, die sich gegenseitig schwängern, und über einen halbseidenen Anwalt, der seine schwachsinnigen Kommentare dazu abgibt.

»Entschuldigung, Sohn, aber ich versuche zu schlafen. Warum weckst du mich?«

»Wieso?«, antwortet das herumlungernde Etwas mit einer Gegenfrage. »Es ist mitten am Tag! Kannst du nicht in der Nacht schnarchen?«, und widmet sich weiter seiner

Nachmittagsbildung. (Gerade schreit eine dreizehnjährige Schwangere ihre sonnenbankgeschädigte Mutter an: »Du hast mir gar nix zu sagen, alte Schlampe!«, und mein Sohn guckt so, als ob die junge Schlampe recht hätte.)

Aber man muss tatsächlich aufpassen, besonders ich als unerfahrener Langzeit-Mittagsschläfer. Schlafforscher meinen, dass 20 Minuten Mittagsschlaf völlig ausreichend sind. Man soll schlafen, aber nicht zu tief. Wenn man zu lange schläft, gerät man in ein zu tiefes Schlafstadium, und das macht eher müder als fitter. Ein kurzer Mittagsschlaf ist jedoch etwas sehr Gesundes. US-Schlafforscher haben herausgefunden, dass Menschen, die jeden Tag ein Nickerchen machen, bessere mentale Fähigkeiten haben. Aber nicht nur das. Gute und regelmäßige Mittagsschläfer sind meist schlanker als Nichtschläfer. Vermutlich, weil man während des Schlafs weniger isst. Außerdem ist erwiesen, dass die Mittagsschläfer mehr Lust auf Sex haben, wenn sie wieder wach sind. Als ich das las, dachte ich:

Noch ein Grund, einen Mittagsschlaf zu machen. Erst sagt Dr. Schäfer, dass ein Mittagsschlaf so gut wie Sex ist, und dann hat man auch noch nach dem Schlaf mehr Lust auf Sex!

In den USA haben große Firmen Ruheräume für ihre Mitarbeiter eingerichtet, damit diese während des Tages den sogenannten »Power Nap« machen können. So sind wir, wir Amis: Wenn schon ein Nickerchen, dann aber mit Power!

Unter anderem bieten Google, die NASA und auch IBM das »Power Napping« an. Während weltweit die User durchs Netz surfen und auf dem Mars sich »Curiosity« durch den roten Staub wühlt, wird in den USA gepennt: »Mehr Leistung durch Schlaf« – und ich bin dabei!

In Japan genießt der Mittagsschlaf in einigen Elektronik-Konzernen sogar höchste Priorität – noch vor dem Suizid in der Tokioter U-Bahn nach einer schlechten Jahresbilanz. Und in China geht niemand ab 13.00 Uhr ans Telefon, weil alle die Äuglein geschlossen halten. Dort ist die Mittagsruhe sogar verbrieftes Grundrecht. In Amerika hat man das Recht, eine halbautomatische Maschinenpistole zu besitzen – in China hat man das Recht auf ein Nickerchen.

Das gefällt mir.

In meinem Innersten bin ich ganz sicher Chinese.

Und nun ... das Lehren

Fakten Rücken

Volkskrankheit Nummer 1: Laut Statistiken leiden 25 Millionen Deutsche mindestens einmal pro Jahr unter Rückenschmerzen! Ich bin also einer unter 25 Millionen; das tröstet zwar, hilft mir aber auch nicht wirklich weiter.

25 Millionen – das muss man sich mal vorstellen. Wenn es eine »Rücken-Partei« gäbe und alle »Rücken-Patienten« sie wählen würden, könnte die Partei auf eine Zwei-Drittel-Mehrheit im Bundestag kommen. Einzige Konkurrenz wäre vielleicht die »Depressions-Partei«. Aber die können sich dann ja abwechseln. Wie in meiner Heimat die Republikaner und die Demokraten, die ungefähr mit Rücken- und Depressionspartei vergleichbar sind.

Und noch eine Statistik zum Arbeitgeber- und Krankenkassenärgern: Die jährlichen Kosten für die Behandlung der Rückenpatienten und für den Arbeitsausfall belaufen sich auf 17 Milliarden Euro! 17 000 000 000 Euro! Wahnsinn. Damit könnte man ganz Griechenland einen halben Monat finanzieren.

(Aber nicht alle leiden unter diesen Zahlen. Orthopäden leiden nicht. Sie verdienen durchschnittlich 128 590 Euro pro Jahr. Okay, da kann man jetzt argumentieren, dass das noch immer nicht für einen 911er Turbo mit »Bose«-Boxen reicht. Aber denken sie an die Frau des Orthopäden, die Augenärztin, die bringt auch noch was in die Haushaltskasse. Übrigens, es gibt Ärzte, die noch besser verdienen, und das sind die Radiologen, die für die Orthopäden die hübschen Rückenbilder machen. Die landen auf Platz 1 mit 204 347 Euro pro Jahr – oder anders ausgedrückt: 911er Turbo und noch ein Mini-Country für die Frau. Nicht schlecht schneiden auch die Meister der oberen Atemwege ab. HNO-Ärzte kassieren im Durchschnitt 131 019 Euro jährlich. Das muss dann aber auch reichen, weil die HNO-Ehefrau in der Regel auch die medizinisch-technische Assistentin ist.)

Aber egal, ob Orthopäde, Radiologe, Urologe oder Somnologe – alle Ärzte sind einer Meinung, wenn es um Rückenschmerzen geht: WIR MENSCHEN SITZEN EINFACH ZU VIEL! Und das stimmt: Laut Studie verbringen 17 Millionen Deutsche ihren Arbeitsalltag an einem Schreibtisch. Auf ein durchschnittliches Berufsleben hochgerechnet bedeutet das circa 80 000 Stunden sitzen.

Ich müsste mal eine Studie über Stuhlfabrikanten raussuchen. Könnte sich lohnen. Auch im Hinblick auf die KFZ-Vorlieben der Stuhlfabrikanten.

Johns Top-Ten-Tipps bei Rückenschmerzen

1. BEWEGUNG! BEWEGUNG! BEWEGUNG! Okay, das ist jetzt nicht besonders originell, aber leider wahr.

2. Wenn Sie viel sitzen: Pausen einbauen und sich in den Pausen DEHNEN, DEHNEN und nochmals DEHNEN.

3. Wenn möglich, SPAZIERGÄNGE in den Pausen unternehmen.

4. So oft wie möglich auf Aufzüge oder Rolltreppen verzichten. Immer TREPPEN benutzen. Es ist das beste Training für unsere Rumpfmuskulatur!

5. Mit dem Essen aufhören, wenn auch nur das leiseste SÄTTIGUNGSGEFÜHL eintritt. Den Teller nicht leer essen. Falls der Kellner fragt: »Hat es nicht geschmeckt?«, immer mit »Hat nicht geschmeckt!« antworten. Das könnte auch die Rechnung schmälern – ein schöner Nebeneffekt.

6. Im HAUSHALT putzen, Geschirrspülmaschine ausräumen und Müll entsorgen. Jede Bewegung hilft und spart Taschengeld.

7. Immer mal wieder die MUSKELN ANSPANNEN: Bauch, Po, Arme, Beine. Die Muskeln müssen »spüren«, dass sie noch gebraucht werden.

8. Auch wenn es mir schwerfällt, das zu sagen, aber auf FASTFOOD verzichten. Das Zeug hat wahnsinnig viele Kalorien, aber wenig Nährwert. Das heißt: Man schaufelt sich viel Energie rein, die man gar nicht braucht, ist aber ruckzuck wieder hungrig.

9. Immer mal wieder ein bisschen ABNEHMEN und Fett gegen Muskeln eintauschen. Muskeln wiegen zwar mehr, sehen aber viel schöner aus, und sie halten den Rücken stabil.

10. OPTIMISTISCH BLEIBEN! Wenn man ständig Schmerzen hat, fängt man schneller an zu resignieren. Leider hat sich aufgeben, hinlegen, hinsetzen oder Schmerzen mit Alkohol zu betäuben einen Nachteil: Alles wird schlimmer.

Glauben Sie mir – ich weiß, wovon ich rede. Irgendwann muss einfach der Punkt kommen, an dem Sie sagen: »Okay, mir geht es scheiße, aber es könnte noch viel beschissener sein. Zum Beispiel könnte meine Frau mich drängen, mit ihr in den nächsten Till-Schweiger-Film zu gehen.«

Also: Schlimmer geht immer!

Johns Haushalts-Workout

Rückentipps für Hausfrauen beziehungsweise für Männer, die, auch wenn Natur, Kultur und maskuline Faulheit dagegensprechen, etwas für einen schmerzfreieren Rücken tun wollen. Ich bin ja nicht nur gebürtiger Amerikaner, Vater und Komiker, sondern auch ein reinlicher Mensch. Das gilt auch für die eigenen vier Wände, vorausgesetzt meine Frau übt ausreichend Druck aus. Hier nun meine Tipps für die Hausfrau in uns allen ...

1. Einkaufen

Einkaufstüten immer beidseitig tragen. Darauf achten, dass das Gewicht aus der schweren Aldi-Tüte in die leichtere Tüte von Rewe, Edeka oder Real vor dem Tragen umgepackt und gleichmäßig verteilt wird. Alle Tüten in einer Hand oder unterschiedliche Gewichtung der Tüten ist schlecht für den Rücken!

2. Aufräumen

Wenn man etwas aufheben muss, dann nie gleichzeitig heben und drehen – ist ganz schlecht für die Bandscheibe! Bevor man sich den Rücken verdreht beim Aufheben, lieber die Sachen monatelang liegen lassen und hoffen, dass jemand anderes sie aufhebt. Im Notfall einen Euro in das pubertierende Kind investieren.

3. Bügeln

Beim Bügeln unbedingt darauf achten, dass sich das Kleidungsstück circa 15 Zentimeter unter dem Ellenbogen befindet. Besser noch, es befindet sich 15 Zentimeter unter den Ellenbogen des Partners oder der Partnerin.

4. Küchenarbeit

Die Arbeitsfläche sollte nicht weiter als 15 Zentimeter unter den Ellenbogen liegen. Auch da gilt, besser 15 Zentimeter unter den Ellenbogen der/des Liebsten oder die Arbeit aus ergonomischen Gründen ablehnen, aufgrund eines zu großen Abstandes zwischen Ellenbogen und Arbeitsplatte.

5. Staubsaugen

Den Griff auf Höhe des eigenen Bauches einstellen, um in aufrechter Haltung Staubsaugen zu können. Beim Bücken immer auf einen geraden Rücken achten – keine Drehung dabei machen. Wichtig: Dem pubertierenden Sohn ewig vor der Nase rumsaugen, bis er das nächste Mal selbst saugt.

6. Tragen

Schwere Gegenstände möglichst nah am Körper tragen. Das entlastet den Rücken. Noch besser ist es – siehe oben –, den Sohn tragen zu lassen. Dafür Kleingeld bereithalten!

7. Boden putzen

Nicht bücken, sondern immer auf die Knie gehen. Beim Putzen das Gewicht von einem Knie auf das andere verlagern. Unbedingt vorher ein Polster unter die Knie legen oder

Knieschoner verwenden; die benutzen auch die Fliesen- oder Parkettleger. Auf erniedrigende Sprüche des Kindes: »Boah, was für'n Weichei! Legt sich 'nen Kissen unters Knie!«, nicht reagieren oder Taschengeld kürzen.

8. Fensterputzen

Zur Vermeidung eines überstreckten Hohlkreuzes immer eine Leiter oder Tritthilfe benutzen. Möglichst nicht bei geöffnetem Fenster auf dem Fensterbrett herumbalancieren. Außer man wohnt im Souterrain.

9. Sitzen und Stehen

Als inzwischen doch erfahrener Hausmann empfehle ich: Nicht nur bücken und strecken oder stehen und sitzen, sondern die ganzen Bewegungen des häuslichen Alltags abwechselnd auskosten. Gemeint ist, dass man tatsächlich eine auf den Körper abgestimmte Reihenfolge der Hausarbeiten vornimmt: Nach einer gebückten Haltung folgt eine gestreckte Haltung, also nach dem Bodenwischen kommt das Fensterputzen et cetera …

10. Stressvermeidung

Diverse Studien belegen: Hausfrauen beziehungsweise Hausmänner haben mehr Stress im Alltag als Topmanager. Wir bügeln, saugen und wischen wie blöd, und wer kriegt am Ende des Jahres den dicken Bonus? Klar, der schmierige Finanzvernichter von der Bank. Wir kriegen nix außer dem Dank der Partnerin oder des Partners. Oder der Sprösslinge.

»Du, Papa, wir müssen morgen in der Schule den Beruf unserer Eltern vorstellen. Was soll ich denn bei dir sagen? Raumpflege-Sachverständiger? Vice-President of the Doyle-Headquarter? Wischmopp?«

»Mein lieber Sohn, ruf einfach an, sag, dass du nicht zur Schule kommen kannst, weil dein Vater dir ein paar pädagogisch wertvolle Arschtritte verpasst hat!«

Aber im Ernst (obwohl, das war ernst): Immer wieder Pausen einlegen, sich nicht zu viel auf einmal vornehmen, Käffchen zwischendurch trinken – und froh sein, dass man kein Anlageberater ist.

Fakten Wirbelsäule

Die Wirbelsäule besteht aus 24 Wirbeln und wird in drei Abschnitte unterteilt: Halswirbelsäule, Brustwirbelsäule und Lendenwirbelsäule. Kenner der Szene (manchmal auch Ärzte) nennen sie kurz HWS, BWS und LWS. Und Patienten, die beim Arzt einen guten Eindruck hinterlassen wollen, nennen sie gerne auch mal C1–C7, Th1–Th12 und L1–L5. Die Buchstaben vor den Zahlen sind Kürzel der lateinischen Fachausdrücke. »C« steht für das lateinische Wort »CERVIX« und bedeutet »Hals«. »Th« für »THORAX«, auf Deutsch: Brustkorb, und »L« steht für »LUMBUS«, das lateinische Wort für »Lende«.

Mein Tipp für den nächsten Arztbesuch –, sagen Sie auf keinen Fall: »Herr Doktor, ich hab Rücken!«, oder gar: »Herr Doktor, mein Rücken tut weh.« Das kann jeder Depp sagen. Um ernst genommen zu werden oder beim Arzt das »Kollegensyndrom« auszulösen, sagt man am besten: »Herr Meier, Müller, Schmidt (lassen Sie unbedingt das »Dr.« weg, Kollegen sprechen sich nur mit Nachnamen an), bei mir ist Lumbus L3 nicht in Ordnung. Und Cervix C5 hat auch so seine Macken.«

Sie werden sehen: Ihr Arzt wird begeistert sein und Sie nicht nur gut behandeln, sondern gleich zur nächsten Golfpartie einladen. Einer meiner Orthopäden war so begeistert, dass er nach einem Blick in den »Pschyrembel« (*der* Ärzte-Bibel), um sich zu vergewissern, wovon ich redete, mir anbot: »Herr Doyle, das nächste Mal in der Röhre geht auf mich!«

Zurück zum Thema: Welche Bedeutung haben die verschiedenen Wirbelteile eigentlich? Sind sie nur Schnickschnack wie Einparkhilfen oder beheizte Autositze? Nein, die Wirbel und die Säule, an der sie festpappen, haben zwei sehr wichtige Aufgaben. Nehmen wir zum Beispiel die Halswirbelsäule:

Erstens: Sie trägt den Kopf. Das sind bei Erwachsenen so um die sieben Kilo.

Zweitens: Sie schützt die Nerven, die vom Gehirn in den Körper führen.

Auch die Brustwirbel haben reichlich zu tun: Sie sorgen wie beim HWS und LWS für die Flexibilität der gesamten Wirbelsäule und sind ein wichtiger Knotenpunkt für Muskel und Bänder. Und die fünf Wirbel der Lendenwirbelsäule müssen den Großteil des Körpergewichts tragen, und deshalb haben die meisten Rückenprobleme hier ihre Ursache.

Bandscheiben

Aber die Wirbelsäule besteht nicht nur aus 24 Wirbeln. Dazwischen kauern die Bandscheiben. Obwohl eine ihrer Aufgaben offenbar ist, höllische Schmerzen zu verursachen, haben sie noch eine weitere wichtige Funktion: Sie sind sozusagen die Stoßdämpfer für die Wirbel. Sie sorgen dafür, dass die Wirbelsäule beweglich ist und halten die Wirbel obendrein auch noch zusammen. Wenn man sagt: »Ich hab Bandscheibe«, dann meint man meistens, dass die Bandscheibe nicht in der Position ist, in die sie gehört, und deshalb Schmerzen verursacht. Man ist dann meist schlecht gelaunt, schreit kleine Kinder an und schimpft ohne Grund auf den FC Köln (da soll es aber auch Menschen geben, die das ohne Bandscheibenbeschwerden machen). Und das alles nur, weil sie ständig mit Schmerzen durch die Gegend laufen. Kann ich gut nachvollziehen: Wenn die Bandscheibe rausragt, nicht in der richtigen Position ist, dann drückt sie auf die Nerven und die schicken die Schmerzen dann nach unten in die Beine oder nach oben in den Kopf!

Menschen mit »Bandscheibe« sind leidende Menschen. Helfen Sie ihnen, indem Sie mitfühlend nachfragen: »Ist das bei Ihnen mehr Cervix, Thorax oder Lumbus?«

Sie werden sich für Ihre Empathie bedanken und Ihnen zumindest für zwei Stunden einen Knopf an die Backe labern.

Fakten Muskeln

Keine Frage, muskulöse, durchtrainierte Menschen sind irgendwie netter anzuschauen als untrainierte Fettsäcke. Männliche Muskeln zu haben ist also erst einmal von Vorteil, um das andere Geschlecht zu beeindrucken – oder auch dasselbe Geschlecht, wenn man die Muskeln beispielsweise in Köln mit sich herumträgt und zur Schau stellt. Aber auch neben diesem sehr wichtigen Effekt haben Muskeln noch andere Funktionen. Sie stützen und entlasten zum Beispiel das Skelett, was bei Rückenproblemen durchaus sinnvoll ist, kann man doch durch die Stärkung der Rückenmuskulatur

Schmerzen vermeiden. Aber das ist noch immer nicht alles. Muskeln sorgen auch für einen gesteigerten Kalorienverbrauch und sie halten jung, vorausgesetzt, sie werden trainiert. Was nicht immer der Fall ist, glauben Sie mir, ich kenn mich damit aus. Also mit dem Nichttrainieren.

Muskeln und Kalorien

Fakt ist: Menschen mit mehr Muskelmasse verbrauchen mehr Kalorien. Bis zu 100 Kalorien mehr pro Kilogramm Muskeln. Das Tolle dabei ist: Egal, ob man schläft oder Fernsehen guckt oder beides gleichzeitig, man verbraucht immer mehr Kalorien als Menschen mit weniger Muskelmasse.

Muskeln und die ewige Jugend

Wieso, fragt sich jetzt der eine oder andere, sollen Muskeln mich jung halten? Botox hält jung, ein dickes Bankkonto auch – aber Muskeln?

Ganz im Inneren unserer Körperzellen arbeiten klitzekleine Kraftwerke mit dem schönen Namen »Mitochondrien«. Sie sind dafür da, den aufgenommenen Sauerstoff in Energie umzuwandeln. Das funktioniert auch eine ganze Weile gut. Wenn sie allerdings nichts mehr zu tun haben, fahren die Kraftwerke die Leistung runter. Und je älter und schlaffer wir werden, desto weniger haben die Mitochondrien zu tun. Wie diese Kraftwerke funktionieren, hat man in einer Studie mit kanadischen Rentnern festgehalten. Man hat also die (Mitochondrien-)Werte normaler, schlaffer Rentner genommen, diese dann über ein halbes Jahr regelmäßig ins Fitnessstudio geschickt (und kontrolliert, dass sie da auch wirklich etwas tun) und dann wieder ihre Werte gemessen. Tatsächlich waren diese dann vergleichbar mit Menschen, die 40 (!) Jahre jünger waren. Das heißt: Egal wie alt wir sind, wenn wir die Muskeln trainieren, bleiben wir jünger, als wir es dem Alter nach tatsächlich sind. (Ewig funktioniert das allerdings nicht, weil sich unsere Zellen dauernd teilen, sozusagen ständig Kopien anlegen. Und wenn man eine Kopie kopiert und dann die Kopie wieder kopiert und so weiter und so fort, ist halt irgendwann nix mehr zu erkennen. Das ist, was in unseren Körpern leider auch passiert, aber das ist eine andere Geschichte.)

Trotzdem, wer seine Muskeln trainiert, bleibt länger fit und altert langsamer. Im Umkehrschluss heißt das: Wer nur sein Fett trainiert, so wie ich das über Jahrzehnte praktiziert habe, wird nicht fit und altert schneller, kann dafür aber immerhin das TV-Alphabet auswendig: Abenteuer Leben, Berlin Tag & Nacht, Cobra 11, DSDS, Exklusiv, Familienfälle, Gute Zeiten – Schlechte Zeiten, Richter Alexander Hold, Idioten im Brennpunkt, Fette Kinder, die Kinder kriegen … ist doch auch was wert, oder?

Fakten Sitzen

Durchschnittlich 9,3 Stunden pro Tag sitzt der zivilisationsgeschädigte Mensch auf seinen fünf Buchstaben (Arsch). Länger als jemals zuvor in der Menschheitsgeschichte.

Das ist nicht nur Gift für den Rücken, nein, es ist Gift für den ganzen Körper. US-Forscher behaupten, dass das tägliche Sitzen über acht bis elf Stunden das Sterberisiko um 15 Prozent erhöht. Um die Gesundheitsschädigung durch ewig langes Sitzen auszugleichen, reicht Sport allein nicht aus. Nur weniger Sitzen hilft. Das Problem ist nämlich, dass zu langes Sitzen mannigfaltige negative Auswirkungen auf unsere Gesundheit hat:

- Die elektrische Aktivität in den Beinen wird abgeschaltet.
- Der Kalorienverbrauch sinkt auf eine Kilokalorie pro Minute.
- Die Effizienz des körpereigenen Insulins nimmt ab.

Dazu kommt, dass längeres Sitzen auch Gift für das Nervensystem und unsere Psyche ist. Das Nervensystem verbindet Sitzen mit »Ausruhen«, »Entspannung« und letztlich mit »Schlaf«. Meistens ist aber das genaue Gegenteil der Fall: Man schaut sich im Sitzen ein Spiel der Fußballnationalmannschaft an und ärgert sich über Gomez oder Klose. (Wahlweise auch über Podolski, Thomas Müller oder Badstuber.) Oder man sitzt am Rechner und ärgert sich über den zu lahmen Aufbau der Webseiten. Man sitzt wartend am Bahngleis und ärgert sich über den verspäteten Zug. Danach steigt man dann in den verspäteten und völlig überfüllten Zug und ärgert sich weiter. Das aber wenigstens im Stehen.

Fakten Bewegung

Wie viel Bewegung braucht der Mensch? Ich meine nicht die Bewegung, um vom Sofa zum Kühlschrank und wieder zurückzukommen, sondern richtige Bewegung, also Laufen oder so. Sport eben.

Experten sagen: Der Mensch braucht so viel Bewegung, um 2000 Kilokalorien zu verbrauchen. 2000 Kilokalorien? Hört sich viel an, wenn man das »pro Woche« weglässt. 2000 Kilokalorien verbraucht der Mensch zum Beispiel während eines halbstündigen, flotten Spaziergangs pro Tag.

Das heißt, circa 6 Kilometer pro Stunde mit einem Puls um die 100, 30 Minuten, jeden Tag.

Ist das machbar? Und überhaupt: Was hat man davon?

Gute Fragen, einfache Antwort: Unsere Organe und auch die Muskulatur brauchen Hormone, um einwandfrei zu funktionieren. Sozusagen legales, körpereigenes Doping: Adrenalin, Cortison und Endorphine. Durch eine halbe Stunde schnellen Gehens wird genug von dem Zeug ausgeschüttet.

Aber das ist nicht alles, was für überschaubar viel Bewegung spricht.

1. Das Sterberisiko sinkt. US-amerikanische Forscher haben herausgefunden, dass die Gefahr, vorzeitig abzunippeln, bei trainierten Männern 44 Prozent niedriger ist als bei untrainierten Männern!

2. Menschen, die sich regelmäßig bewegen, stürzen seltener. Nach einer im »Journal of the American Medical Association« veröffentlichten Studie verbessert zum Beispiel »Tai Chi«, das chinesische Schattenboxen, den Gleichgewichtsinn älterer Menschen so sehr, dass sich die Gefahr verletzungsgefährdender Ausrutscher um 37 Prozent verringert!

3. Nicht schlecht, also ab nach China! Nein Quatsch, Schattenboxen kann man auch zu Hause. Einfach Licht an die Wand werfen und vor der Lampe herumturnen ... Noch mal Quatsch, aber Sie wissen schon, was ich meine ...

4. Bewegung macht glücklich, denn der Körper schüttet bei einem ordentlichen Pensum viele Glückshormone aus. Das ist nicht nur schön und macht glücklich, sondern preiswert. Ein halbe Stunde flottes Gehen, und man spart sich außer Doping auch noch die Fahrt zum Maastrichter »Coffee Shop«.

Entlastet Dehnen den Rücken? Ja, das ist so.

Durch das Dehnen lockert sich die Muskulatur. Auf den Gelenken und der Wirbelsäule lastet weniger Druck, und die Schmerzen verringern sich. Unser Körper arbeitet nach dem Prinzip »USE IT OR LOSE IT!« Das heißt, wenn man die Sehnen und Muskeln, die man im Körper so mit sich herumträgt, nicht benutzt, schrumpfen sie. Oder, etwas professioneller ausgedrückt, sie bilden sich mehr oder weniger zurück! Ziemlich fies vom Körper, dass er dauernd versucht, überflüssiges Baumaterial einzusparen. Beim Fett ist er großzügiger, das lässt er einfach da, wo es ist. Aber wenn man ständig anspruchsvolle Billigunterhaltung bis mitten in die Nacht guckt, und das in sitzender Position, dann wird man nicht nur blöd im Kopp, dann schrumpfen neben dem Hirn auch Sehnen und Muskeln.

Deshalb, so die einhellige Meinung der Sportmediziner, sollten wir mindestens 15 Minuten täglich Dehnübungen machen. 15 Minuten, verteilt über den Tag.

Zum Beispiel den »Oberarmstrecker«, den kann man überall machen: Mit der rechten Hand den linken Ellenbogen des ausgestreckten Arms greifen und nach rechts ziehen. Und dann umgekehrt. Darauf achten, dass der Rücken dabei schön gerade bleibt.

Oder die leichte Mobilisierung der Brustwirbelsäule: Auf die rechte Seite legen, Beine anwinkeln. Rechte Hand seitlich auf den linken Oberschenkel legen. Den linken Arm langsam nach hinten drehen und strecken.

Und die wichtigste Übung für alle nächtlichen RTL 2-Gucker: Mit geradem Rücken hinsetzen, Fernbedienung wahlweise in rechte oder linke Hand nehmen, den Arm ausstrecken, Knopf drücken – umschalten.

Fakten Fettleibigkeit

Zuerst die gute Nachricht: Nach neuesten Studien sind die Deutschen nicht mehr die Amerikaner Europas. Wir – und ich zähle mich ja nun dazu – sind nicht mehr die Dicksten. Wir wurden – man glaubt es nicht – von den Italienern abgelöst. Den Italienern! Das sind die, die beim Fußball immer gewinnen, weil sie den Großteil des Spiels heulend auf dem Boden liegen, die wahnsinnig bekloppte Schuhe tragen und irrsinnig große ... Aber lassen wir das. Ist sowieso nur ein Gerücht. Auch dazu gibt es Studien, und da schneiden die Norweger viel besser ab.

Aber zurück zum Thema Fettleibigkeit. Die Italiener also. Ausgerechnet die mit der besten und der ausgewogensten Küche. Die dünnsten Europäer sind momentan die Schweden. Nicht weil sie den ganzen Tag schwitzend IKEA-Möbel zusammenschrauben und sich höchstens mal den einen oder anderen Köttbullar mit magerem Pferdefleisch reinziehen, sondern weil sich die Schweden überwiegend von dem ernähren, was früher die Italiener gegessen haben: Mediterrane Küche, gesunde Kost halt. Aber bleiben wir bei den kleinen Fettsäcken, äh, bei den ehemaligen Spaghettifressern. Es gibt Gründe für ihre aktuelle Fettsucht, und auf die wäre ich nie und nimmer gekommen.

1. Angst vor Kriminalität! Wie bitte? Angst vor Kriminalität? Was soll das heißen? Der Italiener wird fett, weil er Angst hat, sonst von der Mafia entführt zu werden? Nein,

nicht ganz. Die italienischen Mamas lassen ihren Nachwuchs wegen der zunehmenden Kriminalität nicht mehr zum Spielen auf die Straße. Stattdessen hängen die (noch) kleineren Italiener bewegungslos in der Bude und spielen auf der X-Box »Tutti-Frutti« oder »FIFA-Champ 2013« (»The Crying Version« für italienische Fußballer).

2. In Italien hat das überkommene Schönheitsideal vom etwas propperen Kind eine Renaissance erfahren.

3. Wie überall in Europa sitzen die Italiener immer mehr und länger vor dem Computer, surfen im Netz oder glotzen TV, gerne auch beim Essen. Das deckt sich mit Punkt 1.

4. Die Italiener haben Fastfood für sich entdeckt. Statt Pizza, Nudeln oder Reis greifen sie immer öfter zur Hausmannskost meiner ursprünglichen Heimat.

Ich kann nur sagen: Willkommen in Europa, liebe Italiener! Wenn ihr jetzt noch lernt, beim Fußballspielen gegen Deutschland zu verlieren, dann ist die Integration vollends abgeschlossen.

Ach ja, und kauft euch mal vernünftige Schuhe.

Man-Boobs

Manche Wissenschaftler behaupten, dass die Ursache für »Man-Boobs« übermäßiger Bierkonsum ist. Da könnte was dran sein, denn Bier enthält Hopfen, und in Hopfen sind sogenannte Phyto-Östrogene. Pflanzliche Stoffe, die weiblichen Geschlechtshormonen ähneln.

Andere Männermops-Forscher bezweifeln das und geben vielmehr den Kalorien die Schuld. Möpse tragende Männer sollten einfach weniger Bier trinken oder ersatzweise einen BH tragen.

Dann gibt es aber auch Brust-Wissenschaftler, die von beiden Erklärungsmustern wenig halten. Sie sind der Ansicht, dass der Mann ab 50, Bier hin oder her, nun einfach mal Brüste kriegt. Fertig. Ungefähr ab dem Alter wird im Fettgewebe das männliche Geschlechtshormon Testosteron in das weibliche Hormon Östradiol umgewandelt, und weil ältere Männer in der Regel einen höheren Körperfettanteil haben als junge Männer, haben sie auch mehr Östradiol im Blut. Kurz: Sie verweiblichen und kriegen Brüste.

Gut. Oder nein, nicht gut. Was kann man dagegen tun? Was soll der verzweifelte Mann mit Körbchengröße DD tun, um nicht bei einem Privatsender in einer Gender-Doku-Soap mitspielen zu müssen? Größere BHs kaufen? Nein! Die Lösung ist ebenso banal wie schon tausendmal gesagt und gehört: Einfach Sport treiben! Schwimmen, Rudern, Kajak, Paddeln, Bauchtraining, Rückengymnastik, täglich Sex. Hauptsache – und da sind sich alle Möpse-Experten einig – man bewegt sich. Man trainiert die Muskeln, strafft dabei das Bindegewebe und die Haut. Und das verringert die Man-Boobs auf eine annehmbare Größe.

Ansonsten empfehle ich: Achten Sie beim Griff in die Kommode Ihrer Frau darauf, nicht aus Versehen einen Push-up-BH zu erwischen.

Kalorien

Kalorien verbrennen hält schlank. Aber wie und womit verbrenne ich die meisten Kalorien, und das noch am besten ohne etwas zu tun?

Tätigkeit pro halbe Stunde	*Kalorien-Verbrauch*
Schlafen	30
Blöde in der Gegend rumstehen	100
Fernsehen	40
Joggen	180
SEX (Missionar)	350
SEX (unten)	250
Knutschen	30
Onanieren (kein Wunder, dass ich früher so schlank war)	150
Putzen (das darf meine Frau auf keinen Fall lesen)	400
Brustschwimmen	300
Lernen	40
Sauna	auch nur 40
Tanzen (intensiv)	450
Radfahren (intensiv)	350
Krafttraining	410
And the Winner is: Holzhacken	600
oder auch zwei Stunden intensive Selbstbeschäftigung	600

Das gilt natürlich nur, wenn man während dieser halben Stunde keine weiteren Kalorien zu sich nimmt. Also keine Erdbeeren mit Honig aus dem Bauchnabel schlabbern oder Schokocreme von der Haut schlecken …

In eigener Sache: Auch Onanieren macht schlank und vieles mehr! Das ist unglaublich, aber wahr: Onanieren, egal ob in der maskulinen oder femininen Variante, ist gesund und macht schlank. Ein Durchgang entspricht circa 15 Minuten Schwimmen oder zwei Kilometern Laufen! Hochgerechnet auf einen Marathon (Amateur, circa vier Stunden) müsste man nur einundzwanzigmal in selbstbefriedigende Aktion treten, um sagen zu können: »Ja, ich habe einen Marathon geschafft. Und glaubt mir, es hat Spaß gemacht!«

Eigentlich müssten sich beleibte Menschen nicht fragen: »Esse ich zu viel?«, sondern: »Masturbiere ich zu wenig?« Denn Masturbation eignet sich nicht nur zum beschleunigten Kalorienverbrennen, sie ist auch gut für unser Herz-Kreislauf-System. Eigenverantwortlicher Sex trainiert das Herz ebenso gut wie Treppensteigen über mehrere Stockwerke. Aber es wird noch besser: Masturbation stärkt das Immunsystem und sorgt für Stressabbau. Vor dem Schlafengehen wirkt es wie eine natürliche Schlaftablette. Und bei Männern stärkt es die Prostata.

(Ich krieg mich gar nicht mehr ein.)

Bei Männern ist Masturbation das perfekte Unterarmtraining für eine Muskelgruppe, die sonst meist zu kurz kommt. Aber Achtung: Nicht immer die gleiche Hand benutzen, es besteht sonst die Gefahr einer unterschiedlichen Ausbildung der Unterarmmuskeln.

Eine Frage hab ich dann doch noch: Wieso habe dann ausgerechnet *ich* Gewichtsprobleme?

Wie heißt es so schön: »Schlaf dich gesund!« Das ist nicht etwa (nur) das Verkaufsmotto der gefühlten fünf Millionen Matratzenläden Deutschlands, die mal wieder einen »PREIS-STURZ« verzeichnen, sondern die feste Überzeugung aller Mediziner. Insbesondere der Somnologen (es ist und bleibt ein wunderbarer Begriff).

Aber wussten Sie, liebe Leser, dass Schlafmangel dick macht? Es gibt tatsächlich, so die Gilde der Schlafmediziner, »eine klare Beziehung zwischen Schlafdauer und Übergewicht. Die Stoffwechsellage verändert sich, die Insulinsensibilität nimmt ab, das Risiko für Diabetes steigt« – oder wie es meine Mutter in Florida ausdrückt: »Wenn du pennst, mein Sohn, dann kannst du nicht futtern!«

Genauso macht meine Mutter Diät. Sie pennt einfach und verbrennt Kalorien, ohne für Kaloriennachschub zu sorgen.

Laut Studien sieht es so aus: Schlafen zum Beispiel Grundschulkinder weniger als neun Stunden pro Nacht, sind sie doppelt so anfällig für Übergewicht im Vergleich zu Kindern mit elf Stunden Schlaf. Aber wie viel Schlaf ist gesund? Hier die Empfehlungen der Schlafmedizin:

Mensch	*Schlafstunden*
Säugling	16
Klein(Kind)	11 – 13
Jugendliche/r	9
Jugendliche/r in der Pubertät	So viel wie möglich! Hauptsache, man sieht sie nicht so oft.
Erwachsene/r	8

Mensch	***Schlafstunden***
Erwachsene/r über 50	6
Beamte/r über oder unter 50	24

Danke!

Es ist geschafft. Ich hab mir meine Leiden – und ich denke, es sind Leiden, die viele Menschen mit mir teilen – von der Seele geschrieben. Klar hatte ich gehofft, dass ich mir damit auch ein bisschen Fett vom Skelett schreibe. Das hat allerdings nicht so ganz geklappt. Ein bisschen schon, aber eben nur ein bisschen. Ich bin eben auch nur ein Amerikaner.

Trotzdem möchte ich mich nun bedanken. Bei all den Menschen, die mir geholfen haben und die mich vor und während des Schreibens begleitet haben – und die hoffentlich jetzt auch nach dem Erscheinen des Buches mich noch begleiten werden.

Da wären zuallererst natürlich meine Frau und mein noch immer pubertierender Sohn. Danke und Entschuldigung. Ohne eure Unterstützung und euer Meckern wäre ich vermutlich nie ins Fitnessstudio gegangen. Höchstens zur Thai-Massage, aber ins Fitnessstudio? Nie! Ich hätte weiter meine Mitgliedsbeiträge überwiesen, ohne auch nur einmal hinzugehen! Euer aufmunterndes »Steh endlich auf, du alter Fettsack. Geh zum Sport!«, hat mich immer wieder motiviert, tatsächlich das dämliche Studio aufzusuchen, um mir andere, besser gebaute Männer anzuschauen.

Ich möchte mich auch bei meinem Co-Autor Heiko Schäfer bedanken. Während der ganzen Schreiberei haben wir viel gelacht, gelitten und uns ständig über unsere diversen Leiden ausgetauscht. Und natürlich über Man-Boobs. Da hab ich ihm nämlich noch was voraus, aber – er holt langsam auf. Außerdem musste ich andauernd zwei Kilometer zu seinem Büro laufen und wieder zurück. Nie hab ich mich mehr bewegt. Danke.

Beim Fischer Verlag bedanke ich mich auch insbesondere bei meiner Lektorin Alexandra Kosian-Krishnabhakdi. Danke, Alexandra! Allein schon für diesen Namen. Ich werde ihn zwar niemals richtig aussprechen und ohne »copy and paste« auch niemals richtig schreiben können, aber danke für deinen Rat und deine Tipps. Auch für die Jogging-Tipps. Irgendwann werde ich sie praktisch umsetzen. Versprochen.

Außerdem möchte ich mich auch bei meinen diversen Ärzten und Therapeuten bedanken. Ich habe ihre Namen, ihre Praxen und ihre körperlichen Merkmale so verändert beschrieben, dass es ihnen schwerfallen dürfte, mich zu verklagen. Ihre Porsches aber sind echt. Garantiert.

Ich möchte mich auch bei meinen Schmerzen bedanken, und das zuallererst bei meinen Rücken- und Nackenschmerzen. Ohne ihre Hilfe beziehungsweise ohne ihre bloße Existenz wäre ich nie auf die Idee gekommen, ein Buch über meinen körperlichen Verfall zu schreiben. Mir hätte es gereicht, ein Buch über meine Wirkung auf Frauen zu schreiben, aber die Verantwortlichen vom Fischer Verlag meinten, dass es bei diesem Thema unter Umständen Glaubwürdigkeitsprobleme geben könnte. Das hab ich zwar nicht verstanden, dann aber eingewilligt und etwas über meinen Körper geschrieben. Wie gesagt, ohne all meine Schmerzen hätte ich das nie geschafft. Danke, Schmerzen!

Und ganz zum Schluss möchte ich mich bei meinen vielen neuen Freunden bedanken. Bei Heinz und Gisela, Rolf und Michael und bei Simon und Ling Ling. Bevor ich Euch kennengelernt habe, hatte ich kaum Freunde in Deutschland. Ich hab immer gedacht: »Was ist mit den Deutschen los? Warum sind sie so reserviert? Warum redet keiner mit mir?« Jetzt, 20 Jahre später, habe ich es verstanden. Es lag nicht an euch, meine deutschen Brüder und Schwestern, es lag an mir. Ich hatte einfach nicht genügend Beschwerden vorzuweisen, um adäquat mitleiden zu können. Jetzt endlich bin ich Deutscher, habe Schmerzen und Freunde.

Lang lebe die Bandscheibe!

Bill Mockridge

Je oller, je doller

So vergreisen Sie richtig

Band 19319

Lachen ist der beste Weg, dem Alter die Zähne zu zeigen – auch wenn es die Dritten sind! In seinem ersten Buch beantwortet der beliebte Theater-, Comedy- und Fernsehstar all die Fragen, die jeden Menschen auf der Reise ins Seniorenland plagen: Warum fällt mir alles aus, aber nichts mehr ein? Was ist senile Bettflucht, und wo stelle ich dafür den Asylantrag? Gibt es Sex im Alter? Und wenn ja, wie ging das noch? Mit viel Humor macht Bill Mockridge den Jungen Mut zum Altwerden und den Alten Mut zum Jungbleiben.

»Wir machen beide geniales Kabarett, nur er ist eine Pflegestufe weiter.«
Harald Schmidt über Bill Mockridge

Fischer Taschenbuch Verlag

fi 19319 / 1